国家社科基金
GUOJIA SHEKE JIJIN HOUQI ZIZHU XIANGMU
后期资助项目

宋代文书
违法及防治研究

A Study on the Illegality of Paper Work and Prevention in Song Dynasty

钟文荣 著

上海古籍出版社

2017年度国家社科基金后期资助项目（17FTQ005）

国家社科基金后期资助项目
出版说明

后期资助项目是国家社科基金设立的一类重要项目，旨在鼓励广大社科研究者潜心治学，支持基础研究多出优秀成果。它是经过严格评审，从接近完成的科研成果中遴选立项的。为扩大后期资助项目的影响，更好地推动学术发展，促进成果转化，全国哲学社会科学工作办公室按照"统一设计、统一标识、统一版式、形成系列"的总体要求，组织出版国家社科基金后期资助项目成果。

全国哲学社会科学工作办公室

序

　　《宋代文书违法及防治研究》是钟文荣博士所主持的国家社科项目成果。关于宋代的文书违法,如文书伪造、不依格式、传递违滞等问题,前人或有专题研究,或于相关研究中有所涉及。但这些研究显然尚不能系统地反映宋代文书违法问题的全貌。因此,我们也不能说这种研究是深入的。

　　钟文荣博士的这部著作,最大限度地搜罗了各类相关文献,对宋代各类文书立法的内容和特点,特别是宋代文书违法的各类情形及防治措施作了全面翔实的论述并讨论了其对今天的启示意义。我们完全可以这样说这是至目前为止,有关宋代文书违法及防治问题研究的较为完备、系统的著作。这一成果填补了前人尚未及研究的内容,故具有很强的原创性。这一点相信只要学界同仁认真读了此书,应知我此言不虚。我们可以认为钟文荣博士的这一研究成果将宋代文书违法问题的研究提升到了一个新的高度。同时对古代文书史的研究也具有一定标志性意义。

　　钟文荣同志 2004 年于吉林大学档案学硕士毕业后来福建师范大学社会历史学院档案系工作。2007 年随我读历史文献学博士,其博士论文出版后曾获得第十届福建省社会科学优秀成果奖二等奖。十余年来,文荣同志与我,亦师亦友,其为人严谨睿智,做事周到勤勉。遇事说得少,做得多,做得比说得好。这部著作能写得如此扎实,这与其做人的修养是分不开的。

　　多年来,文荣同志担任历史文献学、档案学专业的硕士生导师。其指导学生不做无谓批评,而是耐心给予具体指导,在学生中口碑甚好。在百忙的工作中又为我指导的学生修改论文,提供种种帮助,在我们五十多人的师生圈里有很好的亲和力。现在高校青年教师面临不小的压力,文荣同志能耐住性子,踏踏实实做学问,诚恳地做人,令人敬佩。

梁韦弦

2021 年 1 月农历小寒于吉林四平

目　　录

绪　　论

一、选题动机及价值

1. 选题动机

当今社会,法治早已成为了时代的主题之一。在档案工作领域,依法治档的提出,正是对这一主题的回应。档案工作在法律、法规的框架下有序开展,但也存在非常态的问题,如各种档案违法现象频繁发生,常见于媒体报道的人事档案伪造问题、病历档案伪造问题、诉讼档案伪造问题,诸如此类对档案工作造成严重负面影响。2013年2月22日,监察部、人力资源和社会保障部、国家档案局联合制定公布了《档案管理违法违纪行为处分规定》将预防和惩处档案管理违法提到了一个新的高度。2015年中组部颁布了《干部人事档案造假问题处理办法(试行)》,也进一步凸显了中国共产党惩戒档案违法问题的态度和决心。文书档案违法问题,自古有之,在信息化高度发展的今天,其表现形式也逐渐多样,防治难度也逐渐加大。为什么在法治和文明都高度发展的今天,此类问题依然不绝,是因为法律制度的缺失,亦或是由于道德的乏力? 如何杜绝此类问题? 以史为鉴可以知得失,宋王朝在其存在的319年中,在文书档案工作中也面临诸多违法犯罪的问题。宋代对这此类的违法采取了哪些措施、效果如何? 哪些方面可资今人借鉴? 对此内容进行梳理和总结,是选择此书论题的动机之一。

社会信用体系建设成为了国家建设的重要目标和任务。党的十八大提出了"加强政务诚信、商务诚信、社会诚信和司法公信建设",党的十八届三中全会提出了"建立健全社会征信体系,褒扬诚信,惩戒失信",而《中共中央国务院关于加强和创新社会管理的意见》《中华人民共和国国民经济和社会发展第十二个五年规划纲要》《社会信用体系建设规划纲要(2014—2020年)》等一系列文件的出台更是为社会信用的建设指明了方向,提供了保障。

社会信用的建设是包含个人信用、职业信用和政府信用在内的有机体。如今在社会信用体系建设的相关研究领域，国内研究者一般习惯将视野放在横向，将国内社会信用的建设与欧美尤其是美国社会信用体系的建设进行比较，而从历史发展的角度纵向考察古代社会诚信建设方面的经验却一直被学界所忽视。通过对宋代文书违法及防治的研究，我们也期望能够从文书档案工作领域寻找能为今天社会信用建设提供借鉴的合理要素。这是选择此书论题的动机之二。

　　档案及档案工作得到了高度重视，档案工作面临新的发展机遇。档案在国家治理以及国家软实力建设中的地位逐渐凸显，其价值日益为社会所认可。2014 年 5 月 5 日，中共中央办公厅、国务院办公厅印发《关于加强和改进新形势下档案工作的意见》(以下简称《意见》)认为："档案作为党和国家各项工作和人民群众各方面情况的真实记录，是促进我国各项事业科学发展、维护党和国家及人民群众根本利益的重要依据。档案工作是党和国家工作中不可缺少的基础性工作，做好档案工作是各地区各部门各单位的重要职责。"并且《意见》也从"完善档案工作体制机制""建立健全覆盖人民群众的档案资源体系""建立健全方便人民群众的档案利用体系""建立健全确保档案安全保密的档案安全体系""加大对档案工作的支持保障力度"等角度提出了新时期档案工作的建设问题。在此背景下研究古代社会如何加强制度建设保障档案发挥重要作用也具有积极意义。这是选择本书论题的动机之三。

　　2. 选题价值

　　文字和国家产生以后，在国家的各项管理中，文书作为权力运行的载体发挥着重要作用，甚至有学者在研究古代行政制度时提出"文书行政"①的观点，这一观点对于宋代行政制度而言，也是适用的。文书在宋代政治、经济、行政、司法管理中的作用在文献中已有许多相关记载。为有效保障文书在国家管理中的效用，规范文书档案工作中各种行为，宋代通过立法将文书档案工作纳入法律体系，在加强监督工作，畅通信息渠道，鼓励告赏等方面都具有鲜明的特点。对宋代文书违法问题进行研究的意义体现在以下方面：

　　第一，补充宋代文书史和法律史研究的相关内容。一般而言，文书违法

---

　　① 有关"文书行政"的观点，多见于汉代文书研究者，其中以日本的富谷至为代表，其专著《文书行政的汉帝国》，对此观点进行了阐述。相关内容可参考：[日]富谷至：《文书行政的汉帝国》，南京：江苏人民出版社，2013。

是指文书工作中违反法律规定的行为。文书违法问题既涉及法律制度又涉及文书制度。对宋代文书违法问题进行分析可使我们较为深入地了解、认识、评价宋代文书制度和法律制度的基本内容及其相互关系。对此进行梳理能在一定程度上补充和完善宋代文书制度和法律制度的研究内容。

第二，能进一步推动宋代文书与宋代行政互动关系研究。宋代社会是文书行政的社会，文书在行政运转中发挥着重要作用。为了有效地发挥文书的作用，宋代建立了较为完备的文书制度。文书违法对行政活动产生了负面影响，行政制度的加强又有效防治了文书违法。因此对文书违法的研究可以使我们更好地了解和认识宋代文书与行政的关系及影响这一关系的重要因素。

第三，能从一个侧面揭示古代文书法律制度发展的脉络。宋代法律中涉及了许多针对性强的文书条款，这些条款的形成应具有其悠久的历史，如《宋刑统》有关矫制的立法，从文献的记载来看应当与秦汉时期对矫制的立法有密切关系，同时，宋代对矫制的立法对于明清时期对矫制的立法也产生了重要影响。因此，通过本课题的梳理将从纵向揭示古代文书立法的脉络及文书违法判罚的历史轨迹，为认识古代文书立法的发展提供更多的启示。

第四，为今天依法治档工作提供借鉴。依法治档作为目前档案工作中重要内容之一，在档案实践工作中得到了落实，其中重要表现之一是档案行政执法部门对于档案管理中的违法违纪行为加大了查处的力度，给予严厉的处罚。在信息社会，档案违法的技术和手段都较为先进，对于档案部门来说，如何防范这些违法？要加强哪些制度的建设？宋代社会加强立法以惩治违法，加强文书制度、监察制度、考核制度的建设和实践都具有其独特的价值，对这些内容进行充分阐述能为当今防治文书档案工作领域出现的违法提供启示。

二、研究现状

在中国古代社会，由于文书的重要性，围绕着文书活动而产生的各种违法犯罪屡见于文献。对此问题，法律史、文书档案史研究者已经进行了广泛的探讨，这些探讨在一定的程度上丰富和推进宋代文书及宋代法律史研究的内容与进程。从目前的研究成果看，学界有关此问题的研究主要集中在以下方面：

1. 对伪造、揩改文书问题的研究

1991 年，方宝璋在《宋代的会计帐籍》一文中对宋代会计账簿中的揩改、毁失等现象进行了梳理,在研究中作者提出"据史籍记载,宋代的会计帐籍为防止假冒、揩改、毁失等,经常是一式数份"。① 该文认为宋代为了防止会计账簿的作假问题,进行了多项制度的建设,如账簿在制作上要求一式多份,这一研究成果为研究古代文书违法提供了许多启示。

随着宋史研究的推进,宋代经济活动中的文书伪造问题也逐渐进入研究者的视野。2005 年,吴建伟在《再论宋代作伪现象》对于宋代土地契约的作伪情况进行了分析,作者认为"宋代由于土地、田宅及各种其他交易的频繁,买卖人之间要定契约,以免争讼。契书是政府发行的,民间不得私自印写。但是,伪造行为却很多",②"商品经济的繁荣,文化的兴盛,政府官吏徇私舞弊,违反国家法律,从中谋利"③等因素是造成宋代土地契约伪造的深刻社会原因。2006 年,刘学健《宋代专门档案管理研究》对宋代赋税征收中存在的文书伪造问题进行了梳理,他认为"乡司在赋税征派过程中,并未完全遵行封建国家的赋役征派政策,而是普遍存在违法舞弊行为。在赋税征收过程中,他们或攒造和揩改有关赋税征收的簿书钞籍,营私舞弊;或完全抛开有关簿书钞籍,随意枉为,违法害民。南宋时期,乡司在簿籍上违法舞弊,主要表现在两个方面:一是利用推排物力,攒造户等簿、赋税簿之机,收受贿赂,或将高货之家定为中下等户,或为诡户隐产的豪强形势户提供可乘之机,或抛开簿籍,任意取敛;二是在征收赋税之时,收受豪户赂贿,乘机涂改已攒造的簿籍,转嫁豪户负担给中下等乡村民户。在点派乡役人时,乡司的违法务必行为,主要也是利用各种簿籍营私舞弊,或无凭无据任意点差两种方式。揩改各种簿籍是乡司们常用的手段之一"。④ 这一研究将文书违法问题放在宋代赋税征收的大背景下来展开研究,对于深入分析宋代文书伪造的产生原因及表现的多样性提供了诸多启示。

郭东旭在《宋代民间法律生活研究》一书第八章"宋代民间财产纷争的表现形态"中分析了"伪契所致争讼",⑤此部分的研究深入剖析了土地契约的伪造问题,此一研究成果对于深入了解宋代民间伪造文书问题具有积极的借鉴价值,也拓展了宋代文书违法问题的研究领域,将文书违法问题的研究范围从长期以来关注官方、公务活动拓展到民间经济活动。杨帆的《宋代县级财政账簿初探》一文对于县级财政账簿在修造中出现的伪造问题进行

① 方宝璋:《宋代的会计账籍》,《北京师范学院学报》(社会科学版),1991(5),第 21 页。
② 吴建伟:《再论宋代作伪现象》,《哈尔滨学院学报》,2005(7),第 90 页。
③ 吴建伟:《再论宋代作伪现象》,第 91—92 页。
④ 刘学健:《宋代专门档案管理研究》,郑州,郑州大学,2006,第 18 页。
⑤ 郭东旭:《宋代民间法律生活研究》,北京:人民出版社,2012,第 259 页。

了一定的分析,论文提出"丢失、损坏、人为记录错误是簿书面临最严峻的问题","由此可见,租税簿的修造并非出自县正官之手,而是由县正官、吏人共同担负,此种吏人具有一定的文化素养,能识文断字,能定簿修册,但是同时,也会因为渎职的原因,在账册的修造上有意隐匿、划销不及时,从而造成账簿出现一系列的问题。宋人就此弊在审计上给予重视,要求漕司互查,并户部、刑部同立法严惩不职之罪,法律上力求保障账册的修造完整、准确、清晰、及时"。① 这一研究成果丰富了学界对于文书伪造相关原因的探讨。高楠在《试析宋代官员官年与实年不符现象》中提到官员的"付身文字"为随身携带,在对年龄有着严格限制的入仕、致仕方面,官员擅自改动年龄"方谋入仕,已有欺君之心",②导致官员官年与实年不符等违法现象屡禁不止问题,使得伪造问题的研究进一步拓展到人事文书领域。在此领域中,完颜绍元在《宋代官员履历造假缘何屡禁不绝》一文中对官员"脚色"③中的年龄、身份等造假问题进行了分析,解释了宋代法律制度完善、法令繁多,但此类问题却屡禁不止甚至愈演愈烈的原因,为如今完善用人制度,防范干部履历造假提供了经验教训。

此外,余春燕在其硕士论文《宋代内降研究》中对于伪造内降的情形也做了相应的考察,其对宋代史料中常见伪造内降案例进行了剖析,针对伪造内降的现象,该文认为:"这类内降虽然在宋代并不常见,但对当时的政局和社会生活有着不小的冲击。"④

从上主要研究成果来看,学界对于宋代文书伪造问题已经有了诸多的关注,对于皇命文书、人事文书、经济领域的簿籍等伪造现象进行了剖析,在分析相关问题时能够将此类违法问题与宋代政治制度、经济制度、管理制度和文书制度结合起来,具有了多元的视角。

2. 对文书不依格式和泄密问题的研究

栾时春在其博士论文《宋代证据制度研究》列举了宋代对书证真实性的检验采用的技术性手段,提到大辟案件规定州县须使用官制簿历,只需"图记"不可涂抹及田宅契约按照:"标准契约"执行,"不依格式"则"不许执用"缺少某一必备要件属于违法典卖等文书违法及惩处。余小满在其博士论文《宋代职务犯罪研究》中也探讨了宋代"编制簿书不如法"⑤的常见表现形式

---

① 杨帆:《宋代县级财政账簿初探》,《宋史研究论丛》,2015,第93页。
② 高楠:《试析宋代官员官年与实年不符现象》,《史学月刊》,2004(7),第27—31页。
③ 完颜绍元:《宋代官员履历造假缘何屡禁不绝》,《人民论坛》,2016(9),第92—94页。
④ 余春燕:《宋代内降研究》,河北大学,2008,第17页。
⑤ 余小满:《宋代职务犯罪研究》,郑州,河南大学,2010,第89—93页。

及危害问题。此外还有一些研究关注了宋代文书泄密问题,如陈骏程的博士论文《宋代官员惩治研究》中对"泄漏秘密"①问题进行了分析。这些研究是从职务犯罪的角度来探讨文书违法问题的,也拓展了文书违法主体问题的相关研究。

3. 对宋代法律法规中有关档案违法的研究

在有关宋代档案管理及宋代法律的研究中,一些研究者对档案违法问题也进行了分析,如《浅析宋代的档案法规》一文对"违反档案管理制度的各项惩罚"进行了梳理。其文认为:"宋代对档案管理制定了一系列的法规,为了保证这些法规得到彻底的贯彻施行,还制定了相应的惩罚措施,并且惩罚的律令十分严厉。"②再如《中国古代档案管理制度》一书,在该书第五章"宋代档案管理制度研究"中专设"关于文书违法行为的处罚"一节,讨论了《庆元条法事类》有关文书档案违法的专门条款内容,作者根据其中的条款分析了六种文书违法的处罚问题,分别是"关于私发文书的处罚""关于私人利用档案的处罚""关于违犯档案管理制度的处罚""关于毁失档案的处罚""关于质卖档案的处罚",③作者的分析是以《庆元条法事类》为依据的,在一定程度上总结了宋代对文书违法行为的处罚情况。1997 年,王金玉出版了《宋代档案管理研究》一书。该书在揭示宋代档案管理全貌同时也对文书违法问题进行了剖析,其中的"文书之弊与朝廷的对策"及"三司遗失簿书是废职行为""《庆元条法事类》主要内容"④等章节中都涉及了宋代档案违法的研究。

4. 对宋代文书稽缓制度的研究

一些宋史研究学者,如曹家齐在《宋代交通管理制度研究》一书中对于宋代文书传递违滞的处罚问题作了梳理,他认为"对于造成文书传递违滞者的惩罚,有更为严格的法律条文,但前后略有不同",⑤其以《宋刑统》及嘉祐八年九月二十二日诏书为依据,分析了宋代对于文书违法稽留的处罚问题。

5. 对宋代伪造文书防治措施的研究

张本顺在《宋代家产争讼及解纷》一书的第五章"宋代家产司法中'书证'的辨验与运用"部分,对"宋代家产司法中'书证'的伪造与变造"进行了探讨,其中提到"宋代书证的伪造、变造方法之多,涉及书证类型之广,皆令

① 陈骏程:《宋代官员惩治研究》,广州:暨南大学,2006,第 128 页。
② 邓君:《浅析宋代的档案法规》,《辽宁大学学报》(哲学社会科学版),2007(4),第 22 页。
③ 赵彦昌:《中国古代档案管理制度研究》,北京:人民出版社,2011,第 80—81 页。
④ 王金玉:《宋代档案管理研究》,北京:中国档案出版社,1997,第 6—11,14—15,100—108 页。
⑤ 曹家齐:《宋代交通管理制度》,郑州:河南大学出版社,2002,第 138—143 页。

人叹为观止,有私刻公章、伪造书证、摹写官府文书者……有对书证的关键部分进行了篡改或者变造。"①此外该书还对"法官对书证的辨验与运用"问题进行了剖析,总结了宋代辨验书证的常见方法。武小平的《宋代三省、枢密院吏人制度研究》中第五章"三省、枢密院的吏人制度"的"工作的考核与限制"部分,探讨了宋代三省、枢密院为了防止吏人舞弊,保证文书安全,采取了加强对三省枢密院印章的使用和管理。王瑞蕾的博士论文《宋代官吏渎职犯罪与惩治研究》的"制书有误"章节,对制书下发时间进行了系统的考察,作者认为:如果官吏下发制书的时候延误或者有错误,都要受到惩处。乾德二年(964)太祖诏:刑部和大理寺官有"善于其职者,满岁增秩;稽违差失者,重置其罪……"宋代皇帝的制书规定即日下发的,要在百刻内下发完毕。其中,通计符、移、关、牒,满二百张纸以下,给二日;超过二百张纸的,每二百张以下加一天,最多不超过时限五天。有关赦免文书时限不得多于三天。有关军务急事,都应当日缮毕。在时限外的,叫做制书稽缓,耽误一天笞五十。除了稽缓制书要受惩罚之外,奉皇帝制书施行有违者,要徒二年;违误由于过失造成的,杖一百。因为宋代认为"失错谓失其旨",即认为是故意违反皇帝诏令。②

6. 对宋代违制问题研究

宋代文书违法中违制罪适用范围非常广泛,戴建国在《宋代刑法史研究》一书中讨论了此问题,指出"违制"就其字面意义而言是指违反制书和官文书,拒不执行文书中所要求的事项的行为,作者提出:"从上述史料记载可知,宋代违制与违制失罪适用非常广泛。"③此外,杨立民在《清代违制律研究》④一书的第一章第三节"制书有违在历代律典中的规制及适用"以《宋史》为中心,对宋代的违制进行了初步的梳理,在研究中,作者认为宋代违制体现了"维护皇权""君主专用""适用范围广泛""在宋朝、违制律常与'逾制''违制'(违法法律制度的简称)相混淆"等特征。

7. 对宋朝与西夏王朝文书违法进行的比较研究

采用比较研究法将西夏王朝的文书违法与宋朝的文书违法进行分析,进一步扩大了宋代文书违法研究的范围,这方面的研究成果目前所见主要有赵彦龙的《夏、宋公文稽缓制度浅论》,⑤该文从夏、宋公文拟写时限规定,

① 张本顺:《宋代家产争讼及解纷》,北京:商务印书馆,2013,第309—312页。
② 王瑞蕾:《宋代官吏渎职犯罪与惩治研究》,河北大学,2011,第99页。
③ 戴建国:《宋代刑法史研究》,上海:上海人民出版社,2008,第120—122页。
④ 杨立民:《清代违制律研究》,北京:法律出版社,2017,第30—40页。
⑤ 赵彦龙:《夏、宋公文稽缓制度浅论》,《宁夏大学学报》(人文社会科学版),2003(01),第50—54页。

夏、宋公文传递时限规定两个角度比较了夏、宋有关文书稽缓的诸多不同，重点剖析了有关两朝处罚公书稽缓方面的内容。此外还有《天盛令与庆元条法事类比较研究》，①该书的"西夏与宋代文书制度比较研究"部分也涉及了有关文书违法问题。如对《天盛令》中有关"根据文书的内容是否已经施行完毕进行不同的处罚""各种物品、器械的账册按有无副本量刑"。这些成果对于比较中原政权与少数民族政权的文书制度、刑罚制度及中原文化对周边少数民族的影响等方面都具有积极的学术价值。

从以上分析，我们可以看到从 20 世纪 90 年代以来，学界对于宋代文书违法问题的研究从某些具体问题的讨论开始逐渐拓展，在研究中对于宋代文书立法及宋代文书违法的惩处及文书违法的危害等问题都有了相当探讨和分析，但是，从现有成果来看，这些研究还没有形成系统，对一些问题的研究还不够深入，这也为本课题的深入提供了广阔的空间。

三、研究框架

绪论部分主要交代了本书选题背景和动机，分析了本书选题的多重价值，在此基础上对学界相关研究进行梳理和分析，为本文的研究勾勒基本框架，并交代本文研究中所采用的方法、特色和创新等内容。

第一章，宋代文书立法。本章主要介绍宋代法律的基本形式和法律条文的编纂，以《宋刑统》《天圣令》《庆元条法事类》《金玉新书》为中心，采用分类法分析了其中有关文书立法的条款，并归纳了宋代文书立法的特点为后续各章的研究奠定基础。

第二章，宋代文书伪造。本章以宋代史料记载丰富的伪造文书为探讨对象，根据伪造文书对象的不同，阐述了矫制、伪造土地契约、伪造度牒、伪造簿籍等内容，结合宋代政治、经济和社会制度多角度揭示了伪造文书产生的原因、防治的主要制度建设。

第三章，宋代文书稽程。本章探讨宋代文书稽程相关问题，按照文书工作的基本环节分析了文书制作、奏报、处理及传递等环节出现的文书稽程问题，重点分析了宋代文书传递环节出现稽程的原因、宋代对文书稽程采取的预防措施等。

第四章，宋代文书泄密。本章结合宋代相关史料，从不同角度分析了宋代文书工作中出现的泄密问题，将文书泄密与主体进行结合，客观地阐述了

---

① 刘双怡、李华瑞：《〈天盛令〉与〈庆元条法事类〉比较研究》，北京：社会科学文献出版社，2018，第 188—189 页。

宋代胥吏与文书泄密的关系,对宋代防范文书泄密的制度建设进行了分析。

第五章,宋代文书不实。本章对宋代文书不实问题进行了分析,结合史实分析了在赋税征收、灾荒救助及保名等领域出现的文书不实问题,从监察角度梳理了宋代相关机构对文书不实问题的监督,重点分析了宋代灾害救助中信息不实的常见表现、原因及宋代防治灾害救助中文书不实的相关举措。

第六章,宋代文书亡失、盗窃、非法买卖及雕印。本章首先对宋代文书的亡失现象进行了分析,梳理了造成文书亡失的原因及宋代防治文书亡失的制度建设;其次,分析了宋代文书盗窃及预防措施,再次,介绍了文书非法买卖的社会性问题及朝廷对此进行控制的对策;最后,分析了宋代文书违法雕印的问题,揭示了宋代严加控制不许私自雕印的文书种类及社会原因。

第七章,宋代文书违法防治措施、影响因素及当代启示。本章从宏观角度系统梳理了宋代防治文书档案违法的主要措施,包括将文书档案工作纳入立法体系,对文书违法进行刑事处罚和行政处罚,完善监察体制、鼓励告赏、畅通政务信息渠道、倡导越诉等内容。由于宋代统治者乾纲独断,行政机构庞大、长期处于军事斗争中,这些因素也在很大程度上制约了宋代防治文书违法的效果。结合当前文书违法防治的难点,从宋代防治文书违法的实践中,我们应该积极吸取其中可供当代借鉴的方面,加强立法,保持各法律之间的有效衔接,加强监察制度的建设,将社会信用体系建设的成果运用于防治文书违法实践。

四、研究方法

1. 分类法。在研究中按照文书工作的基本流程和环节对相关违法问题进行分类梳理,这样可以将相同或者相似的问题进行合并分析,有利于理清纷繁复杂的宋代文书违法问题。

2. 对比分析法。在研究中运用此方法对宋代官文书违法的常见处罚进行对比分析,如将矫制和伪作一般官文书的处罚进行对比分析,将宋代矫制与汉代矫制进行对比,从而总结了宋代文书违法的共性与差异。

3. 案例分析法。从宋代相关史料中选择具有代表性的文书违法案例进行分析,如关于矫制的分析中对李玉案、段思恭案、卫肤敏案,文书盗窃中对王永年案进行剖析,这些分析既关注社会环境,又关注违法个体的动因。

4. 宏观考察与微观分析结合。在研究中,笔者将宋代文书违法问题放在宋代社会发展的大背景下来展开研究,既关注宏观层面的问题,从微观层面上剖析了宋代文书违法的动机、危害及防治的不同对策。

5. 二重证据法。在研究中既关注传统文献如《宋史》《宋会要辑稿》《续资治通鉴长编》《宋刑统》《庆元条法事类》，又注重新发现和公布的文献，如《武义南宋徐谓礼文书》《徽州文书》《天圣令》《宋西北边境军政文书》《宋人佚简》以及司马伋与吕祖谦官告真迹。

五、研究的创新及独到之处

1. 从研究的视角来看，本课题在已有研究的基础上，坚持从宋代社会的整体来分析文书违法问题，既重视文书领域中的具体要素，又特别关注宋代社会环境的变化与文书违法的关系；既考察相关法律条文又注重对相关案例进行剖析，实现了宏观与微观的结合，普遍与个体的联系。

2. 从研究的内容来看，本研究选择了宋代史料中记载较多的伪造文书、文书稽程、文书泄密等作为探讨的对象，在研究中既分析各种违法的表现形式，更注重从根源上剖析产生文书违法的原因及宋代防治文书违法的各项制度建设。

3. 从史料的角度来说，在研究中充分利用新发现文献与传世文献，如充分关注和利用《南宋徐谓礼文书》《宋代西北边境军政文书》《徽州文书》《天圣令》，在传世文献中注重对《宋刑统》《庆元条法事类》《宋史》《续资治通鉴长编》《金玉新书》《大金吊伐录》等文献中有关文书违法的总结和分析，尤其是深入挖掘和阐释《宋会要》中相关文书违法的内容也具有创新性。

4. 从研究的方法来看，本研究充分运用古代文书学、档案学、历史文献学和法学的研究方法，如按照文书学的分类方法对文书违法进行梳理，利用法律史研究的方法充分勾勒某类文书违法的立法脉络和处罚标准的变化，利用历史文献学注重分析史料真伪的传统，对史料进行充分考证和辨析。

第一章　宋代文书立法

　　由于文书的重要作用,为了加强文书的规范运行,有效防治文书工作中出现的各种违法问题,宋代从太祖开始,就加强了文书的立法。文书立法是宋代判定文书工作是否违法及对文书违法行为进行定罪量刑的重要依据,在不同层面对两宋时期的文书工作起到了惩戒和指引作用。本章将对宋代文书立法进行一定梳理,为后文的论述打下基础。

第一节　宋代立法概述

　　宋代在中国古代史上是一个重要的时期,经济繁荣,商品交易活跃,社会文化达到了一个新的高度,与此相应,宋代的立法也颇具特色。《宋史·刑法志》记载:"宋法制因唐律、令、格、式,而随时损益则有《编敕》,一司、一路、一州、一县又别有《敕》。"①

一、宋代法律的基本形式

　　1. 律。律是宋代法律的基础,是司法机构进行审判的重要依据。宋代的律主要指宋太祖时期制定的《宋刑统》。宋太祖虽以武力立业,但也认识到法治的重要性,如其在建国之初就强调:"王者禁人为非,莫先于法令。议事以制,必务于哀矜,世属乱离则纠之以猛,人知耻格宜济之以宽。"②鉴于法律在国家治理中的重要作用,制定法律的工作提上了日程。宋太祖建隆四年(963),工部尚书判大理寺窦仪奉太祖之命,依据后周《显德刑统》和

---

① 〔元〕脱脱:《宋史》,北京:中华书局,1985,第4962页。
② 〔宋〕佚名:《宋大诏令集》,北京:中华书局,1962,第739页。

《唐律疏议》制定新律,该年八月完成修订工作,定名《宋建隆重详定刑统》,简称《宋刑统》。《宋刑统》的主要内容为:名例律六卷;卫禁律二卷;职制律三卷;户婚律三卷;厩库律一卷;擅兴律一卷;贼盗律四卷;斗讼律四卷;诈伪律一卷;杂律二卷;捕亡律一卷;断狱律二卷,总计三十卷,502 条律文。①《宋刑统》在继承《唐律疏议》的基础上,在内容上的创新主要表现为:在五刑之后增创了"折杖之法";对官吏犯赃罪的处罚规定较《唐律》有了明显减轻;对"盗罪"的判罚呈现加重的态势;有关调整民事法律关系的条款与《唐律》相比明显增多。②《宋刑统》中有大量文书方面的立法,本章第二节将对此进行详细分析。

2. 敕。敕是宋代皇帝在特定的时间针对特定的事件而发布的诏令,通常为一时之权宜。《宋会要辑稿》记载:"其后来圣旨、札子、批状,中书颁降悉名曰敕,枢密院颁降者悉名曰宣。"③"在北宋,敕的使用非常广泛,成为以皇帝名义发布的命令的泛称,其表现形式多样,含义有多重。其一,作为一种王言之制,敕是相对于册书、制书等而言的一种文书形式,具体形式有敕牓、敕书。其二,敕是'编敕'的简称。"④从文献的记载来看,与敕有关的法律也不胜枚举,如《宗室葬敕》《宫学敕》等。宋代重要法典——《庆元条法事类》文书门中对此多有记载,如《职制敕》中的"诸承赏功罚罪,不置历供呈膡下,并编录不如法者,杖一百"。⑤ 宋代敕作为一种常见的法律形式,与其他形式的法律存在着非常密切的关系。

3. 令。令是约束禁止某些行为的法律规范。如史料所记载:"(元丰二年)六月二十四日,左谏议大夫安焘等上《诸司敕式》,上谕焘等曰:'设于此而逆彼之至曰格,设于此而使彼效之曰式,禁其未然之谓令,治其已然之谓敕。修书者要当知此,有典有则,贻厥子孙。今之格式令敕即典则也,若其书全具,政府总之,有司守之,斯无事矣。'"⑥据已有的研究,令是现存宋代法律形式中数量最多的一种。"宋令与(编)敕、格、式相比,其数量则具有压倒优势。元丰以后所编订的'敕令格式'中,(编)敕、令、格、式各自的卷数大多亡佚,唯高宗、孝宗时所编订的尚有一些记载,从这些记载看,令的卷数都是最多的,如综合性的《绍兴重修敕令格式》和《乾道重修敕令格式》中

① [宋]窦仪:《宋刑统》,北京:中华书局,1984。
② 郭东旭:《宋代法制研究》,保定:河北大学出版社,2000,第 23 页。
③ [清]徐松:《宋会要辑稿》,刘琳、刁忠民等校点,上海:上海古籍出版社,2014,第 8223 页。
④ 裴会涛:《敕与北宋立法关系研究》,保定:河北大学博士论文,2011,第 5 页。
⑤ [宋]谢深甫:《庆元条法事类》,戴建国点校,哈尔滨:黑龙江人民出版社,2002,第 334 页。
⑥ [清]徐松:《宋会要辑稿》,第 8223 页。

均包含敕 12 卷、令 50 卷、格 30 卷、式 30 卷,令的内容最多。在专门的'敕令格式'中亦然,如《绍兴重修尚书吏部敕令格式并通用敕令格式》中含敕 5 册、令 41 册、格 32 册、式 8 册;《绍兴大宗正司敕令格式申明目录》含敕 10 卷、令 40 卷、格 16 卷、式 5 卷;《绍兴重修贡举敕令格式》含敕 7 卷、令 13 卷、格 6 卷、式 6 卷。均以令的内容为最多。"①从《庆元条法事类》中有关文书的立法来看,其中也有部分文书法律是以令的形式存在的,如《文书令》中相关的条款就是这种情况。

4. 格。格是宋代有关行政管理的相关规范。郭东旭先生认为:"格是划分吏民等级及有关论等行赏方面的法律规范。"②从《庆元条法事类》中相关内容看,格主要是涉及行政管理中赏罚的规定,如《赏格》。

5. 式。主要是有关文书格式方面的法律法规。《庆元条法事类》一书保留了大量文书式,如卷十六中有关宋代"奏状"的基本格式,书中列举了标准文本。兹节录如下:

奏状　某司　自奏事则具官。某事云云。自奏事而无事因者,于此便云"右臣"。右云云。列数事,即云"谨件如前"云云。谨录奏闻。谨状取旨者云伏候敕旨。年月日具官止书官职、差遣,余状、牒、式准此……③

《庆元条法事类》一书中有关"式"的内容众多,这些文书"式"是研究宋代文书标准化的基本史料。

6. 例。例一般指可以作为依据的事例或判例。宋代的例"指以前事的处理作为后世处理标准的成例"。④ 据已有的研究,宋例的内容涉及审判制度、行政事务和程序、人事制度等方面。⑤

以上对宋代法律基本形式作了简要介绍,就宋代文书立法的情形而言,其表现形式也多为律、敕、令、格、式、例等。

二、宋代法律的编纂

随着法律条文的增多,如何保持法律条文的一致性和连续性,消减法律条文前后可能产生的矛盾,对法律条文进行编纂以适应现实的需要成为宋代立法活动的重要内容。概括而言,宋代法律编纂的方式主要有:编敕和编例。

① 吕志兴:《宋令的变化与律令法体系的完备》,《当代法学》,2012(2),第 40 页。
② 郭东旭:《宋代法制研究》,第 16 页。
③ [宋]谢深甫:《庆元条法事类》,第 347 页。
④ 郭东旭:《宋代法制研究》,第 16 页。
⑤ 王文涛:《宋例与宋代法律体系研究》,华东政法大学,2015,第 64—70 页。

1. 编敕

前已述,敕是皇帝在特定的时间针对特定的人与事而临时发布的文书。但是如何保持这些文书的效力使其具稳定性和普遍性,这就需要对这些文书进行一定的编纂。宋初,敕的数量还不多,但是随着社会发展,到真宗时期,敕的数量已经非常可观。真宗时期的一条诏令能具体说明此问题:"(咸平元年)十二月,先是,诏给事中柴成务等重详定新编敕。丙午,成务等上言曰:'自唐开元至周显德,咸有格敕,并著简编。国初重定刑统,止行编敕四卷。泊方隅平定,文轨大同,太宗临朝,声教弥远,遂增后敕为太平编敕十五卷,淳化中又增后敕为淳化编敕三十卷。编辑之始,先帝亲戒有司,务存体要。当时臣下,不能申明圣意,以去繁文。今景运重熙,孝心善继。自淳化以后,宣敕至多。命有司别加删定,取刑部、大理寺、京百司、诸路转运使所受淳化编敕及续降宣敕万八千五百五十五道,遍共披阅。凡敕文与刑统令式旧条重出者及一时机宜非永制者,并删去之;其条贯禁法当与三司参酌者,委本部编次之,凡取八百五十六道,为新删定编敕。其有止为一事前后累敕者,合而为一;本是一敕,条理数事者,各以类分取。其条目相因,不以年代为次,其闲文繁意局者,量经制事理增损之;情轻法重者,取约束刑名削去之。凡成二百八十六道,准律分十二门,并目录为十一卷。又以仪制、车服等十六道别为一卷,附仪制令,违者如违令法,本条自有刑名者依本条。又以续降赦书、德音九道别为一卷,附淳化赦书合为一卷。其厘革一州、一县、一司、一务者,各还本司,令敕称依法及行朝典勘断,不定刑名者,并准律、令、格、式;无本条者,准违制敕,分故失及不躬亲被受条区分。臣等重加详定,众议无殊,伏请镂板颁下,与律令格式、刑统同行。'优诏褒答之。"[1]上述诏令用具体明确的数字说明了敕的增长及朝廷为了解决此问题而进行的编敕活动。为了完成对敕书的编纂,宋代专门设立了编敕所这一机构。如史料所载:"(熙宁)七年七月二十一日,诏:'今后中书、枢密院诸房应创立或删改海行一司敕条贯,可并送刑法司及编敕所详定讫,方得拟进,取旨颁行。'"[2]宋代编纂敕令文书的机构,在名称上主要有"详定敕令所""编修诸司敕式所""详定一司敕令所""重修敕令所""详定重修敕令所""详定敕令局"等。宋代编敕的数量,据已有的研究可知,"自宋太祖建隆四年(963)至南宋理宗宝祐二年(1284)的290年间,共修法典240多种,其中新编修敕令格式约210种,占宋代法典总数的87%。虽然这个统计数并不十分准确,但

---

① [宋]李焘:《续资治通鉴长编》,北京:中华书局,1995,第922—923页。

② [清]徐松:《宋会要辑稿》,第8220页。

可以从中粗略看出宋代编敕活动的频繁"。① 宋代所编的通行全国的编敕，根据戴建国先生的统计主要有 18 部，分别为：《建隆编敕》《太平兴国编敕》《淳化编敕》《咸平编敕》《大中祥符编敕》《天圣编敕》《庆历编敕》《嘉祐编敕》《熙宁编敕》《元丰敕令格式》《元祐敕令格式》《元符敕令格式》《政和敕令格式》《绍兴敕令格式》《乾道敕令格式》《淳熙敕令格式》《庆元敕令格式》《淳祐敕令格式》等。②

2. 编例

编例也是宋代法律编纂的重要形式。"法律制定后，随着社会的不断发展，常无法应付层出不穷的案情，已定的法律不可能巨细无遗地详列条款，由此产生了比附定刑的适用原则"。③ 所谓例，按照宋人的看法："或出于一时之特恩，或出于一时之权宜，有徇亲故而开是例者，有迫于势要而创是例者。"④宋朝各代皇帝都注重对例进行编纂。如"仁宗皇祐五年十二月，命参知政事刘沆提举中书五房续编例"。"嘉祐三年闰十二月，诏中书五房编总例"。⑤ 到了神宗时期，对于例的编纂更加重视，如史料所记载："（神宗熙宁二年）六月十四日，上谓王安石曰：'中书置属修例，最是急事。'安石曰：'此乃事之本也。凡修例者，要知王体、识国论、不为流俗所蔽者乃可为之。若流俗之士，所见不能出流俗，即所议何能胜旧。今陛下欲修条例，宜先博见士大夫。以陛下聪明睿智，躬择贤士大夫，必得其人。若得五六人以付中书，令修条例，每数日辄一具事（日）[目]进呈，是非决于陛下，则法度成立有期。若但令中书择人，即恐所用不无流俗之人，流俗之人何可与议变流俗之事。且今日条例，皆仁宗末年以来大臣所建置，人情岂肯一旦尽改其所建置以从人? 恐须陛下独断，乃能有为。'上曰：'待朕自选得人，但恐迟。'安石曰：'此事诚不可迟，然亦不可疾。若不知王体、识国论、可与变流俗之人，则与不修条例无异，此所以不可疾也。然今非无人材，要须陛下留意考择，恐亦不可迟也。'"⑥从宋神宗与王安石的对话来看，宋代对于编例活动是非常重视的，对于承担编例工作人员的要求也非常之高，编例之人要能"知王体、识国论，不为流俗所蔽"。

从以上所引史料可以看到宋代编例非常频繁。由于例不断增多，

---

① 郭东旭：《宋代法制研究》，第 28 页。

② 戴建国：《宋代刑法史研究》，第 76 页。

③ 戴建国，郭东旭：《南宋法制史》，北京：人民出版社，2011，第 14 页。

④ ［宋］许应龙：《东涧集》，影印文渊阁四库全书本，台北：商务印书馆，1983，第 174 页。

⑤ ［清］徐松：《宋会要辑稿》，第 3124 页。

⑥ ［清］徐松：《宋会要辑稿》，第 3125 页。

"'例'的作用愈来愈大,地位也愈来愈高。宋神宗时,又出现了'引例破法'的状况。北宋末年,由于宋徽宗广泛推行御笔处分,不仅使特旨的地位高于常法,而且法外用例造成的法治紊乱已非常突出"。① 这是宋"例"所造成的负面影响。

第二节　《宋刑统》中有关文书立法

《宋刑统》是宋早期的一部基本法,是关于宋代刑名、量刑等方面的法律。《宋刑统》中有关文书方面的法律主要涉及对文书工作中一些禁止性行为及量刑的规定,如漏泄大事、制书稽缓错误、误犯宗庙讳、奏事及余文书误等,以下按《宋刑统》各卷的先后顺序,简要梳理其中与文书工作相关的条款。

一、《职制律》中有关文书的立法

《宋刑统·职制律》是有关于行政机构和行政人员基本职责和规范方面的法律,其中与文书有关的立法主要有以下几方面。

1. 漏泄大事

文书保密历朝都有严格规定,对于违反保密规定造成信息泄露的行为要严加惩处,《宋刑统》对此有明文记载:"诸漏泄大事应密者绞。大事谓潜谋讨袭及收捕谋叛之类。非大事应密者徒一年半,漏泄于蕃国使者加一等。仍以初传者为首,传至者为从,即转传大事者杖八十,非大事勿论。"②从律文的内容来看,在宋代涉密文书需严加保密,律文明确界定了宋代需要保密事项的范围,对于漏泄的处罚也从绞刑到杖刑不等。

2. 制书稽缓错误

宋代皇命文书的制作和传递有明确的时限,不得违背时限的要求,否则面临严重的处罚,《宋刑统》中记载:"诸稽缓制书者,一日笞五十,腾制、敕符移之类皆是。一日加一等,十日徒一年。其官文书稽程者,一日笞十,三日加一等,罪止杖八十。"③此律文规定了宋代制书稽缓的处罚标准,是宋代行政领域判罚文书延误及处罚的基本依据。

---

① 郭东旭:《宋代法制研究》,第 47 页。
② ［宋］窦仪:《宋刑统》,第 154—155 页。
③ ［宋］窦仪:《宋刑统》,第 156 页。

3. 误犯宗庙讳

古代社会所形成的文书避讳制度,在宋代也得到了继承,从宋代史料的记载来看,避讳逐渐呈现法制化的趋势,这一点在《宋刑统》中也多有体现,如"诸上书若奏事误犯宗庙讳者,杖八十,口误及余文书误犯者,笞五十。即为名字触犯者,徒三年。若嫌名及二名偏犯者不坐。嫌名谓若禹与雨,丘与区。二名谓言征不言在,言在不言征之类"。①《宋刑统》中对于文书犯讳的规定主要是针对公讳而做出的,对于取名中触讳的情形则规定了更加严厉的处罚标准。

4. 奏事及余文书误

宋代文书工作中要求各项内容准确无误,如果文书出现了错误则要进行处罚。《宋刑统》中记载:"诸上书若奏事而误,杖六十。口误减二等。口误不失事者勿论。上尚书省误笞四十,余文书误笞三十,误谓脱剩文字及错失者。即误有害者,各加三等。有害谓当言勿原而言原之,当言千四而言十匹之类。若误可行,非上书奏事者勿论。可行谓案省可知,不容有异议,当言甲申而言甲由之类。"②从律文的内容来看将书面和口头方式进行信息传递的情况都纳入法律惩戒的范围,口误而对事务办理未产生实质性影响的则不追究当事人的法律责任。

5. 诸事应奏而不奏,不应奏而奏

宋代文书在奏报上有严格的规定,行政领域中哪些事务需要上奏,哪些事务无需上奏,这些都以文字形式确定下来,如果违反此法律,则要进行处罚。"诸事应奏而不奏,不应奏而奏者,杖八十。应言上而不言上,虽奏上,不待报而行亦同。不应言上而言上,及不由所管而越言上,应行下而不行下,及不应行下而行下者,各杖六十。"③此条款对文书活动中的奏报问题进行了严格的规范,体现了对行政领域的职务行为刑罚化管理的趋向。

6. 代官司署判

从事文书工作的官员和吏人,各有职守,不得替代他人处理文书,如果违反法律规定则要处罚,"诸公文有本案事直而代官司署者,杖八十,代判者徒一年,亡失案而代者加一等"。④

7. 驿使稽程

宋代对于文书的传递要求甚严,违反相关法律的都将面临惩处,如"诸

---

① [宋]窦仪:《宋刑统》,第159—160页。
② [宋]窦仪:《宋刑统》,第160页。
③ [宋]窦仪:《宋刑统》,第161页。
④ [宋]窦仪:《宋刑统》,第162页。

驿使稽程者,一日杖八十,二日加一等,罪止徒二年。若军务要速,加三等,有所废阙者,违一日加役流,以故陷败户口、军人,城戍者绞"。① 此条法律对宋代文书稽程问题进行了严格规定,以一日杖八十作为量刑的基础,逐级递增,罪止徒二年。

8. 驿使以所赍文书寄人

宋代规定传递文书要专人负责,不得将文书交由他人:"诸驿使无故以书寄人行之及受寄者,徒一年。若致稽程,以行者为首,驿使为从。即为军事警急而稽留者,以驿使为首,行者为从。有所废阙者从前条。其非专使之书,而便寄者勿论。"②

9. 文书遣驿

文书传递各有规范,文书入何种传递方式,宋代有明文规定,对于不依照规定而入邮递者,则要进行处罚。"诸文书应遣驿而不遣驿,及不应遣驿而遣驿者,杖一百。若依式应须遣使诣阙而不遣者,罪亦如之。"③

10. 诸驿使受书不依题署

在文书传递过程中,传递人员需按照指定地址来进行传递,否则要按照"行书稽程"来进行处罚,《宋刑统》记载:"诸驿使受书不依题署,误诣他所者,随所稽留,以行书稽程论减二等,若由题署者误,坐其题署者。"④

11. 输纳符节迟留

宋代基于各项机密事件保密的需要,广泛采用符节来约束各方,对于传递和接收符节延误的行为也给予相应处罚。"诸用符节事讫,应输纳而稽留者,一日笞五十,二日加一等,十日徒一年。"⑤

从《职制律》有关文书的相关律文来看,对于文书工作各环节可能产生的违法都进行了详细的规定,这些规定涉及了文书奏报、保密、传递和楷留等各方面。《职制律》中有关文书的立法在《宋刑统》中相对比较多,这些法律分布在职制律中,也充分说明宋代从立国开始就高度重视行政活动中有关文书工作,通过立法,将行政领域的文书活动纳入法制体系。

二、《厩库律》中有关文书的立法

《厩库律》是有关牲畜的饲养、管理及库务的规范性管理的立法,其中涉

① [宋]窦仪:《宋刑统》,第166页。
② [宋]窦仪:《宋刑统》,第167页。
③ [宋]窦仪:《宋刑统》,第167—168页。
④ [宋]窦仪:《宋刑统》,第168页。
⑤ [宋]窦仪:《宋刑统》,第170页。

及了文书工作的条文主要有擅自拆开官文书的封印等。"诸官物有印封,不请所由官司而主典擅开者,杖六十。"①中国古代社会为了对物质的收支进行有效管理,形成了封印制度,这一制度在宋代官物管理中也得到了严格执行,从律文的内容来看,如果不经过请示而擅自拆开封条,则要处于杖六十的刑罚,这一处罚是比较严厉的。

三、《擅兴律》中有关文书的立法

《擅兴律》是关于军事管理方面的立法,其中与文书有关的主要是"符"的使用规定。"诸应给发兵符而不给,应下发兵符而不下,若下符违式,谓违令式,不得承用者,及不以符合从事,或符合不速以闻,各徒二年,其违限不即还符者,徒一年,余符各减二等,凡言余符者契亦同即契应发兵者同发兵符。"②

四、《贼盗律》中有关文书的立法

《贼盗律》是宋代对于盗窃罪的处罚规定,其中涉及文书工作方面的主要有以下诸方面。

1. 盗御宝者

宋代皇帝之玺称为"宝",宋代皇帝有"八宝",分别在不同的场合下使用。对于盗窃皇帝"宝"的处罚非常严厉。"诸盗御宝者绞,乘舆服御物者,流二千五百里。谓供奉乘舆之物,服通衾茵之属,真副等,皆须监当之官,部分拟进,乃为御物。其拟供服御及供而废阙,若食将御者,徒二年。将御谓已呈监当之官。拟供食御及非服而御者,徒一年半。"③

2. 盗官文书印

由于官印的重要作用,对于盗窃官印的行为要进行严厉处罚。"诸盗官文书印者,徒二年,余印杖一百。谓贪利之而非行用者,余印谓印物及畜产者。"④

3. 盗制书

制书作为皇命文书之一,宋代对于盗窃制书的行为处罚极为严厉。"诸盗制书者,徒二年,官文书杖一百,重害文书加一等,纸券又加一等亦谓贪利之,无所施用者,重害谓徒罪以上狱案及婚姻、良贱、勋赏、黜陟、授官、除免之类,即盗应除文案者,依凡盗法。"⑤

---

① ［宋］窦仪:《宋刑统》,第 247 页。
② ［宋］窦仪:《宋刑统》,第 252 页。
③ ［宋］窦仪:《宋刑统》,第 293—294 页。
④ ［宋］窦仪:《宋刑统》,第 294 页。
⑤ ［宋］窦仪:《宋刑统》,第 294—295 页。

4. 盗发兵符

宋代由于军事斗争的需要,对于军事活动中的发兵符的管理异常严格,盗窃发兵符要处于流二千里及徒三年不等的刑罚。"诸盗宫殿门符、发兵符、传符者,流二千里,使节及皇城、京城门符,着徒三年,余符徒一年,门钥各减三等。盗州镇及仓厨厩库关门等钥,杖一百,县戍等诸门鑰,杖六十。"①

五、《诈伪律》中有关文书的立法

《诈伪律》是宋代对伪造罪、诈骗罪进行定罪量刑的相关规定,其中涉及文书方面的主要有如下几方面。

1. 伪造宝印符节

古代社会文书是否具有权威和信用与文书是否钤印有密切关系,因此古代立法中也严厉处罚各种伪造玺印的行为,宋代对于伪造皇帝宝、官印及符节等行为也严加惩处,"诸伪造皇帝八宝者斩,太皇太后、皇太后、皇后、皇太子宝者绞,皇太子妃宝流三千里伪造不录所用但造即坐"。②

2. 伪写官文书印

宋代官府机构各有官印,以示执掌和权信,为了显示官印的威严,严令禁止伪造官印,"诸伪写官文书印者,流三千里,余印徒一年。写,谓仿效而作,亦不录所用。即伪写前代官文书印,有所规求封用者,徒二年。因之得官者,从诈假法"。③

3. 诸伪写宫殿门符

前已述,在宋代军事管理中为了约束各方,广泛使用"符"作为凭证,对于伪造"符"的行为也严加处罚。"诸伪写宫殿门符、发兵符。发兵谓铜鱼合符应发兵者,虽通余用,亦同。余条称发兵者皆准此。传符者绞,使节及皇城京城门符者流二千里,余符徒二年。余符谓禁苑门及交巡鱼符之类。"④

4. 以伪宝印符节及得亡宝印符节假人

宋代严格限制将伪造的宝、官印和符借给他人使用的行为,违者重罚。"诸以伪宝、印、符、节及得亡宝、印、符、节假人,若出卖,及所假若买者封用,各以伪造、写论。即以伪印印文书施行,若假与人,及受假者施行,亦与伪写同。未施行及伪写印、符、节未成者,各减三等。"⑤

---

① [宋] 窦仪:《宋刑统》,第 295 页。
② [宋] 窦仪:《宋刑统》,第 383 页。
③ [宋] 窦仪:《宋刑统》,第 383 页。
④ [宋] 窦仪:《宋刑统》,第 384 页。
⑤ [宋] 窦仪:《宋刑统》,第 385 页。

5. 盗宝印符节封用

宋代对于盗窃宝符用于各种物品的封用也要进行惩处，"诸盗宝、印、符、节封用，谓意在诈伪，不关由所主。即所主者盗封用，及以假人，若出卖；所假及买者封用，各以伪造、写论。主司不觉人盗封用者，各减封用罪五等，印又减二等。即事直及避稽而盗用印者，各杖一百，事虽不直，本法应用印而封用者，加一等，主司不觉笞五十，故纵者各与同罪"。①

6. 诈为制书

制书，皇帝命令之文，其代表着皇权，至高无上。为了防止各种可能出现的伪造行为，宋代通过立法严厉处罚此类行为："诸诈为制书及增减者绞。口诈传及口增减亦是。未施行者减一等。施行谓中书覆奏及已入所司者，虽不关由所司而诈传增减，前人已承受者亦为施行，余条施行准此。其收捕谋叛以上不容先闻而矫制，有功者奏裁，无功者流二千里。"②

7. 对制及奏事上书诈不实

宋代要求文书真实、不欺诈，如违反则严加处罚。"诸对制及奏事上书，诈不以实者，徒二年。非密而妄言有密者，加一等。对制谓亲见被问，奏事谓面陈，若附奏亦是，上书谓书奏特达，诈谓知而隐欺，及有所求避之类。若别制下问、案、推，无罪名谓之问，未有告言谓之案，已有告言谓之推。报上不以实者徒一年，其事关由所司，承以奏闻而不实者，罪亦如之，未奏者各减一等。"③从律文看，将上书不实问题纳入《诈伪律》中，可见宋代对此类问题的高度重视和严格防治。

8. 诈为官文书及增减

宋代对于伪造国家机构的官文书根据伪造目的不同以及是否行用对违法行为进行处罚，"诸诈为官文书及增减者，杖一百，准所规避，徒罪以上，各加本罪二等，未施行各减一等。即主司自有所避，违式造立，及增减文案，杖罪以下，杖一百；徒罪以上，各加所避罪一等。造立即坐。若增减以避稽者杖八十"。④

六、《杂律》中有关文书的立法

《杂律》是《宋刑统》中为解决一般律目无法统摄的律文而设立的一个律目，其中涉及文书方面的立法主要有四条，分别为弃毁文书、亡失文

---

① ［宋］窦仪：《宋刑统》，第 386 页。
② ［宋］窦仪：《宋刑统》，第 387—388 页。
③ ［宋］窦仪：《宋刑统》，第 388—389 页。
④ ［宋］窦仪：《宋刑统》，第 390 页。

书等。

1. "诸弃毁符、节、印及门钥者,各准盗论,亡失及误毁者各减二等。"①从律文的内容来看,对于故意丢弃符、节、印等行为,要按照盗窃罪进行量刑,而对于丢失符、节、印则可在上述刑罚基础上减轻二等进行处罚。

2. "诸弃毁制书及官文书者,准盗论。亡失及误毁者,各减二等。毁,须失文字,若欲动事者,从诈增减法。其误毁失符移、解牒者,杖六十。谓未入所司而有本案者。"②与上一条律文内容相应,此条律文主要是针对毁弃和丢失文书而做出的,律文区分了故意和过失两种情况。

3. "诸主守官物而亡失簿书,致数有乖错者,计所错数,以主守不觉盗论。其主典替代者,文案皆立正案,分付后人,违者杖一百。并去官不免。"③律文对于官员丢失簿书而造成数目错误的按照官员不觉盗论处。

4. 私发官文书印封

"诸私发官文书印封视书者,杖六十,制书杖八十。若密事,各依漏泄坐,减二等。即误发视者,各减二等,不视者不坐。"④此条律令主要是针对私发官文书封印窥视文书内容而做出的,对于这种行为根据窥视文书性质的不同而判处杖六十和杖八十不等的刑罚,如果所窥视的文书是涉密的,则要按照漏泄罪行进行处罚。

七、《宋刑统》中有关文书立法的基本特点

1. 分布在不同的律目之下。与秦汉时期的法律相比,《宋刑统》虽然没有专设文书律目或行书律目,但是在其他相关的律目下存在诸多条款与文书工作有关。从上所引相关律文来看,有关文书方面的条款分布在《职制律》《厩库律》《擅兴律》《贼盗律》《诈伪律》《杂律》中,其中《职制律》《贼盗律》《诈伪律》有关文书方面的条款较多。

2. 涉及文书管理的诸多环节。从相关律文的内容来看,涉及了文书的伪造、文书的偷盗、文书传递中的延误、泄密、丢失官文书及错误等方面,其中突出强调对皇命文书的管理,这也与宋代王权的至高无上相一致。

3. 对文书违法行为进行刑事处罚。在宋代,由于违法和犯罪不分,违法就是犯罪,从有关文书方面的相关律文来看,即使是行政领域的文书违法行

---

① 〔宋〕窦仪:《宋刑统》,第439页。
② 〔宋〕窦仪:《宋刑统》,第439页。
③ 〔宋〕窦仪:《宋刑统》,第440页。
④ 〔宋〕窦仪:《宋刑统》,第440页。

为也要进行严厉的刑罚,体现了宋代刑罚与行政处罚、犯罪与违法界限不清的特点。

第三节　《天圣令》中有关文书立法

2006 年,天一阁珍藏明抄本北宋《天圣令》(附唐《开元令》)由中华书局出版,此一成果发布后,学界形成了《天圣令》研究的热潮,有关《天圣令》的研究成果斐然。从残本《天圣令》的相关内容来看,许多条文都与文书工作有密切关系。以下按残本《天圣令》的编排顺序对此进行一定梳理。

一、《田令》中有关文书立法

《田令》中保存了宋代有关田地管理的法律条文 7 条,不行唐代田地管理的法律条文 49 条。其中与文书工作有关的主要有:

1. 申请永业田的基本文书程序。"诸请永业者,并于本贯陈牒,勘验告身,并检籍知欠。然后录牒管地州,检勘给讫,具录顷亩四至,报本贯上籍,仍各申省计附薄(簿)。其有先于宽乡借得无主荒地者,亦听回给。"①此条为《天圣令》所保留的不行唐代田令的律文。该律令详细规定了申请永业田者所须履行的文书程序。申请人于本地提出书面申请,官方勘验告身、核验户籍,然后申报管辖地进行给授,给授之后,完整地登记所授田的亩数和四至,管地州将所授田情况回报户籍所在地进行登记,地方要将各地授田情况上报户部进行汇总。

2. 授田中各种簿籍的制作,申报。"诸应收授之田,每年起十月十(一)日,里正豫校勘造簿。至十一月一日,县令总集应退应授之人,对共给授。十二月三十日内使讫,符下按(案)记,不得辄自请射。其退田户内,有合进受者,虽不课役,先听自取,有余收授。乡有余,授比乡;县有余,申州给比县;州有余,附帐申省,量给比近之户(州)。"②律文规定每年十月一日开始,里正要事先校对授田的情况并制作簿历,至十一月一日,县令汇总应退授田人数,对共给授。

---

①　天一阁博物馆,中国社会科学院历史研究所天圣令整理课题组:《天一阁藏明抄本天圣令校证》,北京:中华书局,2006,第 256 页。

②　天一阁博物馆,中国社会科学院历史研究所天圣令整理课题组:《天一阁藏明抄本天圣令校证》,第 258 页。

3. 田地申请交换的文书要求。"诸田有交错,两[主]求换者,诣本部申牒,判厅手实,以次除附。"①田地有交错,可申请调换,申请者首先向户部提出申牒,官府核验簿籍。

4. 土地要制作图册。"其地皆仰屯官明为图状,所管长官亲自问检,以为定薄(簿),依此支配。"②屯官为土地制作图册,长官亲自案问核验,最后形成定簿,以次作为分配土地的依据。

5. 课帐定期向尚书省申报。"诸屯课帐,每年与计帐同限申尚书省。"③

二、《赋[役]令》中有关文书立法

《赋[役]令》是有关赋税征收方面的法律,其中有宋代赋税管理方面的法律23条,不行唐代赋税管理法律27条,其中涉及文书工作的主要有:

1. 租税等办理完结要申报三司。"诸州税调庸配贮诸处,及回折租调,杂余取(取余)物者,送纳讫,并具帐申三司。"④该令文要求租税等收纳完要具账向三司申报。

2. 各州每年粮食丰俭都要向上书面申报。"诸州丰俭及损免,并每年附递申。"⑤

3. 应承担劳役的民户因任官而享受免除的要验明告身,情况属实,在文书上标注免除。"诸户役,因任官应免者,验告身灼然实者,注免。其见充杂任、授流内官者,皆准此。自余者不合。"⑥

4. 县令要制作五等簿,联合署名钤印,作为差科、征收赋役的依据。"谐(诸)县令须知所部富贫、丁中多少、人身强弱。每因外降户口,即作五等定簿,连署印记。若遭灾蝗旱劳(涝)之处,任随贫富为等级。差科、赋役,皆据此簿 …… 簿定以后,依次差科。若有增减,随即注记。"⑦

---

① 天一阁博物馆,中国社会科学院历史研究所天圣令整理课题组:《天一阁藏明抄本天圣令校证》,第258页。

② 天一阁博物馆,中国社会科学院历史研究所天圣令整理课题组:《天一阁藏明抄本天圣令校证》,第262页。

③ 天一阁博物馆,中国社会科学院历史研究所天圣令整理课题组:《天一阁藏明抄本天圣令校证》,第263页。

④ 天一阁博物馆,中国社会科学院历史研究所天圣令整理课题组:《天一阁藏明抄本天圣令校证》,第265页。

⑤ 天一阁博物馆,中国社会科学院历史研究所天圣令整理课题组:《天一阁藏明抄本天圣令校证》,第265页。

⑥ 天一阁博物馆,中国社会科学院历史研究所天圣令整理课题组:《天一阁藏明抄本天圣令校证》,第265页。

⑦ 天一阁博物馆,中国社会科学院历史研究所天圣令整理课题组:《天一阁藏明抄本天圣令校证》,第265页。

5. 租调每年编制账簿送尚书省,户部完整记录情况。"诸课每年计帐,至户部具录色目,牒度支支配[来]年事,限十月三十日以前奏讫。"①

6. 应征收的杂物,需写明物数及应缴纳的人户,张榜公布。"诸有杂物科税,皆明写所须(道)物数及应出之户,印署,牓县[门]及材(村)坊,使众庶同知。"②

7. 田地遇到各种灾害,州县检查并制作账目申报,"诸田有水旱虫霜不熟之处,据见营之田,州县检实,具帐申省。"③

8. 丁匠服役要造簿送上,由尚书省分配。"诸丁匠赴役者,皆具造簿,于未到前王(三)日内豫送簿,尚书省分配。"④

三、《仓库令》中有关文书立法

《仓库令》中载有宋代仓库管理方面法律 24 条,不行唐代仓库管理法律 22 条,其中与文书有关的主要有:

1. 杂役、兵人需仓库提供物质,皆据官司文牒领用。"用杂役兵人。诸仓库给用,皆承三司文牒。"⑤

2. 仓库出纳物品按规定登记,年终向上申报,账簿送三司。"诸仓库受纳,出给、在见(见在)杂物帐,年终各申所属。所属类次其名帐,递送三司。"⑥

3. 官司接收物品应纳仓库者,缴纳完毕,登记物品信息,申报所属官司。"诸司受一物以上,应纳库者,纳讫。具录色目,申所司附帐。"⑦

4. 诸庸调输送需要遵守的文书程序。"诸庸调等应送京者,皆依[见]送物数色目,各造解(见)一道,函盛封印,付纲典送尚书省,验印封全,然后开付所司,下寺领纳讫具申。若有欠失二(及)损,随即理(征)填。其用

① 天一阁博物馆,中国社会科学院历史研究所天圣令整理课题组:《天一阁藏明抄本天圣令校证》,第 268 页。
② 天一阁博物馆,中国社会科学院历史研究所天圣令整理课题组:《天一阁藏明抄本天圣令校证》,第 268 页。
③ 天一阁博物馆,中国社会科学院历史研究所天圣令整理课题组:《天一阁藏明抄本天圣令校证》,第 270 页。
④ 天一阁博物馆,中国社会科学院历史研究所天圣令整理课题组:《天一阁藏明抄本天圣令校证》,第 274 页。
⑤ 天一阁博物馆,中国社会科学院历史研究所天圣令整理课题组:《天一阁藏明抄本天圣令校证》,第 279 页。
⑥ 天一阁博物馆,中国社会科学院历史研究所天圣令整理课题组:《天一阁藏明抄本天圣令校证》,第 280 页。
⑦ 天一阁博物馆,中国社会科学院历史研究所天圣令整理课题组:《天一阁藏明抄本天圣令校证》,第 281 页。

（用）滥恶短狭不依式者,具状申省,随事推决。"①

5. 仓库出纳物品需详录物品和申请人信息。"右(左)右仓(藏)库及两京仓,出一物以上,所司具录赐物色目、并数、请人姓名,署印送监门,勘同,判傍,听出。"②

6. 官物冲抵需在年终书面申报。"诸州县应用官物者,以[应]入京(应)钱物充,不足则用正仓充,年终申帐。"③

四、《厩牧令》中有关文书立法

《厩牧令》中保存了宋代有关厩务管理的法律 15 条,不行唐代法律 35 条,从《厩牧令》的内容来看,其中强调所有官方饲养的驹、犊、羔需详细记录毛色、齿岁,并且制作登记簿一式两份,分别保管。"诸在牧驹、犊及羔,每年遣使共牧监官司封(对)印。驹、犊八月印,羔春秋二时印及割耳,仍言牝牡入帐。其马具录毛色、齿岁、印记,为簿两道,一道在监案记,一道长、尉自收,以拟校勘。"④

五、《关市令》中有关文书立法

《关市令》是有关津关管理的相关立法,其中收录了宋令 17 条,不行唐令 9 条,从《关市令》的内容看,宋代在津关的管理中高度依靠文书来实现,许多环节都强调对相关文书的勘验和核查。

1. 度关所需要的文书要求。"诸欲度关者,皆经当处官司请遍(过)所,今日公使下皆准此。具注姓名、年纪及马牛骡驴牁(牝)牡、毛色、齿岁、判给。还者,连来文下(申)牒勘给。若于来文外更须附者,验实听之。日别总连为案。若已将(得)过所,有故不者(去)者,连旧过所申纳。若在路有故者,经随近官司申牒改给,具状牒关。"⑤

2. 步行及乘马过关的人,官司勘验过所、案记,相关文书随行人携带。

① 天一阁博物馆,中国社会科学院历史研究所天圣令整理课题组:《天一阁藏明抄本天圣令校证》,第 285 页。
② 天一阁博物馆,中国社会科学院历史研究所天圣令整理课题组:《天一阁藏明抄本天圣令校证》,第 286 页。
③ 天一阁博物馆,中国社会科学院历史研究所天圣令整理课题组:《天一阁藏明抄本天圣令校证》,第 286 页。
④ 天一阁博物馆,中国社会科学院历史研究所天圣令整理课题组:《天一阁藏明抄本天圣令校证》,第 299 页。
⑤ 天一阁博物馆,中国社会科学院历史研究所天圣令整理课题组:《天一阁藏明抄本天圣令校证》,第 305 页。

"诸行人赍过所及乘递马出入关者,关司勘过所,案记。其过所、驿券、递牒并付行人自随。"①

3. 兵马出入关需要严格履行文书程序。"诸兵马出关者,但得本司连写敕符,即宣(宜)勘出。其入关者,据部领兵将文帐捡(检)入。"②

4. 与外藩交易,每年将详情汇报三司。"诸缘边与外蕃互市者,皆令互市官司检校,各将货物、畜产等俱赴[互]市所,官司先共蕃人对定物价,然后交易。非互市,官司皆不得共蕃人言语。其互市所用及市得物数,每年录帐申三司。"③

5. 官府买入商品,交易完毕,详细记录卖方姓名、价格,不得拖欠,然后向官司申报,官司勘记。"诸官有所市买,皆就市交易,不得乖违时价。市讫,具注物户主属、姓名,交付其价,不得欠违,仍申所司勘记。"④

6. 申请过所文书,责令申请者制作副本,官司勘验内容相同者,即依署给。"诸请过所,并令自钞(录)副白,官司勘同,即依署给。其输送官物者,检钞实,付之。"⑤

7. 丁匠服役度关者,皆据本县历名,服役完毕勘验相关文书,文书无误,放还。"诸丁匠上役度关者,皆据本县虚(历)名,共所部送纲典勘度。其役了还者,勘朱印钞并元来姓名年纪同,放还。"⑥

8. 物品出入津关,详细记录物品情况,关司勘验。"诸将物应向玄(互)市,徒(从)京出者,过所司门给,徒(从)外州出者,从出物州给,皆具载色数,关司勘过。"⑦

9. 隔关州县,每年正月制作簿籍交给津关,需要度关者,就关司申牒,官司勘簿判印听过,相关文书每日整理。"诸隔关属州县者,每年正月造簿付

---

① 天一阁博物馆,中国社会科学院历史研究所天圣令整理课题组:《天一阁藏明抄本天圣令校证》,第305页。

② 天一阁博物馆,中国社会科学院历史研究所天圣令整理课题组:《天一阁藏明抄本天圣令校证》,第306页。

③ 天一阁博物馆,中国社会科学院历史研究所天圣令整理课题组:《天一阁藏明抄本天圣令校证》,第307页。

④ 天一阁博物馆,中国社会科学院历史研究所天圣令整理课题组:《天一阁藏明抄本天圣令校证》,第308页。

⑤ 天一阁博物馆,中国社会科学院历史研究所天圣令整理课题组:《天一阁藏明抄本天圣令校证》,第308页。

⑥ 天一阁博物馆,中国社会科学院历史研究所天圣令整理课题组:《天一阁藏明抄本天圣令校证》,第308页。

⑦ 天一阁博物馆,中国社会科学院历史研究所天圣令整理课题组:《天一阁藏明抄本天圣令校证》,第308页。

关,其须往及(来),就关司申牒,勘簿判印听过,日收连为案。"①

六、《狱官令》中有关文书立法

《狱官令》是有关司法审判方面的法律,其中收录宋令 59 条,不行唐令 12 条,其中也可见司法审判中对文书的诸多要求。

1. 官人犯罪,具案录奏,大理寺检断。"诸犯罪,杖以下,县决之;徒以上,送州推断。若官人犯罪,具案录奏,下大理寺检断,审刑院详正其罪,议定奏闻,听敕处分。"②

2. 官员犯罪应除、免及以官当者,涉及告身方面的具体规定。"诸犯罪,[应]除、免及官当者,计所除、免、官当给降至告身,赎追纳库。奏报之日,除名者官、爵告身悉毁;妇人有邑号者,亦准此。官当及免官、免所居官者,准(唯)毁见当免及降至者告身;降所[不]至者,不在追限。应毁者,并送省、连案,注'毁'字纳库;不应毁者,断处案呈付。若推检合复者,皆勘所毁告身、状同,然后申奏。"③

七、《营缮令》中有关文书立法

《营缮令》是有关建造、修缮管理方面的法律,其中收录宋令 27 条,不行唐令 5 条,附 3 条,其中与文书工作有关的主要有以下几条。

1. 各种建筑材料要进行预算向三司书面申报。"三京营造及贮备杂物,每年诸司总科(料)来年一周所须,申三司,本司量校,豫定出所料(科)备、营造期限,总奏听报。若依法先有定科(料),不须增减者,得本司处分。其年常支料供用不足,及支料之外,更有别须,应科料者,亦申奏听报。"④

2. 各项营造工程须预先造簿申三司。"诸在外有合营造之处,皆豫具[录]造做色目(录),料请来年来年所须人功调度、丁匠集期,附递申三司。"⑤

3. 船只无法修理需重新建造每年向三司书面进行申报。"诸官般(船)行用,若有损坏,州无船厂者,官司随事修理。若不堪修理,须造替者,每年

① 天一阁博物馆,中国社会科学院历史研究所天圣令整理课题组:《天一阁藏明抄本天圣令校证》,第 308 页。
② 天一阁博物馆,中国社会科学院历史研究所天圣令整理课题组:《天一阁藏明抄本天圣令校证》,第 327 页。
③ 天一阁博物馆,中国社会科学院历史研究所天圣令整理课题组:《天一阁藏明抄本天圣令校证》,第 331—332 页。
④ 天一阁博物馆,中国社会科学院历史研究所天圣令整理课题组:《天一阁藏明抄本天圣令校证》,第 346 页。
⑤ 天一阁博物馆,中国社会科学院历史研究所天圣令整理课题组:《天一阁藏明抄本天圣令校证》,第 347 页。

预料人功调度,申三司听报。"①

八、《丧葬令》中有关文书立法

《丧葬令》是有关陵墓管理、丧期礼义及赙物申请等方面的立法,其中收录宋令33条,不行唐令5条,丧服年月10条,在丧事活动中许多内容也都与文书有密切关系。

1. 赐予赙物需鸿胪寺向朝廷上奏。"诸室宗(宗室)、内外皇亲、文武官薨卒,及家有亲属之丧,合赐赙物者,皆鸿胪寺具官名闻奏。物数多少,听旨随给。"②

2. 官员遇父母丧需要向上奏报。"诸内外文武官遭祖父母丧,及以理去官或[致仕?]身丧者,并奏。"③

3. 悼祭官员需要向上申奏。"诸五品以上薨卒及遭丧应合吊祭者,在京从本司奏;在外及无本司者,从所属州府奏。"④

九、《杂令》中有关文书立法

1. 文书工作中所需物品由官方提供,若有其他开支,官司可用官方罚没赃赎物来补充。"[诸]内外诸司所须纸、笔、墨等,及诸馆阁供写文书者,并从官给。若别使推事,及大辟狱按者,听兼用当司赃赎物充。"⑤

2. 官物需要登记在案,制作簿籍,申报三司。"诸在京及外州公廨杂物,皆令本司自句,录财物五行见在帐,具申三司,并随至句勘。"⑥

3. 州县要按时制作僧道登记簿,对僧道进行动态管理,每年将僧道情况申报尚书祠部。"诸道士、女冠、僧尼,州县三年一造籍,具言出家年月、夏腊、学业,随处印署。按(案)留州县,帐申尚书祠部。其身死及数有增减者,母(每)年录名及增减因由,状申祠部,具入帐。"⑦

---

① 天一阁博物馆,中国社会科学院历史研究所天圣令整理课题组:《天一阁藏明抄本天圣令校证》,第347页。

② 天一阁博物馆,中国社会科学院历史研究所天圣令整理课题组:《天一阁藏明抄本天圣令校证》,第352页。

③ 天一阁博物馆,中国社会科学院历史研究所天圣令整理课题组:《天一阁藏明抄本天圣令校证》,第352页。

④ 天一阁博物馆,中国社会科学院历史研究所天圣令整理课题组:《天一阁藏明抄本天圣令校证》,第353页。

⑤ 天一阁博物馆,中国社会科学院历史研究所天圣令整理课题组:《天一阁藏明抄本天圣令校证》,第371页。

⑥ 天一阁博物馆,中国社会科学院历史研究所天圣令整理课题组:《天一阁藏明抄本天圣令校证》,第373页。

⑦ 天一阁博物馆,中国社会科学院历史研究所天圣令整理课题组:《天一阁藏明抄本天圣令校证》,第373页。

第四节 《庆元条法事类》中
有关文书立法

《庆元条法事类》是南宋宁宗时期谢深甫等人编纂的一部法典,"《庆元条法事类》是以事分门进行编纂的,今还残存有 16 门。每门之下又分许多小类,如道释门分为下列小类:总法、试经拔度、师号度牒、违法剃度、受戒、住持、行游、供帐、约束、亡殁、杂犯。每类之下按敕、令、格、式,旁照法、随敕申明的顺序进行编纂,无那一项则缺之"。① 该书保存了大量文书工作方面的法律条文,尤其是卷 16 和卷 17,对于研究宋代文书立法及文书档案制度具有重要的参考价值。

一、文书制作方面的立法

1. 有关文书避讳方面的法律

起源于先秦时期的避讳制度,发展到宋代,较前朝更是有过之而无不及,避讳制度在宋代文书工作中也有诸多具体的要求。《庆元条法事类》卷三"文书式"中记载了宋代避讳有关的相关条文。条文中规定了避"圣祖名"和"庙讳","人姓有犯"等内容。如"淳熙六年五月二十七日枢密院札子奏:礼部申,契勘太祖庙讳上一字从'匚'从'王',所有士民姓氏相犯者,改为'王氏',政和间以民姓王为嫌,并改康氏。今看详,欲依政和间已行事理施行。奉圣旨,'依'。"②在卷三仪制令中还规定了"诸命官,不得令人避家讳"。③ 这些法律条文为研究宋代文书避讳提供了基本史料。

2. 文书用纸方面的法律

宋代文书工作中形成和发展了针对发文主体的不同,而采用不同用纸的规定。《庆元条法事类》中记载:"诸翻录制敕,其纸用黄。须无粉药者。奏御文书,不得用屑骨若竹纸、笺纸。"④"诸被受手诏,以黄纸造册编录。"⑤上述条文对于敕书、官文书用纸问题进行了规范。另外《庆元条法事类》中对人事文书中的"批书""印纸"也进行了规范:"诸批书印纸而纸尽者,本州

---

① 孔学:《〈庆元条法事类〉研究》,《史学月刊》,2000(2):第 43 页。
② [宋]谢深甫:《庆元条法事类》,第 11—12 页。
③ [宋]谢深甫:《庆元条法事类》,第 13 页。
④ [宋]谢深甫:《庆元条法事类》,第 334 页。
⑤ [宋]谢深甫:《庆元条法事类》,第 334 页。

续纸用印。其批不圆应再批者,具不圆事状并断罚元批书官吏次第批上,仍报在京所属。"①律文规定了批书印纸用尽后的处理办法。"诸诏敕纸,高一尺三寸长二尺者。余官私纸高长不得至此。及写宣纸,各不得私造及卖,违者,纸仍没官。"②此条则详细规定了皇命文书用纸的规格。

3. 有关文书的密封规定

宋代文书有实封和通封之别,机密文书在传递中需要实封。"诸奏事涉机密,若急速及灾异,或告妖术若狱案,或臣僚自有所陈,谓非叙述身事者。及被旨分析事状,皆实封,余通封。即不应实封而实封者,所属点检举劾。系臣僚陈事,仍缴奏。"③此条明确列举了需要实封文书的常见种类,这主要包括:奏事涉及机密、急速事件、灾异、告妖术、狱案等。"诸奏事应实封而无印者,文书及内外封面须一手写。"④此条律文解决了应实封而无印的情况,则需在文书和内外封进行手写来作为权宜。"诸奏事应通封而实封者,杖一百。"⑤"诸臣僚上殿若内外官司应进图籍之类,辄用轴及非机密而封记者,各杖一百。经由官司不点检,准此。"⑥"诸军马粮草数及事干机密应行文书而不实封者,杖一百。军马机密事辄下司者,罪亦如之。"⑦以上三条律文都规定了违反实封要求的刑事处罚即处杖一百。

4. 有关印制空白文书的处罚规定

由于实际的需要,宋代文书工作中往往会印制一些内容空白的文书,在不同场合下根据实际情况再进行填写,这类文书在社会中存在着弊端,成为了朝廷所禁止的内容之一。《庆元条法事类》:"诸官司及将校预印空纸,填写文书及印之者,各杖八十。"⑧此一规定明确了官司和将校如果预先印制空白文书进行填写及钤印则要处以杖八十的刑罚。

5. 有关官印管理方面的规定

(1) 有关官印的铸造和销毁的法律规定

宋代官印的铸造有明确的程序,如"诸官司应铸印记,先具以某字为文,保明申所隶,谓如在外,州所辖者,申州审验,州即随事申所隶监司,监司申所属曹部。在京,申所隶寺、监,寺、监申本曹。非隶六曹、寺、监者,申所隶。无所隶者,直申礼部之

① [宋] 谢深甫:《庆元条法事类》,第 81—82 页。
② [宋] 谢深甫:《庆元条法事类》,第 336 页。
③ [宋] 谢深甫:《庆元条法事类》,第 344 页。
④ [宋] 谢深甫:《庆元条法事类》,第 344 页。
⑤ [宋] 谢深甫:《庆元条法事类》,第 343 页。
⑥ [宋] 谢深甫:《庆元条法事类》,第 343 页。
⑦ [宋] 谢深甫:《庆元条法事类》,第 343 页。
⑧ [宋] 谢深甫:《庆元条法事类》,第 343 页。

类。再行审验,关申尚书礼部",①"诸税务团、条印,知州面勒雕造,岁一易之,旧印送州毁",②"诸官司旧印应换铸者,给讫,限当日以旧印申纳尚书礼部捶毁"。③ 上述三条律文对官印的铸造及旧印的管理进行了规范。《庆元条法事类》中还规定了专门用于官物封印方面印章的使用,"诸受纳官物团印、仓库各别为样。长印、稍印州县长官监造,起纳日以印样缴送销簿官司对钞比验。至纳毕,长官监毁。即公吏并钞内辄置私记,谓入门司勘同之类。阻节受乞钱物者,许人户越诉。"④

（2）官印使用方面的法律

官印不得印私文书:"诸官司印记,不得印私文书。"⑤使者出使所使用的官印也严格要求,"诸奉使应给印记者,以被受付身文书赴尚书礼部验请。事毕及改差者,限十日送纳。其应留给绝,或改差而欲就用若再外寄纳者,并限次日申本部"。⑥"诸奉使不及印记而文书应印者,就所在官司借用"。⑦

（3）官印的管理

宋代对于官印如何管理也制定了许多相应的法律,如要求应缴纳的官印封题书字,放在木匣中。"诸印记应纳者,封题书字,盛以木匣,限半年附因使命官赴阙,限五日于尚书礼部纳。有故不到阙,即于所至州寄纳,准此附送,其受寄州仍先申本部。"⑧"诸将校应铸朱记者,本属保明报殿前、马步军司。非殿前、马步军司所辖者,报所隶。应纳者,所属官司寄收,候转补到人给付。其出军未转补到人而军回者,附带至住营处官司寄纳。"⑨"诸奉使印记,应纳及申尚书礼部而稽违者,论如官文书稽程律。使回到阙,应申本部及报所属稽违者,准此。"⑩

（4）对于伪造官印的严厉处罚

《庆元条法事类》中对于伪造官印的行为也给予严厉的处罚,"诸伪造官印,印成伪文书或商税物者,流三千里,已行用者,绞,仍奏裁;行用,谓官司已承受施行或私家已信凭者。未成者,徒三年,已行用者,流三千里。若

① ［宋］谢深甫:《庆元条法事类》,第362页。
② ［宋］谢深甫:《庆元条法事类》,第363页。
③ ［宋］谢深甫:《庆元条法事类》,第362页。
④ ［宋］谢深甫:《庆元条法事类》,第363页。
⑤ ［宋］谢深甫:《庆元条法事类》,第362页。
⑥ ［宋］谢深甫:《庆元条法事类》,第362页。
⑦ ［宋］谢深甫:《庆元条法事类》,第363页。
⑧ ［宋］谢深甫:《庆元条法事类》,第362页。
⑨ ［宋］谢深甫:《庆元条法事类》,第363页。
⑩ ［宋］谢深甫:《庆元条法事类》,第46页。

于官物有犯,干系人知情减犯人罪一等。以上徒罪皆配本州,流罪皆配邻州。造伪人再犯流,不以赦前后配五百里,其知情、转将行用或未行用,各减伪造印为文书一等坐之。虽会赦而复将行用,准此。"①从上述条文的内容来看,对于伪造官印及用伪印制成文书者要处于流三千里的刑罚,伪造的文书已经使用的处罚更重。

（5）官印的陪葬

宋代法律允许官印作为陪葬品。"诸臣僚所赐牌印,听随葬,葬讫申所属州县。"②臣僚牌印可以随葬,随葬后向所属州县申报。臣僚牌印如果不随葬,则要向上缴纳,如果过三十日不缴纳则要处于徒二年的刑罚,如果牌印仍在行用,则要按照伪造官印进行处罚。"诸臣僚,所赐牌印,若不随葬,过三十日不纳官者,徒二年。印因而行用,依伪写官文书印律,印伪文书者,仍依盗用法。"③

（6）对盗窃官印的处罚

《庆元条法事类》中对于盗窃官印也规定了量刑标准,"诸盗用官印,朱记、团印、长印同。杖一百。有所规求者,减伪造一等坐之。情重者,配本城。即避罪重者,加所避罪二等"。④此条律文可与《宋刑统》中有关盗窃官印的相关条款进行比较。

6. 有关文书书写时限方面的规定

为了提高行政效率,宋代对文书书写的时限进行了严格的规定,此方面内容在宋代法律条文中有诸多体现,如"诸受制敕应翻录行者,给书写程,急速限当日,满百纸一日,二百纸以上二日,每二百纸加一日,非急速各加一日,余文书各加制敕限一日。所加虽多,制敕不得过五日,余文书不得过十日。即军务急速不以纸数,皆限当日发出"。⑤从律文的内容看,宋代文书书写时限以一百纸为基础,一百纸限定一日,以上类推,对于制敕文书最迟也不得超过五日,其他文书数量多的也不能超过十日,对于军务、紧急文书则不管数量多少,当日要完成并发出。

7. 文书制作漏落的处罚

宋代文书制作要求甚严,不得有半点遗漏,否则将面临严厉处罚,"诸被差点对应磨勘及关升人录白、告敕、宣札、印纸而漏落不如式者,杖一百。所

① ［宋］谢深甫：《庆元条法事类》,第364页。
② ［宋］谢深甫：《庆元条法事类》,第363页。
③ ［宋］谢深甫：《庆元条法事类》,第361页。
④ ［宋］谢深甫：《庆元条法事类》,第364页。
⑤ ［宋］谢深甫：《庆元条法事类》,第334页。

属官司不保明缴申尚书吏部者,罪亦如之"。① 上述条文涉及了宋代人事文书制作副本具体要求,不得有遗漏和缺少,否则面临处杖一百的刑罚,对于批书印纸内容不实的行为也要严加处罚。"诸批书考任、印纸若出给公凭及保明阙报功过,而增减不实致误赏罚、磨勘、差注者,本官殿侍下班祗应同,并知情官吏徒二年,不以去官赦降原减;未施行者,减二等;不知情及不误赏罚、磨勘、差注者又减一等。供在京所述家状,准此。下班祗应年未及格而本家为供不实者,杖一百。"②

二、文书使用及处理时限方面的立法

宋代文书使用方面形成了严格的制度,臣僚奏事、陈述、申明各有程式,不得违反。"诸事应奏请者,皆为表状,不得辄申三省、枢密院。其奏陈公事,皆直述事状。若名件不同应分送所属而非一宗事者,不得同为一状。即上表事多,表内不可尽论者,表前画一条析。"③此法律规定了臣僚向上奏请皆用表、状文书,不得随意申三省、枢密院,臣僚上奏要遵循一文一事制度。"诸臣僚上殿或前宰相、执政官及外官奏军机密速,听用札子。"④臣僚上殿或前宰相执政官、外官奏军机事件用札子。"诸臣僚上殿奏事,不许过三札,仍不得用虚冗之辞。即建国利害事体重者,不拘此令。"⑤诸臣僚上殿奏事,不许过三札,在文书撰写中不得使用浮虚冗长文字。"诸帅司及统兵官行移辄用札子者,徒二年。执政以上出使及有专降指挥许用者非。"⑥此条规定了军事长官不得随意使用札子文书,违者徒二年,但是也存在特殊情况,如执政以上出使及专门颁降指挥是允许使用的。"诸文书奏御者,写字稍大。臣名小书。上表仍每行不得过十八字,皆长官以臣名款其背缝,然后用印。余文书无印,则所判者款之。"⑦此条则规定了臣僚上述的文书体式,上书在书写方面字体稍大,表奏方面则每行不能超过十八字。"诸官司每案承受簿,季别一易,事简者两季一易,未应易而纸尽者,续之。余簿历纸尽准。即事未结绝,经易簿后又及两季者,誊入未绝簿。"⑧此条则规定了官司受理事务登记簿的处理时限,每季度更换一次,事务少的则可以两季度更换。"诸奉使官司取

① [宋]谢深甫:《庆元条法事类》,第262页。
② [宋]谢深甫:《庆元条法事类》,第80页。
③ [宋]谢深甫:《庆元条法事类》,第344页。
④ [宋]谢深甫:《庆元条法事类》,第344页。
⑤ [宋]谢深甫:《庆元条法事类》,第39页。
⑥ [宋]谢深甫:《庆元条法事类》,第352页。
⑦ [宋]谢深甫:《庆元条法事类》,第344页。
⑧ [宋]谢深甫:《庆元条法事类》,第346页。

会文书,限三日报,急,一日,于法当应副事,限二日。"①此条则规定了涉外使臣文书的回报的时限,常程事件限定三日,急速事件则限一日。"诸官司所受之事,皆用日印,当日受,次日付。事速及见送囚徒,皆即时发付。其行遣小事限五日,谓不须检覆者。中事十日,谓须检覆案或须勘会者。大事二十日。谓计算簿帐或须议论者。签审经三人以下,小事别给一日,四人以上给二日,中事、大事各递加一日。以上受付之日不计。即限内可毕或急速者,不用此令。"②此条规定了官司处理事务的时限。

三、有关文书收发管理方面的立法

宋代强调文书收发中对各种文书进行保管不得遗失,"诸条制,发运、监司及州县并置库,余官司于本厅封锁,法司掌之。无法司者,选吏兼掌,县选二人专管,二年一替,不得差出。替日对簿交受。州每半年具被受条目申监司。颁到印册者,止具承受月日申"。③此条法律规定了文书的具体保管问题,发运司、各监司、州县要设立专门的库房,其他官司则在本厅立柜封锁,同时还强调了法律文书的专人负责制度。"诸一路、一州、一县、一司条制,各置册编写,仍别录连粘元本架阁。其虽系一时指挥而遍行下者,准此。"④此条法律规定了地方所颁布的法律需要置册进行编写将原本黏粘,并妥善保管。

"诸条制先次行下者,置册,分门编录,仍以所受月日次第连粘,候颁降到印册,以先受者架阁。若续降诏条内有未到或已到而缘路损坏者,申尚书本部录降。以上所颁降册内有阙漏者,准此。去京五百里外,仍先牒邻州誊写照用。"⑤此条则详细地规定了法令文书和制书进行归档管理的基本程序。此外《庆元条法事类》中还存在着许多条款,都与皇命文书的规范管理有密切关系。"诸官司被受条制及文书,谓申牒、符、申帖、辞状之类。皆注于籍,分授诸案,案别置籍,依式勾销。州,幕职官掌之;县,令、佐通签。"⑥"诸被受赦降应誊报者,誊讫,当职官校读,仍具颁降、被受月日。行下民间通知者,所属监司印给,榜要会处,仍每季检举。其赦书、德音,州以黄纸印给县镇寨乡村晓示,非外界所宜闻而在缘边者,并密行下。"⑦所引史料都突出强调了制书的规范化管理要求,如登记在案,进行规范的誊写等。

---

① 〔宋〕谢深甫:《庆元条法事类》,第351页。
② 〔宋〕谢深甫:《庆元条法事类》,第351页。
③ 〔宋〕谢深甫:《庆元条法事类》,第335页。
④ 〔宋〕谢深甫:《庆元条法事类》,第335页。
⑤ 〔宋〕谢深甫:《庆元条法事类》,第335页。
⑥ 〔宋〕谢深甫:《庆元条法事类》,第335页。
⑦ 〔宋〕谢深甫:《庆元条法事类》,第341页。

四、有关文书传递方面的法律

为了规范文书传递,宋代文书传递授予大小历,分别在不同场合下使用,"诸急脚、马递铺给大历,人给小历。急脚铺别给御前急递及尚书省、枢密院、入内内侍省、御药院往还小历。本州预于前一月中旬,以官纸用印,递付逐铺节级分授。遇有传送,以日时名数抄上大历,誊入小历。其御前急递并尚书省、枢密院、入内内侍省、御药院、经略安抚都总管司急递文书及夜过险恶道路,谓山坂险峻、河涧汛涨或有猛兽之类。并差二人共送前铺,交讫具时辰批回。阙人应越过者,逐铺批录事因及发遣日时。巡辖使臣并本县尉到铺点检稽违,次月一日纳本州,当日委通判磨勘,限十日毕,具有无稽违并巡辖使臣、县尉曾无检察书历报州。仍封历同送本州架阁,及申提举官季一点检。其逐州县并巡辖使臣、界首铺每季互相取历磨勘"。① 此条详细规定了文书传递中大、小历的使用及对文书传递的监督等基本情况。

五、有关文书雕印出版方面的立法

两宋时期,为了实现对社会文化和信息传播的控制,禁止雕印一些文书,禁止雕印的文书主要是涉及国家机密、军事活动的文书,《庆元条法事类》中对此有明确的规定:"诸雕印御书、本朝会要及言时政、边机文书杖八十,并许人告。即传写国史、实录者罪亦如之。"②此条规定雕印皇命文书、本朝会要及涉及时政和边事者杖八十,传写国史、实录者也要杖八十。"诸私雕或盗印律、敕、令、格、式、刑统、续降条制、历日者,各杖一百增添事件,撰造大小本历日印贩卖者准此,仍千里编管。许人告。即节略历日雕印者,杖八十。止雕印月分大小及节气、国忌者非。"③此条法律明确了私自雕印、盗印法律、历日的行为给予杖八十的处罚,其中免于追究的情况是仅雕印月份大小及节气、国忌的行为。"诸私雕印文书不纳所属详定,辄印卖者杖一百,印而未卖,减三等。"④此条规定私自雕印文书,不向官府缴纳审定就出售者,杖一百,这也体现了宋代官府对雕印文书的严格审查和控制。"诸告获私雕或盗印历日应赏而犯人无财产或不足,以官钱代支者,不得过三十贯。"⑤此条规定了告获私雕文书行为的奖励,如果犯人无财产或不足以官钱支

① [宋] 谢深甫:《庆元条法事类》,第 360 页。
② [宋] 谢深甫:《庆元条法事类》,第 364 页。
③ [宋] 谢深甫:《庆元条法事类》,第 364—365 页。
④ [宋] 谢深甫:《庆元条法事类》,第 365 页。
⑤ [宋] 谢深甫:《庆元条法事类》,第 365 页。

付者,奖励金额不得超过三十贯。"诸私雕印文书,先纳所属,申转运司选官详定,有益学者,听印行。仍以印本具详定官姓名,送秘书省、国子监。"①此条规定了私自雕印文书者,事先向所属缴纳,申请转运司选官审定,对于士子学习有益的,允许印行,但需将本县审定刊行文书官员姓名送秘书省、国子监。

六、有关毁坏丢失文书方面的立法

针对频繁出现的文书丢失问题,宋代加强了对此问题的治理,这些内容在《庆元条法事类》一书中也有许多记载。如"诸弃毁交钞、递牒、便钱、公据、请给券、历者,论如重害文书律。主自弃毁交钞、便钱、公据者不坐。即弃毁及亡失付身、制书、官文书,止坐弃毁及亡失之人"。②此条规定了丢弃交钞、递牒、公据等涉及财务方面的处罚标准,在处罚上参照丢弃重害文书罪量刑。同时条文还明确了在弃毁文书中连坐的人员问题。"诸弃毁亡失付身、补授文书,谓告、敕、宣、札、帖、牒之属。官司保明不实者,杖一百。"③对于弃毁亡失付身补授文书官司保明不符合事实的,要判处杖一百的刑罚。"诸官司因被强盗辄毁匿簿籍,欺隐官物,以自盗论加一等,赃轻者,徒一年。"④条文规定了官司不得因为遭遇强盗破坏或隐藏簿籍而隐没官物,如果出现这种问题,则按照"自盗"加一等进行处罚。"诸弃毁亡失付身、补授文书。谓告、敕、宣、札、印纸、帖、牒、请受文历之类。限十日经所在官司自陈,若身在他所,即除豁程限仍于保状声说。召本色二人保。谓命官、召命官、将校、召将校之类。文臣须召升朝官,武臣须大使臣以上,甘伏朝典委保。仍取索保官付身,或印纸,长吏躬亲审验分明批凿。即因毁失经勘断者,免召保。如全去失及去失初补或末后及改官付身若印纸,应召官军、知阁、御带、监察御史以上之类委保者。自依本法。系命官、将校付身印纸,所在州保奏,余报元给官司,给公凭,过限更添召保官一员。如二十日外陈乞者,官司不得受理。诸军亡失弃毁宣、帖之类同。不得于本军陈乞一面出给公据。其僧、道度牒非因水火盗贼及被人毁失者,不在给限。其应给者,仍下元受业寺观取法眷二人及纲维、主首委保。如本寺观无僧、道,即僧道正司保明,并勘会元牒有无批书过犯。因事追毁而改正者,准此给之。"⑤此条法律规定了弃毁、亡失文书的处理方法。亡失文书者需要向所在官司陈述,如果不在本地,则要在保

---

① [宋]谢深甫:《庆元条法事类》,第365页。
② [宋]谢深甫:《庆元条法事类》,第366页。
③ [宋]谢深甫:《庆元条法事类》,第367页。
④ [宋]谢深甫:《庆元条法事类》,第367页。
⑤ [宋]谢深甫:《庆元条法事类》,第367—368页。

状内加以说明,同时两人连保,对于文臣、武臣的保人还有具体规定,保人还需取索付身、印纸来验明身份,超过十日至二十日陈述者需增加保官一名,过二十日向上申请的,官司不得受理。军队丢失、毁坏宣帖之类的处罚与上述相同,不得于本军陈乞,单方出具公据。僧人、道士的度牒因水、火、盗贼毁坏、丢失等,可以不受上述期限限制,其应补发者,须取得原受业寺观法眷二人及纲维、主首的保明。

对于丢失文书的行为,《庆元条法事类》中规定了需要据实向上申报,官司进行勘验。"诸因水火盗贼毁失交钞、递牒、便前公文者,听所在自陈,验实报应支钱物处,因盗贼或亡失,限一日先报。并保明报元给官司勘会。如在限内未支者,召保二人。命官、将校各召本色,余召有物力人,即官司毁失者不召保。给公凭,仍报支处。即自遗失已申陈而限内获者,听召保给。"①

七、有关禁止文书买卖方面的立法

在宋代,随着商品经济的发展,文书买卖频发,如何规范此类问题。宋代基于维护国家权威和军事管理的需要,对于要害文书和皇命文书则禁止进行交易,此方面的立法在《庆元条法事类》中多有体现:"诸以制书、官文书钱物、交钞、公据非。质当财物及质当之者,各杖一百,财物没官。若于所监临质当者,止坐监临之人,财物还主。"②此条文详细规定了以制书、官文书、交钞、公据进行交易的,各杖一百,所涉钱物没官。"诸以父祖告、敕、宣、札卖与人者,徒一年,不以荫论。买者与同罪,并许人告。"③此条对出卖祖父告、敕、宣、札的行为规定了量刑的标准,并鼓励社会告发。此外相关的条文还有,"诸以他人制书及诸军恩赏付身、印纸、差帖之类质当财物者,徒二年,受质当者与同罪,不知情者,减一等,财物没官"。④此条法律详细规定了以他人制书、付身、差帖等质当财物,则要处以徒二年的处罚,接受质当者也要受到同样的处罚。"诸质当上纲兵级券、历者,徒一年,官司知而勘给,杖一百,不知情者,减二等,并许人告。"⑤此条规定了以券历进行质当的量刑标准——徒一年。"诸被差受牒、帖、文引,辞状之类追人而卖与人及买之者,各以违制论。"⑥此条规定了以牒、帖、文引、辞状进行买卖的以违制论。"诸

---

① [宋]谢深甫:《庆元条法事类》,第368页。
② [宋]谢深甫:《庆元条法事类》,第374页。
③ [宋]谢深甫:《庆元条法事类》,第374页。
④ [宋]谢深甫:《庆元条法事类》,第374页。
⑤ [宋]谢深甫:《庆元条法事类》,第374页。
⑥ [宋]谢深甫:《庆元条法事类》,第374页。

急脚马递铺兵级曹司将所传制书或诸军补授文帖卖与人,赍发并买之者,各徒二年,余文书减三等,并许人告。"①此条则对递铺人员将制书、补授文帖进行买卖者明确了量刑的标准。"诸盗诈乞卖及受买放停兵级、刺面人公凭者,以违制论,仍分首从。谓欲行用者。"②此条规定了盗窃、买卖公凭的处罚,对于此类问题按照违制罪论处。"诸告获质当上纲兵级券、历者,以已请钱物给之。"③此条则以立法形式明确了告获质当券历给予奖赏的问题。

为了有效防止文书买卖的违法行为,《庆元条法事类》中还规定了对违法行为进行告赏的内容。"诸色人,告获以父祖告、敕、宣、札卖与人及买者,钱三十贯。"④"告获急脚马递铺曹司、兵级将所传制书或诸军补授文帖卖与人、赍发并买之者,钱三拾贯。余文书减半。"⑤"告获以宣、敕、告身、出身文书之类寄附质卖而诈称毁失者,钱五十贯。"⑥从上述相关条文来看,对于买卖文书的行为,宋代鼓励社会进行告发并给予相应的奖励,奖励的额度从三十贯到五十贯不等。

八、有关档案管理方面的立法

宋代从太祖开始在地方州县广泛建敕书库以保存所颁布的诏令文书,此后有关文书档案保管的立法日益增多,这一点在《庆元条法事类》中也多有体现,如"诸制书若官文书应长留而不别库架阁,或因检简移到而不别注于籍者,各杖一百。即应检简公案而被差覆检官不如令者,罪亦如之"。⑦此条规定制书、官文书应长期保存而不另建立库房进行保管或者因为剔除移交而不另外著录簿籍者要处以杖一百的刑罚。"诸架阁库文书,所掌官吏散失者,杖一百。散,谓出限或不立限各过百日不拘收者。行遣不绝者非。当职官吏以架阁应留文书费用者,以违制论,非重害减三等。"⑧此条规定负责档案库房的官员如果丢失档案则要判处杖一百。"诸狱囚案款不连粘或不印缝者,各徒一年。有情弊者,以盗论。即藏匿、弃毁、拆换应架阁文书,有情弊者,准此。"⑨此条规定狱案文书如果管理者不进行连粘或不印缝者,徒一

---

① [宋] 谢深甫:《庆元条法事类》,第 374 页。
② [宋] 谢深甫:《庆元条法事类》,第 375 页。
③ [宋] 谢深甫:《庆元条法事类》,第 375 页。
④ [宋] 谢深甫:《庆元条法事类》,第 375 页。
⑤ [宋] 谢深甫:《庆元条法事类》,第 375 页。
⑥ [宋] 谢深甫:《庆元条法事类》,第 375 页。
⑦ [宋] 谢深甫:《庆元条法事类》,第 356 页。
⑧ [宋] 谢深甫:《庆元条法事类》,第 356 页。
⑨ [宋] 谢深甫:《庆元条法事类》,第 356 页。

年,从这条法律看宋代对于狱案文书的管理是非常重视的。"诸公人亡失应架阁文书,限满寻访不得者,断罪枷锢,再限通满百日不得者,降一资,限外得者复旧资,县吏人杖八十。"①此条法律规定官员丢失应归档保存的文书在规定的限期内无法找回,断罪枷锢,再宽限一百日,仍无法找回,官员降一资,期限外找回档案者,恢复旧资,县吏人则判处杖八十。"诸盗应架阁文书有情弊者,徒二年,不以赦降原减。"②此条对盗窃档案的行为给予明确的量刑的标准——徒二年,对于盗窃档案的犯罪行为,法律规定不能以赦降减轻罪罚。"诸仓库收支历,辄不封锁交受,若收留私家经宿者,各徒二年,许人告,不驱磨架阁者,减三等。"③此条规定了仓库收支档案,如不加封锁而进行移交,或者库房管理者留宿他人,各判处徒二年的刑罚,并且鼓励告赏。"诸制书及重害文书,州实行丁产等第税租簿副本,县造簿案检同,若祥瑞、解官、婚田、市估狱案之类,长留仍置籍立号,别库架阁,以时晒暴。即因检简移到者,别为一籍。号止因旧。"④此条规定了制书、重害文书、丁产簿副本、税租簿副本等需长期保管的档案,仍置籍立号,另设库房保管,在保管中需将档案进行暴晒,对于剔除、移交的档案,另外登记,仍旧使用原来的分类号。"诸架阁公案非应长留者,留十年,每三年一检简,申监司,差官覆讫除之。充官用,有余者出卖。其有本应长留者,移于别库,籍内仍随事朱书所除所移年月,同覆官签书。"⑤此条规定了定期保管的档案,保管期限为十年,每三年对档案进行一次剔减,向监司申报剔除,充当官物有剩余可以售卖,需长期保管的档案移动到其他库房,登记簿中详细记载所删除、移出档案的情况,检覆官签书。"诸官司承受无行文书,元无事祖者,别簿具录名件,当职官月一签书。应架阁者,别库贮之。"⑥此条规定了档案管理中特殊情况的处理,对于那些非现行、无法确定事由的档案,另外进行登记,当职官每月签书,应入库保管的档案,别库保存。"诸架阁库,州职官一员,县令丞、簿掌之。应文书印缝计张数,封题年月事目并簿历之类,各以年月次序注籍,立号编排,造帐文书,别库架阁。仍置籍。遇借,监官立限,批注交受,纳日勾销,按察及季点官点检。"⑦此条规定了州县档案管理人员基本配置问题,州县配一人专门管理档案,对于那些应加盖骑缝印的文书,计算张数,封章上题写:年月、事目,

---

① [宋] 谢深甫:《庆元条法事类》,第356—357 页。
② [宋] 谢深甫:《庆元条法事类》,第357 页。
③ [宋] 谢深甫:《庆元条法事类》,第357 页。
④ [宋] 谢深甫:《庆元条法事类》,第357 页。
⑤ [宋] 谢深甫:《庆元条法事类》,第357 页。
⑥ [宋] 谢深甫:《庆元条法事类》,第357 页。
⑦ [宋] 谢深甫:《庆元条法事类》,第357 页。

冬天以文书接收的年月顺序著录编排,账簿文书另库保管,仍著录管理,遇借阅档案时,监官当场批注借出、归还日期,按察及季点官进行检查。"诸户口增减实数,县每岁具帐四本,一本留县架阁,三本连粘保明,限二月十五日以前到州。州验实毕,具帐,连粘管下县帐三本,一本留本州架阁二本限三月终到转运司。本司验实毕,具都帐二本,连粘州县帐,一本架阁,一本限六月终到尚书户部。转运司申发税租、课利帐日限准此。"①此条规定了户籍文书的管理要求,户籍文书每年制作四本,一本留县保管,另外三本连粘保明后于每年的二月十五日以前送到州,州审验完毕,具帐连粘管下县帐三本,将三本中的一本留州保管,另外两本限每年三月末送到转运司,转运司审核完毕,将都帐两本连粘州县帐,一本进行保管,一本限每年六月送尚书户部。"诸税租簿,每三年别录实、副本,保明送州,覆毕印缝,本州架阁。即有割移,别取状连粘季申,与实行簿同收。"②此条规定了税租簿的制作及管理,税租簿每三年别录,副本保明送州审核后,加盖骑缝印。本州进行保管,人口迁移,另取状连粘,每季度进行报告,与实行簿同收。"诸仓库各置销钞簿,具注送纳钱物数、年月日、纳人姓名,候获官钞对簿销鉴,监官书字用印。其钞常留一纸,以千文字为号,月一架阁,并簿专留本处,备官司点检。"③此条规定了仓库管理中建立销钞簿,详细记载钱物出纳数目、年月、纳人姓名,与官钞对簿进行核销,监官书字用印,其钞长期保留,以千字文为号,每月进行归档保管,其销钞簿留本处以备官司核查。从以上所引相关法律条文来看,宋代档案管理已经形成了较为完善的制度,在这些制度中以重点文书的保管为中心,强调档案长期保管的各种要求,对于在国家经济管理中形成的各种档案也要求加强管理。

第五节　《金玉新书》中的文书立法

《永乐大典》残本卷一四五七五《金玉新书》中存有宋代递铺的相关法律总计115条,其中涉及宋代递铺的管理,宋代文书邮递的时限、稽程的处罚等内容,学界对此已有专门的研究成果,如《中国古代驿站与邮传》④"第五章　宋元时期的邮驿"的"第六节　古代完整的通信法规——《金玉新

---

①　[宋] 谢深甫:《庆元条法事类》,第358页。
②　[宋] 谢深甫:《庆元条法事类》,第359页。
③　[宋] 谢深甫:《庆元条法事类》,第359页。
④　藏嵘:《中国古代驿站与邮传》,北京:商务印书馆,1997。

书》",从《金玉新书》的相关内容来看,其是宋代有关文书传递相关诏令的汇集,其中许多内容存于清人所辑抄的《宋会要辑稿》中。由于本课题在研究中充分运用了《宋会要辑稿》中相关的资料,因此《金玉新书》的内容在此仅做简要梳理。

一、文书传递里程及稽程的处罚

《金玉新书》中多处都提到了有关宋代文书传递时限问题。"四年闰五月,诏:诸道州府逐处使世,多以细碎不急事驿递以闻,自今非机密军马事,不得辄遣驿骑驰奏。"①该条诏令规定非机密文书,不得以马递进行传送。《金玉新书》中详细规定了文书传递延误的处罚标准:"嘉祐八年,英宗已即位未改元,九月二十二日,诏:递铺住滞文字违一时辰并半时辰,各杖六十,一时半杖七十,两时辰并两时辰半杖八十。移配重难递铺,三时辰半杖一百,移配重难递铺,八时辰半徒二年。"②此条诏令规定了递铺文书传递延误的处罚标准,延误半时至一时杖六十;一时半杖七十;二时至二时半杖八十,三时半杖一百,八时半徒二年。从此条诏令来看,对于文书传递中的延误以杖六十为量刑的基点,延误时间越长,处罚越重。"哲宗元祐六年四月七日,刑部大理寺言:敕降入马递,日行五百里。事干外界,或军机,及非常盗贼文书入急脚递,日行四百里,如无急脚递及要速并贼盗文书入马递,日行三百里。违不满时者,笞五十,一时杖八十,一日杖一百,二日加一等,罪止徒三年。致有废阙事理,重者奏裁,从之。"③此条诏令为宋哲宗时期对于文书延误的处罚标准,延误不满一时则笞五十,一时杖八十,一日杖一百,二日加一等,量刑的上限为徒三年。将此条诏令与英宗时期有关文书延误处罚进行对比,可以看到,至哲宗时期,对文书延误的处罚呈现严厉的趋势。"十月五日,中书省言:检会政和敕马递承传文书,违一时杖八十;二时加一等;一日徒一年;二日加一等,配五百里;罪止徒三年,配千里;并重役处急脚递加二等。其法已严。近来急脚递文书,尚多住滞,盖是所至不肯即时交割,或行用钱物使令越过,人力不胜,因致违滞。令参酌事,立告赏断罪,庶不可惩革。检修下条,诸急脚递承传文书所至,无故不即时交割,或行用钱物令越过者,徒一年,受财而为越过者减二等。并许人告,诸告获急脚铺无故不即交割文书,或行用钱物令越过,及受财而受越过者,钱三十贯。诏从之。"④

① [明] 解缙:《永乐大典》卷一四五七五,北京:北京图书馆出版社,2003,第 2 页。
② [明] 解缙:《永乐大典》卷一四五七五,第 3 页。
③ [明] 解缙:《永乐大典》卷一四五七五,第 5 页。
④ [明] 解缙:《永乐大典》卷一四五七五,第 9 页。

此条诏令不仅规定了文书延误处罚的标准,其中还涉及对递铺不实时交割的处罚,并明确了告赏的制度。

二、文书入急脚递的种类

宋代急脚递是递送紧急和军情文书的,《金玉新书》中强调常程文字不得入急脚递,"四年九月十八日,尚书省奉御笔,旧条事干外界,或军机并支拨借兑急切备边钱物,非常盗贼之类文书,方许入急脚递转送。擅发急递,自有立定刑名。近来官司申请,许发急递司局甚多。其间有将私家书简,并不依条入步递遣发,却旋寻闲慢关移。或以催促应入急脚递文书为名,夹带书简,附急脚递遣发,致往来转送急脚递角繁多,铺兵疲乏,不得休息。可参酌立定断罪刑名,今立下条诸文书,虽应入急递而用以为名,辄附非急文书者徒一年,附私书之类者加一等。从之"。① 此条首先明确了入急脚递文书的种类,但是其间存在着擅自将文书发急脚递,甚至将私家文书发脚递的情况,这些使得铺兵疲劳而力乏,为了解决此类问题,尚书省提议严厉处罚将常规文书入急脚递的行为。

"五年五月四日,臣僚上言:契勘递角文字,实封遣发,其不应入急递而辄发者,虽有断罪刑名,除许抽摘折验外,别无关防觉察,欲乞应承受递角官司,将所受递角置簿抄上元发遣去处、月日时辰、系是何事目、元发甚递分明籍记,监司廉访使者,出巡所至,取索点检。若有违法,按劾施行。"② 此条则涉及如何防范在实封发递的情况下,常程文书入急脚递的问题。臣僚的建议是要加强关防,在加强关防方面,臣僚提议由负责传递文书的机构将所接收的递角详细进行登记,记录递角原来发送的去处、日月时辰、所系事目、原来递送的类别,监司可以凭记录进行督查。

三、对传递中盗拆递角的处罚

此类规定在《金玉新书》中比较多,也反映了传递中盗拆递角问题的严重性。"二十五日,秦凤路经略安抚使郭思奏:递角曹级盗拆罪名不轻,却有大小官员使臣,道逢递角,或安下处门首以借看为名,或妄托诸监司,及州府差来根刷递角为名,直于道中转递人处取,入安下等处盗取所递文书,抽看前后,转到前铺。或至地头验出拆损,封头去失文字,不少契勘。尚书省枢密院宣抚使司,发与本司递角,及本司发去递角,莫非御前与朝廷边防机

---

① [明]解缙:《永乐大典》卷一四五七五,第3页。
② [明]解缙:《永乐大典》卷一四五七五,第11页。

密文字。今来辄敢拆开观看,泄潜事节,焉知不是奸细! 欲乞于盗拆递角下,更添入诈欺邀往偷看在道递角,并递铺兵士檀便依从。将递角文书与上件人者重立刑赏,许诸色人告捉,庶几可以止绝! 从之。"①此条为秦凤路经略安抚使郭思所上奏,反映的问题是有关递铺盗拆、泄密的问题,郭思提出要鼓励告赏,对盗拆行为进行严厉打击。有关《金玉新书》中其他相关内容将在本书"第三章文书稽程"中作详细分析,此不赘述。

第六节　宋代文书立法的特点

从以上对宋代相关文书条款的分析中,我们发现宋代文书立法呈现了以下的一些特点。

一、以维护皇权为中心

维护等级制度、维护皇权的威严是宋代立法的基本出发点。从有关文书的立法来看,也体现了这一特点。

首先,在文书文种的使用方面,宋代通过立法规定了皇命文书的基本类别和要求,"凡命令之体有七: 曰册书,立后妃,封亲王、皇子、大长公主,拜三师、三公、三省长官,则用之。曰制书,处分军国大事,颁赦宥德音,命尚书左右仆射、开府仪同三司、节度使,凡告廷除授,则用之。曰诰命,应文武官迁改职秩、内外命妇除授及封叙、赠典,应合命词,则用之。曰诏书,赐待制、大卿监、中大夫、观察使以上,则用之。曰敕书,赐少卿监、中散大夫、防御使以下,则用之。曰御札,布告登封、郊祀、宗祀及大号令,则用之"。②强调皇命文书的避讳,为了适应避讳的要求,在全国范围内改地名、改官名、改姓氏。此外宋代法律对皇命文书的颁降程序也进行了详细的规定,皇命文书要经过书读、书行等程序才能对外公布。

其次,在文书工作中突出和强调对皇命文书的保密要求。为了适应保密的要求,宋代严防皇命文书的泄密,对此采取了诸多措施,本书第四章将对此问题进行详细剖析。

再次,通过文书立法加强了对皇命文书的保管。如前对《庆元条法事类》有关文书档案保管内容的分析中可以看到,该书存在大量条文涉及诏

① ［明］解缙:《永乐大典》卷一四五七五,第 10 页。
② ［元］脱脱:《宋史》,第 3783 页。

令、制敕、条贯的保管要求,而且这一要求在宋代不同时期都得以强化。

最后,对违反皇命文书制度的处罚特别严厉。从《宋刑统》中有关文书处罚的相关内容来看,对于伪造皇命文书、伪造皇帝玺、盗窃皇命文书的处罚都比伪造一般官文书要重。这些都在一定程度上体现了对于皇权的维护。

二、文书立法的全面性

首先,宋代文书立法覆盖了文书工作基本环节。从相关法律条款来看,文书立法涉及文书的制作、撰写,如制作环节中有关文书用语、格式、用印、密封、文书制作时限等方面的规定,对于违反法律的行为也相应给出了处罚;在文书的使用和管理环规定了文书的使用范围、文书回复、文书收发制度等;对于文书的传递,规定了传递的时间,违反传递规定的处罚标准;对档案管理也详细进行了规范,此外,我们从宋代文书的法律分析中还看到许多法律条文都涉及了文书的买卖及文书雕印方面的内容,这是前代的文书立法中较少涉及的方面。

其次,文书立法的罪罚比较全面。罪罚就是对违法行为的定罪量刑。宋代沿用隋唐五代时期的刑罚制度,基本刑罚有五种即:笞、杖、徒、流、死。对于文书违法进行的处罚也基本上涵盖了这五种刑。如对于宋代伪造皇命文书的行为要处以死刑,对于伪造皇帝玺的行为也要处以死刑。对于盗窃御宝的违法则处以流刑,如"诸盗御宝者绞乘舆服御物者流二千五百里"对于文书买卖的违法行为的处罚中有徒刑,如"诸以父祖告敕宣札卖与人者,徒一年"。在《庆元条法事类》中,我们看到更多的是杖刑和笞刑,这种情况也反映了宋代刑法发展的历史变化。"宋代律敕兼行之下,基本刑罚(主刑)——五刑:笞、杖、徒、流、死,沿用唐律之名及其刑等划分,对其执行方法则以敕文加以变革,尤其是对笞、杖、徒、流四刑的执行实施'折杖法',一定程度上造成了'五刑'的名实分离。"[1]对于文书违法处罚,常见的有杖一百、杖八十等。从文书的违法处罚来看,也涵盖了宋代法定刑名的五种。

再次,文书立法分布在不同类目下。从《宋刑统》的情况来看,有关文书的立法分布在职制律、贼律、诈伪律等不同类目下,而《庆元条法事类》中有关文书的立法则广泛分布在职制门、文书门、榷禁门、财用门、库务门等。

最后,文书法律形式包含了律、令、格、式等。从《庆元条法事类》卷十六《文书门》的内容看,有关文书的立法是按照敕、令、格、式进行编排的,这也体现了宋代法律形式的多样性。

---

① 魏殿金:《宋代刑罚制度研究》,济南:齐鲁书社,2009,第49页。

三、刑事立法、行政立法相结合

从有关文书法律条文的分析来看,宋代文书立法也出现了刑事立法、行政立法相结合的特点。由于宋代刑事立法与行政立法之间的界限并不是非常明显,因此有关文书的立法既可以是刑事立法,又可以是行政立法。从上所分析的大量文书法律条文来看,有关文书立法多与宋代的行政尤其是职责有密切关系,如许多文书立法都集中在《职制门》中,这一点在《宋刑统》和《庆元条法事类》中都可以得到印证。但是,在宋代,行政法规并没有严格地独立出来与刑事立法相并列,因此文书的立法也鲜明地体现了刑事立法与行政立法相结合的特点。一些刑事立法也成为行政立法或者文书立法的部分条款和内容,如文书立法中有关伪造文书的立法就属于这种情况,从《宋刑统》的情况来看,把伪造文书置于《诈伪律》,而《庆元条法事类》中有关伪造文书则分布在职制门中,刑事处罚广泛运用于文书的违法中。"从严格的意义上来说,尽管两宋律法中有专门的职官法规,但是,同古代民事、经济法规相类似,它没有自己独立的法律体系,而是散见于刑事、行政法律和一些敕令中。这种有史以来诸法合体、以刑为主的趋势,随着君主集权和君主专制在宋代的畸形发展,以及阶级、民族矛盾进一步激化、不是减弱,而是加强了"①

四、惩罚性与规范性相结合的特点

从文书立法来看,体现了惩罚性与规范性相结合的特点。惩罚性表现为对各种涉及文书的违法的处罚都有明文规定,量刑标准。甚至将官员职务活动过程中所出现的违法问题也采用刑事处罚的方式来进行防范。北宋时期的杨万里曾经说过:"法不用则为法,法用之则为刑;民不犯则为法,民犯则为刑。"文书立法也体现了这一特点,文书的立法如果不用则为法条,具有警示作用,施行则体现为刑罚。宋代文书的立法所针对的对象是广泛的,涉及皇亲贵族、一般官员、底层的百姓。从伪造文书的相关条法来看,对于民间伪造文书的行为,在司法审判中也要进行严厉的惩罚,这一点在南宋时期的《名公书判清明集》一书中可以得到印证,该书所记载的许多案例在判罚的时候都要对民间伪作文书行为进行严厉的刑事处罚,伪造的文书当厅毁抹,伪造文书的不法之徒一般要处以杖一百的刑罚。另一个方面,宋代文书立法也体现了对文书工作进行规范和引导的特点,尤其是其中有关"式"

---

① 赵晓耕:《宋代官商及其法律调整》,北京:中国人民大学出版社,2001,第201—202页。

的内容。南宋时期朱熹曾说过:"凡事有个样子,如今家保状之类,这谓之'公式'。"宋代的"式"具有规范性和引导的作用。《庆元条法事类》中所记载的多为公文"式",如卷十六中所记载的"都簿",其文为:"某司本司所管案并列于后,其簿历名件同者,各立案名,每案具数。仓库准此。某案管簿历若干,余案准此。某簿量留空行,以备注入,续附之数,余簿历准此。第一扇纸若干张,某年月日置。续置者依此次第抄上,历准此。簿后年月,官吏系书,依常式。"①这是宋代有关"都簿"格式的规定,此一法令对于都簿的制作起到了样式的作用。这些"式"有利于规范宋代公文工作,也是宋代文书审核和监督工作中重要的依据。

五、文书立法渗透到行政管理和社会生活的各方面

从以上对《宋刑统》《天圣令》《庆元条法事类》《金玉新书》中文书立法的分析来看,宋代文书立法渗透到了行政管理的各方面。在《宋刑统》中有关文书方面的法律条文多分布在《职制律》,在《职制律》中相关文书立法多是围绕着行政领域中相关人员如何开展文书工作,应该遵守的基本规范,违反法律应给予的处罚等,而在《天圣令》中我们则会更加清晰地看到,文书立法与土地管理、仓库管理、赋役管理、牲畜管理等密切联系在一起,从文书立法与具体行政事务管理的联系来看,也进一步体现了古代社会管理对文书高度依赖的特点。

---

① ［宋］谢深甫:《庆元条法事类》,第350页。

第二章　宋代文书伪造

从秦以降至唐宋时期,对文书伪造进行预防和惩戒一直以来都是国家立法和行政工作的重点。根据文书制作主体的不同,文书伪造的类型主要有:矫制和伪造官文书。本章将对宋代矫制和伪造官文书进行分析,结合不同的伪造情况阐释宋代防治文书伪造的制度建设。

第一节　矫　　制

一、宋代矫制概说

矫制,是古代社会伪造皇命文书的行为,"矫,'托'也,托奉制诏而行之"。① 这种违法行为在秦汉时期已出现,并且成为这一时期的法定罪名之一。《汉书》中可见因矫制而受到处罚的诸多案例,"元鼎中,博士徐偃使行风俗。偃矫制,使胶东、鲁国鼓铸盐铁,还,奏事,徙为太常丞。御史大夫张汤劾偃矫制大害,法至死"。② 王恢"坐使酒泉矫制害,当死,赎罪,免。"如淳注曰:"律,矫诏大害,要斩。有矫诏害,矫诏不害。"③张家山汉简《二年律令》中有关于矫制的律文:"挢(矫)制,害者,弃市;不害,罚金四两。"④从汉简的记载来看,矫制分为两种情形:矫制害和矫制不害,对两种情形的处罚也存在巨大的差异。

---

① [汉]班固:《汉书》,北京:中华书局,1962,第1994页。
② [汉]班固:《汉书》,第686页。
③ [汉]班固:《汉书》,第660页。
④ 张家山二四七号汉墓竹简整理小组:《张家山汉墓竹简〈二四七号墓〉》,北京:文物出版社,2001,第135页。

在《汉律》中,矫制是《贼律》中的罪名之一,从魏晋以后,矫制之罪名被移入《诈律》中。魏晋以后,矫制为什么会从《贼律》而入《诈律》,由于史料的缺乏现已无法很好地理清其中的发展脉络。《唐律》将矫制收入《诈伪律》应与魏晋时期的立法有密切的关系。《宋刑统》沿袭《唐律》,将矫制之罪收入《诈伪律》中。

有关矫制罪的称谓问题在宋代也存在不同的理解。《宋刑统》记载:"诸诈为制书及增减者绞,口诈传及口增减亦是。未施行者减一等。施行谓中书覆奏,及已入所者,虽不关由所司,而诈传增减,前人已承受着,亦为施行,余条施行,准此。"①从《宋刑统》有关矫制的相关律文来看,矫制在宋代法律中有两个称谓,其一为诈为制书及增减,其二为矫制。《宋刑统》的修订者在沿袭《唐律》的过程中,没有对此作出修改,而是保持了《唐律》对于矫制法定罪名的两种称谓。当然在宋人的观念中,这两种称谓所指的对象是一致的,如史料所载:"上曰:'可召问之。'公退责琪,皇恐不知所对,会扬州奏琪传诏增城,今既竣事,公请于上,上曰:'无之。'公曰:'此矫制也。'退至殿庐召琪诘之,琪叩头汗下,公亟奏曰:'诏边臣增城此大利害、大纪纲、大号令也,而琪得诈为之。令甲曰:'诈为制者,杀。'"②从宋人对于王琪筑城一事的记载来看,也出现了"矫制"和"诈为制"的两种罪名,这也说明,在宋代,矫制就已存在同一种罪行两种罪名的情况。

有关宋代矫制罪的判罚问题。从《宋刑统》的律文来看,宋代矫制罪名包含了伪造文书行为中的两种常见形式:伪造和变造。诈为制是指没有文书制作权的人冒用皇帝之名制作虚假制书,这种伪造现代法学界称为"有形伪造";"增减者",是矫制中另一种情形,也就是对已有制书进行增减,法学界称为"变造"。从《宋刑统》的律文来看已经较为全面地考虑了矫制的两种常见形式。另外,我们也可以看到《宋刑统》针对制书流传方式传播方式的不同,将口头传宣中出现的诈伪和增减也列入防范的范围之内,这在汉律中是没有的,体现了宋代立法严密性进一步增强。

《宋刑统》中有关矫制的判罚以是否施行作为重要依据:已经施行的,将受到重罚;未施行的减轻刑罚,这与汉律中矫制的处罚按照所造成的危害分为大害、害、不害三等的判罚具有一定的差异。从量刑的轻重角度看,《汉律》有关矫制的处罚,重者处弃市,轻者处罚金;宋代的矫制之罪,重者处绞刑,次为流三千里,二者之间也存在一定的差异。当然,宋代史料中也大量

---

① ［宋］窦仪:《宋刑统》,第 387—388 页。
② ［宋］杨万里:《诚斋集》,影印文渊阁四库全书本,台北:商务印书馆,1983,第 575 页。

记载了有关宋代矫制处弃市之刑的案例。而翻阅《宋刑统》则未发现有关弃市之刑的相关记载，此问题的原因还有待深入梳理，但至少能在一定程度上说明这种刑罚与汉、唐时期的刑罚保持了一定的联系。

二、宋代矫制的史事分析

秦始皇统一中国以后，制书就成为了皇帝专用文书，宋代这种情况也得到了继承。在宋代，制书的范围较前代有所扩大，《庆元条法事类》中记载："诸称'制书'者，诏、告、宣、敕、御札、御宝、批降及三省、枢密院奉圣旨文书同。谓非有司膽降者。"①从这则材料来看诏、敕、御札、御宝批降等都可称为制书。这一点在南宋时期赵升的《朝野类要》中也可得到验证，其对制书的解释是："但是圣旨文字，皆为制书。"②由于宋代制书的范围非常宽泛，因此矫制情形也比较复杂。

1. 为了经济利益而矫制

宋代皇帝常通过颁发制诏文书的方式来指导，调节，管理国家各项事务。基于制书在皇权行使中的重要作用，一些皇室宗亲也常通过矫制谋求经济活动中的一些特权。如《宋史·王仁赡传》："（太平兴国）五年，仁赡廉得近臣戚里遣人市竹木秦、陇间，联巨筏至京师，所过关渡，矫称制免算；既至，厚结有司，悉官市之，倍收其直。仁赡密奏之，帝怒，以三司副使范旻、户部判官杜载、开封府判官吕端属吏。旻、载具伏冈上为市竹木入官；端为秦府亲吏乔琏请托执事者。贬旻为房州司户，载均州司户，端商州司户。判四方馆事程德玄，武德使刘知信，翰林使杜彦圭，日骑、天武四厢都指挥使赵延溥，武德副使窦神兴，左卫上将军张永德，左领军卫上将军祁廷训，驸马都尉王承衍、石保吉、魏咸信，并坐贩竹木入官，责降罚奉。"③

此事发生于宋太宗太平兴国五年，皇室中有人私运木材，矫制免税，此事终为王仁赡所告发。宋代的都城汴梁作为政治中心，人口增加，有兴土木之需，可是汴梁本身不产木材，这就不得不从秦、陇来转运。《宋史》中没有明确说宗室中谁私运木材，宋太宗在处理此事的过程中，对于包庇宗室私运木材、矫制免税的官员给予严厉的处罚。由此事件而受牵连的称为"坐矫制罪"，牵涉多名官员。如前所引，宋代对矫制的处罚，《宋刑统》明文进行了

---

① ［宋］谢深甫：《庆元条法事类》，第333页。
② ［宋］赵升：《朝野类要》，北京：中华书局，2007，第83页。
③ ［元］脱脱：《宋史》，第8957—8958页。

规定,矫制要处以死刑,但是,此案是皇室所犯,宋代对皇室贵族犯罪审判时有"议"减制度。"诸八议者犯死罪,皆条所坐及应议之状,先奏请议,议定奏裁。"①"议"减制度中规定了八种人在违法的时候可以减轻处罚,这八种人分别是"亲""故""贤""能""功""贵""勤""宾"。

更有不法之徒通过矫制的方式,来骗取官位,冒领官钱。如史料所记载:"归正人王兴伪造虏地黄敕等,冒换本朝官资差遣。刑部约法,比附诈冒荫补,徒三年。上曰:'归正人抚之不为不厚,虽伪造虏中文字,然已行用冒取官钱,岂宜轻贷,配隶新州。'"②从上述史料的记载来看,对以伪造制敕方式骗得官位及冒领官钱的行为宋朝政府给予严厉处罚。其实从史料的记载来看,这一问题在宋初就已被官方高度重视,有官员曾就此问题专门给皇帝上奏札,"(政和八年)十二月十二日,臣僚言:'奸人巧诈,妄为命令,恐动官司,规求货财者,都城之内尚或有之,况万里之远耶? 诈称御笔,于左藏库公取金银,有若开封王师旦者;诈奉御笔,赍金字牌搔扰人民,有若浚州赵士诚者;有许纽折收赎产业,诈撰御笔手诏,如威德军赵滂者;有称本路勾当,乞取钱物,诈作御前笔箧,如唐州许洵、丁韶者。其奸状败露,臣之所知者数人而已。乃若踪迹诡秘,假诏命于州县之间而事未发露者,又不知其几人也。陛下常降亲翰,谓自今无付身受朝旨,辄遣使臣出外计置物件,所在受而为施行者,并以违御笔论。宸衷所念,有及于此,亦恐诈伪者因之而肆奸也。然臣窃谓方其真伪未分,是非未辨,托朝廷之命如前所疏数人者,所在官吏岂得不信而奉承乎? 伏望特诏州县当职官,凡遇有勾当之人,常切觉察。或事有可疑,许取索付受文字看验。如此,则真伪是非判然可见,而诈称御笔以惑州县者必不能容其迹,庶几仰奉君亲,益尊命令。'从之。"③从上述史料来看,通过矫制来骗取财物的现象在宋代已频繁出现,因此官员特别强调在钱物的支取中要详加辨验,以官员的付身作为凭证。这一奏折也说明宋代对于如何有效防治矫制问题已进行了一些探索,其中提出的保持警觉,加强勘验的做法,具有积极的意义。

2. 在政治活动中的矫制

在宋代政治活动中各种矫制问题更是频繁出现,如权臣专权,玩弄权柄而出现的矫制,比较常见,史料所载:"徽宗及皇太后曰:'惇罪诚不可贷,然不可暴扬者,正为先帝尔。是时章惇专政,结内侍郝随以固权宠,刘友端助

---

① [宋] 窦仪:《宋刑统》,第 16 页。
② [清] 徐松:《宋会要辑稿》,第 8931 页。
③ [清] 徐松:《宋会要辑稿》,第 8322 页。

之。三人凶狡相济,故长乐手札惇撰定进入,友端矫制书之。宫禁事秘,人莫得而辨也。'"①史料深刻反映了章惇擅权时期,其党徒矫制而处理各种事务的情形。在南宋宁宗时期,宰相史弥远也通过矫制的方式废除了皇子竑而立皇子赵昀。史料对此有生动记载:"(嘉定)十七年闰八月丁酉,帝大渐,弥远夜召昀入宫,后尚未知也。弥远遣后兄子谷及石以废立事白后,后不可曰:'皇子先帝所立,岂敢擅变?'是夜,凡七往反,后终不听。谷等乃拜泣曰:'内外军民皆已归心,苟不立之,祸变必生,则杨氏无噍类矣。'后默然良久,曰:'其人安在?'弥远等召昀入,后拊其背曰:'汝今为吾子矣!'遂矫诏废竑为济王,立昀为皇子,即帝位,尊皇后曰皇太后,同听政。"②在南宋贾似道擅权时期,矫制更是频繁出现,如史料所记载:"贾似道议行公田,彗星见,(吕)沆请罢公田还民。及理宗崩,似道矫诏废十七界会子,行关子,沆力言非便。似道大怒,调将作监簿,急令言者论寝。久之,与云台观,起知兴国军,未赴,论仍云台观。起知全州,未赴,与仙都观。德祐元年,三学伏阙上书讼沆屈,召赴行在,沆不复出,卒,年八十有一。"③

在秦桧打击岳飞的过程中也通过矫诏的方式将岳飞召回。如史料所记载:"桧奏召飞父子证宪事。帝曰:'刑所以止乱,勿妄追证,动摇人心。'桧矫诏召飞父子至。万俟禼诬飞使于鹏、孙革致书宪、贵,令虚申警报以动朝廷,云与宪书规还飞军。其书皆无有,乃妄称宪、贵已焚之矣,但以众证具狱。语在飞《传》。宪坐死,籍家赀。绍兴三十二年,追复龙神卫四厢都指挥使、阆州观察使,赠宁远军承宣使,录其家。"④

3. 为了便宜从事和化解危机而发生的矫制

宋代史料中还记载了大量为了便宜从事,化解各种国家危机而矫制的案例,这种矫制具有其特殊性和正义性,值得进行深入分析。如《宋史·段思恭传》记载:"建隆二年,除开封令,迁金部郎中。乾德初,平蜀,通判眉州。时亡命集众,攻逼州城,刺史赵廷进惧不能敌,将奔嘉州,思恭止之,因率屯兵与贼战彭山。军人皆观望无斗志,思恭募军士先登者厚赏,于是诸军贾勇,大败贼,思恭矫诏以上供钱帛给之。后度支请按其罪,太祖怜其果干,不许,令知州事。丁母忧,起复,俄召为考功郎中,知泗州。"⑤此矫制发生在宋太祖乾德年,段思恭通判眉州,此时遇到后蜀残余势力聚众反攻,眉州刺史

---

① 〔清〕徐松:《宋会要辑稿》,第 1936—1937 页。
② 〔元〕脱脱:《宋史》,第 13596 页。
③ 〔元〕脱脱:《宋史》,第 12298—12299 页。
④ 〔元〕脱脱:《宋史》,第 11463 页。
⑤ 〔元〕脱脱:《宋史》,第 9272 页。

赵廷进担心无法战胜残余势力,准备退到嘉州,段思恭阻止了他的行为。段思恭率领屯兵与敌军战于彭山,但屯兵都在观望毫无斗志,思恭招募敢于战斗的士兵,并许诺首先登上彭山的士兵将给予重赏,于是士兵斗志激发,最终大败敌军。段思恭矫诏以上供钱赏赐勇于作战的士兵,后来度支部门上书欲求治其矫制之罪,宋太祖没有同意。

《宋史·孙长卿传》所记载的孙长卿矫制的情形与段思恭相近,"长卿,通判河南府。秋,大雨,军营坏,或言某众将叛,洛中欢然。长卿驰谕之曰:'天雨败屋庐,未能葺,汝辈岂有欲叛意,得无有乘此动吾军者邪?'推首恶一人诛之,留宿其所,众遂定。诏汰三陵奉先卒,汰者群噪府下,长卿矫制使还,而具言不可汰之故,朝廷为止。"①此案例中由于朝廷裁减三陵奉先卒,被裁减的士兵围在官府门前,孙长卿为了稳定局面矫制让士兵散去,然后向朝廷说明不可裁减三陵奉先卒的缘故,朝廷收回了这个命令。

《宋史·卫肤敏》:"靖康初,始还,进三官,迁吏部员外郎。会高丽遣使来贺,命假太常少卿往接之。朝论欲改称宣问使,肤敏曰:'国家厚遇高丽久矣,今边事方作,不可遽削其礼,失远人心,愿姑仍旧。'乃复称接伴使。既至明州,会京师多难,乃便宜称诏厚赐使者,遣还。建炎元年,复命,自劾矫制之罪,高宗嘉赏。"②靖康初年,金人第二次南侵,北宋已近灭亡。而恰在此时,高丽派遣使者来贺。按照宋代的礼制应派遣接伴使将高丽使者迎接至京城,此时汴京被围,无法回京城,卫肤敏根据当时的情形假诏厚赐使者,并将使者送回。建炎元年,卫肤敏向高宗复命,检举自己犯了矫制之罪,可是宋高宗却没有处罚他,相反给予了奖励。这是在特殊的时期发生的矫制事件,处罚也不能按照常规来进行。

还有一些官员为了缓解饥荒,矫制开仓放粮,如《宋会要》所记载:"(太平兴国二年)六月,知秦州张炳言:'部民艰食,臣已矫诏开仓救急,愿以抵罪。'诏释之。"③秦州遇到灾荒,知府张炳矫制开仓放粮,救济灾民,其后自劾罪行,朝廷没有追究。

在军事行动中,一些官员也通过矫制来迷惑对手,给对手致命打击。如《宋史·张旨》记载:"元昊反,特迁尚书屯田员外郎、通判府州。州依山无外城,旨将筑之,州将曰:'吾州据险,敌必不来。'旨不听。城垂就,寇大至,乃联巨木补其罅,守以强弩。中外不相闻者累日,人心震恐。库有杂彩数千

---

① [元]脱脱:《宋史》,第 10642 页。
② [元]脱脱:《宋史》,第 11662 页。
③ [清]徐松:《宋会要辑稿》,第 7325 页。

段,旨矫诏赐守城卒,卒皆东望呼万岁,贼疑以救至也。"①元昊反叛时,张旨通判府州。针对本州的军事防御情况,提出要筑外城,但是州将说:"我们州据险要,敌兵必定不会来。"张旨坚持自己的筑城主张,外城将要建好时,敌军来袭,他命令把大木头捆在一起堵住外城的漏口,并派弓箭手防卫。与外界脱离的联系,这样的情况持续了几日,城内人心惶惶。正好州的仓库中有杂彩数千段,张旨矫诏赐予守城的士兵,士兵皆大声呼叫"万岁",贼兵以为救兵到了。张旨通过矫诏的方式,给敌军造成假象。

《宋史·秦翰传》也记载了秦翰矫诏安抚赵保忠,以拖延赵保忠的案例。"赵保忠叛,命李继隆率师问罪,翰监护其军。次延州,翰虑保忠遁逸,即乘驿先往,矫诏安抚以缓其阴计。王师至,翰又讽保忠以地主之礼郊迎,因并驱而出,保忠遂就擒,以功加崇仪副使。"②

《宋史纪事本末》中记载了在平定吴曦之乱中,杨君玉与白子申矫诏的史实:"君玉与白子申共草密诏,略曰:'惟干戈省厥躬,既昧圣贤之戒,虽犬马识其主,乃甘夷虏之臣。邦有常刑,罪在不赦。'乙亥未明,好义帅其徒七十四人入伪宫。时伪宫门洞开,好义大呼而入……曦兵千余,闻有诏,皆弃梃而走……丙陈曦所以反,及矫制平贼、便宜赏功状,上疏自劾待罪。"③所引史料反映了在平定吴曦之乱中,矫诏所起到巨大作用,"曦兵千余闻有诏皆弃梃而走"。

宋人赵升在其《朝野类要》对矫诏有过专门的解释:"矫诏,一时从权,以济其谋也。"④在他的解释中似乎也没有把矫诏视为罪恶不赦的行为。在应对各种危机的时候,矫制也是一种非常有效的手段。"(绍兴二年闰四月)二十四日,刘光世奏:'臣闻顺蕃之地,日思王化。臣自前岁密遣人结约到五十余寨,已尝彩画图本进呈,续又招到二十四寨,其余屯聚寨栅,尚有未尽从顺者,欲乞降诏书真本一道付臣,遇有合用去处,许臣用黄纸誊录前去。'诏:'光世所奏,备见忠力。可且依今月十六日已降指挥施行。'"⑤从刘光世的上奏来看,也没有把矫制看成是不可为的禁止行为,在各种危机处理中,矫制不失为一种临时处变的策略和权宜之计。

从以上矫制的情况来看,对于矫制的具体实施情形相关史料都没有详细描述,由于宋代制书的形成要经过三省互验、皇帝批准,而以上史书所记

① [元] 脱脱:《宋史》,第 10004 页。
② [元] 脱脱:《宋史》,第 13612 页。
③ [明] 陈邦瞻:《宋史纪事本末》,北京:中华书局,2015,第 939—940 页。
④ [宋] 赵升:《朝野类要》,第 93 页。
⑤ [清] 徐松:《宋会要辑稿》,第 8963 页。

载的情况多发生在制书使用的环节,这是值得在研究中特别关注的问题。

三、宋代矫制产生的原因分析

宋代经济活动、政治活动中之所以存在如此数量的矫制问题,这是多方面的因素造成的,概括来说与宋代皇帝文书的独特作用、制书管理方面的缺陷、宋代法律的特殊性、宋代文化等因素都有密切关系。

1. 制书在行政运行中的重要作用

从秦始皇确立了制书作为王命文书之后,其后各王朝都继承了这一做法。在汉代,"制书:帝者制度之命也,其文曰:制诏。三公赦令赎令之属是也。刺史太守相劾奏申下土迁书文亦如之。其征为九卿,若迁京师近宫,则言官具言姓名,其免若得罪无姓。凡制书有印使符下,远近皆玺封。尚书令印重封。唯赦令赎令,召三公诣朝堂受制书。司徒印封,露布下州郡"。[1]为了凸显制书的权威性和重要性,宋代围绕着制书建立起了一系列制度,这些制度涉及制书的撰写、使用、保管等方面。如第一章对宋代文书立法情况的分析中,我们能够较为清晰地看到,有关制书的立法成为了文书立法中的重要内容。制书在宋代社会生活的方方面面都发挥着重要的作用,制书经过宣布之后,成为宋代法律制度、行政制度的重要组成部分,并且宋代各朝都要花费大量的人力和物力来编撰数量繁多的制书,这一活动在宋代称之为"编敕"。"宋代之制诰是以皇帝名义下达的文书,以人事方面的内容为主,尤其用于皇帝的重要亲属及中、高级官吏的任免。尽管作为出自皇帝之口的宣令诏命,有两制官代为起草,但皇帝本人对制诰的内容还是很重视的,对其用词和行文常常予以关注和审查,遇到不满意或不合适的地方,会随时提出意见,下令修改。"[2]事实上,宋代制书使用的范围是不断扩大的,在文书实践的层面,制书不仅局限于人事的任免,在皇帝处理其他事务中也常使用,如前文已经提及的南宋时期赵升对制书的认识就可说明问题。从以上分析可以看到由于制书的特殊作用,尤其是作为王言的载体,具有独尊性和权威性,这些因素为伪造制书提供了巨大的驱动力。

2. 制书管理制度的缺陷

宋代矫制的发生还与制书管理制度的缺陷有关。宋代皇命文书在制作方面形成了较为严密的制度。但是,由于皇权的高度集中,宋代皇帝所发布的命令也存在不经过"三省"的情况,如宋代长时间存在的内降问题。内降

---

[1] [汉]蔡邕:《独断》,汉魏丛书本,长春:吉林大学出版社,1992,第180页。

[2] 杨芹:《宋代制书制度及影响》,广州:中山大学,2009,第68页。

又称之为"中旨""内批""御笔",是皇帝或内宫直接下发给相关部门的文书。"凡自宫内皇帝、皇后、皇太后批旨或处分,未经中书或三省而直接付有司施行者。"①史书中可见大量"内降"的记载:"今后内降及中书枢密院送下公事罪至徒以上者并须闻奏。"内降的存在也为矫制的产生提供了可能,尤其是在权相专权的情况下,掌握实权的大臣往往可以控制皇命文书的颁降,通过矫制的方式来控制人事、甚至兵权,这一问题将在第七章进行详细阐述,此不展开。

另外,在制书的规范化管理方面也存在着诸多弊端,如宣制环节,宋代宣制在中央层面相对规范,有专门的仪式和专门的管理人员,但是,在基层的宣制却明显存在监督不力的情况,从宋代史料的记载来看,地方长官承担着宣制的重要任务,但是如何对此进行监督,防止地方长官在宣制中随意增减而产生矫制问题,这在宋代制度的建设方面显然是相对薄弱的环节。

3. 宋代法制的特殊性

宋代矫制的产生还与宋代法律的特殊性有密切的关系。宋代法律制度中有"八议"制度,"八议"制度规定了八种人在违法时,可以享受减免的待遇。《宋刑统》在"五刑""十恶"后,便有"八议"的规定。"八议"乃取法《周礼》"刑不上大夫"之说,承袭汉唐旧制而来:一曰议亲,二曰议故,三曰议贤,四曰议能,五曰议功,六曰议贵,七曰议勤,八曰议宾。可见,"八议"首当其冲的就是"议亲"原则。"议亲"是指对于皇帝袒免以上亲(高祖兄弟、曾祖从父兄弟、祖再从父兄弟、父三从兄弟、身之四从兄弟),及太皇太后、皇太后缌麻以上亲,皇后小功以上亲或者帝王故旧、朝廷贤德功臣等,除犯"十恶"不赦罪外,其余都可从轻议处,死罪亦可奏报皇帝,请旨裁决,"皆取决于衷衰,曹司不得与夺"。"议亲"为宗室减免罪罚提供了法律依据。对此,两宋最高统治者毫不避忌,反复强调"同气之亲,不忍致于法","亲亲之恩,不可以有罪废"。② 宋代皇帝在司法审判中的重要性不言而喻,皇帝甚至直接决定了司法审判的结果,"在司法上,皇帝又是最大的审判官。通过审判中的法外施恩和法外加刑,控制着对臣民的生杀予夺大权"。③

"除'八议'外,唐律中还有'请''减''赎''官当''免'等减免贵族官吏和地主阶级犯罪的规定。"④对于此问题,魏殿金先生《宋代刑罚制度研究》⑤一

---

① 龚延明:《宋代官制辞典》,北京:中华书局,1997,第 621 页。
② 何兆泉:《宋代宗室研究》,杭州:浙江大学,2004,第 57 页。
③ 郭东旭:《宋代法制研究》,第 5 页。
④ 张天禄:《从"八议"制度谈封建特权》,《河北法学》,1990(5),第 42 页。
⑤ 魏殿金:《宋代刑罚制度研究》。

书中已经做了较为详细的研究,相关情况可以参见该书。

此外,我们还应看到在立法层面上,《宋刑统》对于矫制又留下了一些更加灵活的空间,如其中记载:"又云其收捕谋叛以上,不容先闻而矫制,有功者奏裁,无功者流二千里。【议曰】其收捕谋叛以上,谓所在收捕谋反、逆、叛。不容先闻,谓不容先得奏闻,恐其滋蔓,或致逃逸。而矫行制敕,务速收掩。有功者奏裁,无功者流二千里,以其矫行制书,无功可录,免其死罪宥以流刑。"①从此条律文的内容来看,在面对谋反的时候,官员可以矫制,有功的,可以免予刑罚。此一立法存在的灵活性,对于宋代许多官员在危机时刻矫制也应产生了一定的影响。

4. 宋代文化的影响

两宋时期,理学的发展对社会各方面的影响至深,其中重要的方面就是担当精神、忧国为民的责任意识内化为士大夫和部分官员的基本准则,所以我们可从宋代的史料中看到许多大臣、官员敢于冒生命危险矫制来化解危机,为国分忧。事实上,宋代社会对于官员的忠与敏有极高的推崇和宣扬,如"古之所谓社稷之臣者,至矣。忠足以竭才性之分,敏足以应事物之变,苟利社稷,则遂事矫制,虽君有所不从。苟害社稷则伏节死谊,虽身有所不顾。夫人莫不尊于君,莫不亲于身。君与身也,犹有时而忘之。知有社稷之事而已,况其它乎。此古之所谓社稷之臣者也。"②北宋时期的范仲淹甚至提出了"公罪不可无,私罪不可有"的观点。这一观点的提出是对等级制社会中官僚敢于作为,敢于担当的一种呼唤。"一般说来,在君主专制的等级社会中,权力极大的皇帝或高级官员直接决定或影响着低级官员的从政前途。若得罪了他们,往往就无法得到提拔,甚至人身都要受到惩罚,以至威胁生命。因此,士大夫官员不计个人荣辱安危,坚持原则,忠心报国,情操修养自然非常高尚,内心的精神境界必定伟大崇高。'公罪不可无,私罪不可有',勇于任事,敢于担当,是一种现实的宋代士大夫为官从政准则,充分体现出一种积极向上的人生价值理念和处世精神。"③在这样的文化环境下,士大夫以天下为己任,置个人性命于不顾,勇于作为的事迹屡见于史书的记载。如北宋末年,"太学生陈东等伏阙上书:'臣闻任贤勿贰、去谗勿疑者,社稷之主也;奋不顾身,死生以之者,社稷之臣也;妒贤嫉善、妨功害能者,社稷之贼也。恭惟陛下聪明英睿,独智旁烛,贤邪之分,宸衷判然,天下戴以为社稷之

---

① [宋]窦仪:《宋刑统》,第388页。
② [宋]秦观:《淮海集》,影印文渊阁四库全书本,台北:商务印书馆,1983:第543页。
③ 王军营,陈峰:《试论宋代士大夫的一种从政精神——以范仲淹"公罪不可无,私罪不可有"为中心》,《安徽史学》,2016(1):第27页。

主。而在廷之臣,奋勇不顾其身,任天下之重者,李纲是也,所谓社稷之臣也。"①在这样一种敢于担当,为国尽责的文化氛围下,通过矫制的方式来处理各种危机成为了一种权变之策,上述分析中已列举了多个相关案例足以说明此问题。

四、宋代矫制的防治

1. 加强制书管理制度的建设

宋代制书的形成有较为规范的制度,一般来说要经过中书省、门下省、尚书省三个部门相互制约。宋代诸多史料都记载了这一制度。"中书省面奉宣旨事,别以黄纸书,中书令、侍郎、舍人宣奉行讫,录送门下省为画黄;受批降若复得旨,及入熟状得画事,别以黄纸亦书,宣奉行讫,录送门下省为录黄。枢密院准此,惟以白纸录送,画得旨者为录白,批奏得画者为画旨。门下省被受录黄、画黄、录白、画旨,皆留为底,详校无舛,缴奏得画,以黄纸书、侍郎、给事中省审读讫,录送尚书省施行。"②"(乾道元年)十二月三十日,臣僚言:'窃以天下万务出命于中书,审于门下,行于尚书,所以敬重政令,期于至当而已,初无文武二柄、东西二府之别也。今三省所行,事无巨细,必先经中书画黄,宰执书押既圆,当制舍人书行,然后过门下,而给事中书读。如给、舍有所建明,则封黄具奏以听旨。惟枢密院既得旨,即画黄过门下,而中书不预,则封缴之职微有所偏。况今日宰相、枢密臣两下兼领,因而厘正,不为有嫌。乞诏枢密院,自今以往凡已被旨文书并关中书门下,依三省式画黄、书读,以示钦重出命之意。'从之。"③从上述两则史料的记载来看,宋代皇命文书形成中的三省互相核验、互相制衡的制度被确立,并得到了良好的执行。这一制度是保证宋代制书真实、高效运行的前提条件,终两宋三百多年,这一制度都得以传续。另外,宋代针对制书的使用环节,也加强了管理,其中较为突出的就是,对制书传宣也要求实封回奏,报告传宣的情况,"(建炎元年)十一月十九日,诏:'诸处凡有使臣等传宣,并画时密具职位、姓名、所传宣旨实封覆奏;如事有未便,仍具未便事理执奏。若所差使臣等不亲赴逐处,只令人赍到传宣文字者,并不得收接,亦具因依闻奏。'同日,诏:'如传宣或降指挥及官司奏请,虽得旨依奏,系元无条贯者,并中书、枢密院覆奏取旨。内系非理干求恩泽及原减罪犯者,仍奏劾犯人。其上殿进呈文字批送

① 〔宋〕汪藻:《靖康要录笺注》,王智勇笺注,成都:四川大学出版社,2008,第 233 页。
② 〔宋〕李焘:《续资治通鉴长编》,北京:中华书局,1995,第 7775 页。
③ 〔清〕徐松:《宋会要辑稿》,第 3037—3038 页。

中书、枢密院不得直批圣旨送诸处。如违,所承官司未得施行,并具事状闻奏。'"①宋高宗时期,甚至对传宣制书的人员要求进行详细的登记以防各种弊端,如史料所载:"下诏各执行机构凡有使臣等'传宣',皆要密具该使臣等职位和姓名、所传宣旨,实封复奏。"②

2. 制书书写材料的限制

宋代制书在书写材料及格式上有具体要求,这也进一步区分了制书与官文书的不同。"诸诏敕纸高一尺三寸,长二尺半。余官司纸高长不得至此。及写宣纸,各不得私造及卖,违者,纸仍没官。"③此为《庆元条法事类》中的相关记载,法律规定了制书的基本格式,同时强调制书用纸不得私自生产和买卖。而《宋会要》相关内容则更加详细说明了制书用纸的具体要求,"十九日,开封府言:'三司先降纸式,并长二尺三寸,付洪、歙州捣造。除给中书、枢密、学士院外,自余止用次等黄纸,非诏敕所用,悉染浅色。近日颇有踰式者,望申明前禁。'从之。"④此条诏令,则明确了宋代皇命文书用纸尺寸、生产地,禁止违背制书用纸的基本要求。

3. 要求在制书的使用中辨验各种信息

从上分析,我们看到矫制发生最重要的一环节是使用,因此如果能在使用环节对制书的各方面信息加以辨别的话,可以在一定程度上减少此类违法犯罪发生的可能。如《宋史·白重赞传》:"有马步军教练使李玉,本燕人,凶狡,与重赞有隙。遂与部下阎承恕谋害重赞,密遣人市马缨,伪造制书云重赞构逆,令夷其族。乃自持伪制并马缨,以告都校陈延正曰:'使者致而去矣。'延正具白重赞,重赞封其书以闻。太祖大骇,令验视之,率皆诞谬,遂命六宅使陈思诲驰赴泾州,擒玉及承恕鞫问,伏罪弃市。延正擢领刺史以赏之,仍诏诸州,凡被制书有关机密,则详验印文笔迹。"⑤马步军教练李玉因与白重赞有怨隙,于是矫制称白重赞叛逆,要夷其族,结果事情败露,李玉被判处弃市。对于李玉案矫制案,宋太祖专门颁布诏令要求各地在执行制书相关内容时,要详细勘验印文和笔迹。对于此问题,史料中还有许多记载,如"诏内臣传宣、取索并赍御宝文字为号,仍先降式,赴所由司以辨诈妄"。⑥其中强调携带皇命文书到各司进行辨验。对于传宣取物,也要加强核验,以

① ［清］徐松:《宋会要辑稿》,第2439页。
② 朱瑞熙:《中国政治制度通史》第六卷《宋代卷》,北京:人民出版社,1993,第166页。
③ ［宋］谢深甫:《庆元条法事类》,第336页。
④ ［清］徐松:《宋会要辑稿》,第8288页。
⑤ ［元］脱脱:《宋史》,第9036页。
⑥ ［宋］李焘:《续资治通鉴长编》,第1567页。

合同凭由为据,"三司言:'使臣传宣取物,承前止是口传诏旨,别无凭由,致因缘盗取钱物。今请下入内内侍省,置传宣合同司,专差内臣一员主之。如有所须索,即以合同凭由一本给付逐库务。给讫,缴申三司。三司置御宝凭由司,择人吏专主除破,所贵绝于欺弊。'从之"。①

4. 严厉的处罚

从以上相关矫制的案例分析中,可以看到,宋代对矫制是严加禁止的,《宋刑统》对此有明文规定,律文内容前已引述,此类行为的处罚是弃市之刑,且宋代还利用连坐制度来牵制相关官员,矫制之罪还可能连坐到涉事的官员,这些措施都在一定程度上遏制了矫制犯罪的态势。

第二节　伪造土地契约

土地契约是在土地交易的过程中形成的,在赋税征收、产权变更、土地管理及司法诉讼方面具有证据价值。由于土地契约的重要作用,在宋代,伪造土地契约的现象时有发生。

一、宋代伪造土地契约的常见形式

宋代伪造土地契约形式多样,手法隐蔽,如宋人所言:"窃见退败人家,物业垂尽,每于交易立契之时,多用奸谋,规图昏赖,虽系至亲,不暇顾恤。或浓淡其墨迹,或异同其笔画,或隐匿其产数,或变易其土名,或漏落差舛其步亩四至,凡此等类,未易殚述。"②括而言之,宋代伪造土地契约大体有以下两种常见形式。

1. 冒用他人名义伪造虚假契约

伪造者冒用土地所有者的名义制作虚假土地契约,这种伪造的方式称之为有形伪造。所谓有形伪造是"没有文书制作权限的人冒用他人名义制作文书"。③ 这种类型的伪造,由于判定文书制作者与文书名义人等要素存在难度,在司法诉讼中,历时长,断案难。

如《宋史·刘沆传》记载:"大姓尹氏欺邻翁老子幼,欲窃取其田,乃伪作卖券,及邻翁死,遂夺而有之。其子诉于州县,二十年不得直,沆至,复诉

---

① ［清］徐松:《宋会要辑稿》,第3138页。
② ［宋］佚名:《名公书判清明集》,北京:中华书局,1987,第152页。
③ 熊永明:《伪造文书罪初论》,北京:群言出版社,2006,第149页。

之。尹氏持积岁税钞为验,沆曰:'若田千顷,岁输岂特此耶? 尔始为券时,尝如敕问邻乎? 其人固多在,可讯也。'尹氏遂伏罪。"①从该案例来看,尹氏冒用邻翁的名义伪造了卖田契约,侵占邻翁的土地,邻翁之子向州县申诉,二十年得不到公正的审判。刘沆上任,重新审理此案,从土地数目与所交税额及土地交易中先问亲邻交易惯例等角度,判定尹氏伪造契约,还邻翁之子以公道。

成书于南宋时期的《名公书判清明集》一书中记载了诸多此类型的案例。如"假冒交易"一案中"莫君实之子梦回,同其所生母周八娘,诉论林榕(镕)假契盗卖其蒸尝田。追到林镕,初执出所卖青梅园契以为证,继而知其田已转卖赵孟镔……此盖伪立于君实既死之后,以月日参差,而母亲之金,亦是假伪而为之也。"②在该案中林镕伪造莫君实的卖田契约,霸占了君实的土地,其子诉于官府。官府识破了林镕伪造的土地契约并对其进行了惩处。

在此类型的伪造中,还有更为复杂的情形。如史料所记载:"永新土豪龙聿者,尝诱同里少年周整饮博,以奸胜整千缗,准其上腴田以偿直,初犹代耕输谷,岁久遂割占其田。整母方知博事,讼于县,则母契存焉,于州于使者,挝登闻鼓,皆不能直。公至,母又以告。公视契,一言以辨其伪。聿具伏归整田。或问公:'以何见其伪?'曰:'始视契,日月在母手印上,是必得母他牍尾印,以续伪契。'问之,果然。一县惊叹,以为神明。"③从该案来看,龙聿在伪造契约的过程中获得了周整母亲其他场合形成的真实契约,截取了真实契约中押有周整母亲手印的部分,把这部分与伪造的部分进行拼接,从而蒙蔽了许多官员。

另《名公书判清明集》"争田业"案中所记载:"及其执到洪观生发付之文,显然出于宗起供状之笔,乃于别纸移取观生一押字,粘补欺罔,是其为奸之意甚深,而其为奸之术甚浅。"④这种情形与上述龙聿伪造土地契约具有相似之处,只不过伪造土地契约的手法不如龙聿高明而已。

2. 对土地契约进行变造

伪造土地契约的另一种形式则是以原契为基础,对契约内文字进行增损,称之为变造。如《名公书判清明集》卷之五"揩改文字"案所载:"照得龚敷与游伯熙互争第四十八都第一保承字二百八十七、二百八十八号、二百八

---

① [元]脱脱:《宋史》,第 9605 页。
② [宋]佚名:《名公书判清明集》,第 172—173 页。
③ [宋]苏颂:《苏魏公文集》,北京:中华书局,1988,第 786 页。
④ [宋]佚名:《名公书判清明集》,第 177 页。

十九共三号地,两下各持其说,官司初亦未知其谁是谁非。及将本厅出产图簿与两家所执干照参对,得见二百八十七号及二百八十八号地见系龚敷管佃,二百八十九号地见系游伯熙管佃。其二百八十七号地计五亩四十五步,其二百八十八号地计四亩一角三十二步,参之官簿,并无毫发差舛。其二百八十九号地,据游伯熙干照内具载,计一十亩五十五步,参之官簿,却只计五亩一十五步。及与之研穷契勘,乃是续干照内增益亩数,更改字画,浓淡疏密,班班可考。"①在此案例中游伯熙将契约内的"五亩一十五步",改为"一十亩五十五步",这种做法最终被发现。

在变造土地契约中还有不法之徒将契约内的文字进行擦除填入文字的情形。如《名公书判清明集》卷之五"揩擦关书包占山地":"领上明者,乃徐烨之族弟也,事不干己,入脚争山,辄将祖上关书揩擦一行,填作二保土名四字,占人一亩之山。"②

还有的伪造者直接在原契上添加文字,如《名公书判清明集》卷之六"王直之朱氏争地"一案中"若曰缴到施王德原置文霸老契可照,四十余年一幅竹纸,竟不投税,已是难凭,今纵以为可凭,则契内只言住房基,即无桑地一角两字。但是施王德初典契内平白撰出桑地二字,又无亩角四至,续于嘉熙四年闰月,施百二娘断卖于施王德既死之后,又旋填一角之语",③该案中伪造者在原契上增加了"桑地"二字,以达到侵占他人土地的目的。

二、宋代伪造土地契约产生的社会原因

任何一种非正常社会现象的产生都有深刻的社会原因。宋代伪造土地契约现象的产生与宋人的嗜利观念、宋代土地制度及国家有关交易管理缺失等都有着密切的关系。

1. 嗜利观念的影响

随着社会商品经济的发展,宋代社会对于"利"的看法有很大的改变。士大夫们不再以谈"利"为耻,社会各阶层都从不同的角度追求物质利益。北宋时期的李觏在谈到如何富国时就提道:"是则治国之实,必本于财用。盖城郭宫室,非财不完;羞服车马,非财不具;百官群吏,非财不养;军旅征戍,非财不给;郊社宗庙,非财不事;兄弟婚媾,非财不亲;诸侯四夷朝觐聘问,非财不接;矜寡孤独,凶荒札瘥,非财不恤。"④从相关的史料来看,在社

---

① [宋]佚名:《名公书判清明集》,第154页。
② [宋]佚名:《名公书判清明集》,第159页。
③ [宋]佚名:《名公书判清明集》,第186页。
④ [宋]李觏:《李觏集》,北京:中华书局,2011,第138页。

会阶层内部因为"财利"而产生的纠纷也逐渐增多。如《苏魏公文集》记载："扬州大姓汤氏二子分财,兄诉其弟为异姓子,不当有分。法,父母既亡,则以籍为定。而江都广陵之籍先为其兄购毁之,情几夺矣,又下天长。君尽索架阁远岁案牍阅之,得庆历中州帖有其弟之名者上之州,是时州倅吕君希道适治其事,尝谓余曰:'十年滞讼,用是以决之,非有健令,安能办此?'"①《名公书判清明集》一书也记载了许多家族、家庭之间因为财产纠纷而诉诸法律的案例。而《袁氏世范》一书中更提道:"人之经营财利,偶获厚息以致富盛者,必其命运亨通,造物者阴赐致此。其间有见他人获息之多,致富之速,则欲以人事强夺天理,如贩米而加以水,卖盐而杂以灰,卖漆而和以油,卖药而易以他物,如此等类,不胜其多。"②袁氏在这里谈到了世人唯利是图,不择手段的情形。在嗜利观念的影响下,为了能够迅速获得财富,通过伪造土地契约的方式非法侵占弱小、孤寡群体的土地成为了不法之徒常用的手段之一。

2. 宋代"不抑兼并"的土地政策的驱动

宋初对于土地买卖采取"不抑兼并"的政策,在这种政策下,土地成为了宋代社会生活中常见的交易物。加之商品经济的发展,土地交易所有权与使用权转移速度大大加快。在土地所有权和使用权加速流转的过程中,土地兼并的现象日渐突出,这成了宋代真宗朝以后的一个重要社会问题。随着土地兼并的发展,引发了越来越多的问题,宋代大臣对此多有认识,其中许多人也提出严格抑制兼并的措施:"豪强兼并之患,至今日而极,非限民名田有所不可,是亦救世道之微权也。国朝驻跸钱塘,百有二十余年矣。外之境土日荒,内之生齿日繁,权势之家日盛,兼并之习日滋,百姓日贫,经制日坏,上下煎迫,若有不可为之势。所谓富贵操柄者,若非人主之所得专,识者惧焉。夫百万生灵资生养之具,皆本于谷粟,而谷粟之产,皆出于田。今百姓膏腴皆归贵势之家,租米有及百万石者;小民百亩之田,频年差充保役,官吏诛求百端,不得已,则献其产于巨室,以规免役。小民田日减而保役不休,大官田日增而保役不及。以此弱之肉,强之食,兼并浸盛,民无以遂其生。于斯时也,可不严立经制以为之防乎?"③所引史料是宋代大臣针对土地日益兼并,权势之家日盛、百姓日贫、经济日坏、上下煎迫情况的担忧,希望朝廷能够采取确实可行的措施来抑制土地兼并。

---

①　[宋]苏颂:《苏魏公文集》,第908页。

②　[宋]袁采:《袁氏世范》,北京:商务印书馆,2017,第164页。

③　[元]脱脱:《宋史》,第9927页。

在土地兼并的过程中,地主富绅、贪官污吏、豪门权贵等通过不同的方式获得土地。如马端临所说:"田既为庶人所擅,然亦为富者贵者可得之。富者有赀可以占田,贵者有力可以占田,而耕者之夫率属役富贵者矣。"①以伪造土地契约的非法手段侵占他人土地是常见现象。如前所述之大姓尹氏伪造土地契约占有他人土地,这种现象在史籍中多有记载。因此,可以认为宋代"不抑兼并"的土地政策是宋代伪造土地契约现象产生的重要社会根源。

3. 国家管理的缺失

宋代为了有效确保土地交易的正常进行,对交易的程序有严格的规定。但由于各种原因,宋代民间土地买卖多存在白契交易的情况。对于白契交易所产生的危害,南宋时期的官员郑刚中已有深刻的认识,其在《论白契疏》中进行了详细阐述:"窃见典卖田宅,法限六十日投印,又六十日请契。恐其故违限约,则扼以倍纳之税;恐其因倍而畏,则宽以赦放之限,疑若无弊矣。而其弊今有不胜言者,买产之家,类非贫短,但契成则视田宅已为己物,故吝惜官税。自谓收藏白契,不过倍纳而止,遇赦限,虽倍纳犹是虚文。必待家有争论,事涉关碍,始旋行投印。此无他,官无必惩之法,开因循之路,而使趋宜其资,豪猾而失公利也。亏失公利犹害之小者,至有不识书计之人,饥寒切身,代书售产,阅时既久,富家管业亦深,或为书人已死,或牙保关通,乘放限之便,改移契券,以典为卖,他日,子孙抱钱取券而不得,则饮泣县令之庭而已尔。臣愿朝廷详酌,下有司立为信限,出限一日,更不认为交易,钱不追理,业还本主。典卖田宅者,并依条为合同契,一处赴官投印。如是则白契可以尽革,上不致于亏损官钱,下不致于以典为卖,公私偕利矣。"②在该奏疏中,郑刚中指出白契的产生与宋代的赋税制度有密切的关系,白契的存在严重破坏了宋代土地契约的交易制度,也为宋代伪造土地契约犯罪提供了可能的空间。南宋时的黄榦在"曾澅赵师渊互论置曾挺田产"案中提道:"赵金判以为空头契字,乃是曾挺之契,再立之契乃曾澅伪契。既不曾追出曾挺供对,如何见得便是伪契?此间人交关亦多有不将正契投印者,亦安知再立之契果为伪乎?既以再立之契为伪,遂并以门僧之书为通同旋写,既不曾追到门僧供对,亦何缘见得是通同旋写。"③从黄榦的论述中可见民间白契交易的普遍性。土地以白契方式进行交易,由于缺失了国家的监督和管理,这也为不法之徒伪造土地契约提供了可能。

---

① [元]马端临:《文献通考》,北京:中华书局,2011,第49页。
② [宋]郑刚中:《北山集》,影印文渊阁四库全书本,台北:商务印书馆,1983,第25—26页。
③ [宋]黄榦:《勉斋集》,影印文渊阁四库全书本,台北:商务印书馆,1983,第361页。

三、宋代伪造土地契约的危害

1. 扰乱了国家有关土地和税收的管理

宋代为了加强土地交易的有效管理,对于绝卖、典卖等土地交易按照规定需签订符合要求的法定契约,交纳税收,登记在案,伪造土地契约严重扰乱了国家有关土地和税收的管理。

土地契约是国家对土地和税收进行有效管理的基础。土地契约的伪造使得官府所掌握的有关土地和承担税收人的相关信息变混乱,严重影响了国家税收的征收。而宋代为了有效消除产权变动与税收之间的不确定关系,也通过多种途径鼓励民间将私自交易所形成的契约到官投印,在这个过程中,更有胆大之徒执伪契到官投印,如史料所记载:"八月,太子中舍牛昭俭言:'准敕,应典卖田宅,若从初交易之时,不曾问邻、书契,与限百日陈首免罪,只收抽贯税钱。臣自天圣四年十月到任,务开后来,推勘争田契十余事,各自克复已来造伪文契。内有因日前放纳牙税,直将印契,以此为由,虚构词讼。其上件契,并行毁抹。所争物业,各有结断。朝廷虽有敕条厘革,其如远方愚民罕有遵禀,执来契券,虚伪甚多。盖为邻里骨肉不相和协,遂与他人衷私交易,虚抬价钱,故作远年文契收藏。俟朝廷有敕,许将出限契书赴税务陈首,遂使顽民得便,竟将伪契投印。及至争论,执出为凭,官吏疑惑,便将为据,临时断割,枉直不分。臣今再详新敕,盖是果州同判李锡起请之时,不知诸路事体,紊乱正条,弃民本而取毫末之利,若不能寻究虚伪,益使愚民欺罔,争占田地,烦扰州县,刑禁滋多。'"①从此史料来看,不法之徒将伪造的土地契约进行投印,给国家的管理造成了更大的混乱。

2. 损害了国家的公共信用

土地契约作为国家有效管理的工具之一,体现了国家权力的行使过程,在土地契约文本上加盖官印,体现了国家的公共信用。伪造土地契约极大地损害了国家的公共信用。从宋代的法律制度来看,在田宅的诉讼中,当事人应持有经过国家认证的官契(红契),只有经过国家认可的红契,在诉讼中才能为司法机构所采纳。宋代司法审判中也非常重视具有国家印信的契约。"缪氏子母不晓事理,尚执遗嘱及关书一本,以为已分析之证,此皆何烈在日,作此妆点,不曾经官印押,岂可用私家之故纸,而乱公朝之明法乎?"②宋代伪造土地契约的不法之徒,也认识到了官府印信的重要性,私刻官印,

---

① [清]徐松:《宋会要辑稿》,第 7465—7466 页。
② [宋]佚名:《名公书判清明集》,第 139 页。

甚至用一些古印来伪造契约,以达到欺世获利的目的。这些不法的行为严重侵犯了国家的公共信用。

3. 侵害了当事人的权利

伪造土地契约的不法行为严重侵害了当事人的权利。从以上所举相关案例可以看到,不法之徒通过伪造土地契约,侵夺他人田产;弱势之家,由于各种原因,始终难以申冤。土地契约的伪造严重侵犯了土地权益人的相关才财产权和物权。有些侵害由于契约伪造手法隐蔽,长时间无法获公平的审理,不法之徒得不到司法的惩治。如北宋时期出现的以古印制作伪契,侵害百余家田产的案例,时间长达五十多年,"大豪李郁筑城得古印,立盗契,夺民田百余家,五十年不能直",①而前举"尹氏侵吞邻居土地"案,前后也达二十年之久。又"侍御史章频知彭州九陇县,眉州大姓孙延世为伪契夺族人田,久不能辨。运使委频验治。频曰:'券墨浮朱上,决先盗用印而后书之。'既引伏,狱未上。而其家人复诉于转运,更命知华阳县黄梦松覆按,亦无所异"。② 孙延世占族人田长时间得不到应有的惩处,直到章频审理此案认为"券墨浮朱上"也就是墨字在印章之上,确定该契约为伪作。

4. 加重了司法审判的负担

由于宋代伪造土地契约的手法隐蔽,形式多样,不法之徒即使面对官司,也毫无惧色,在庭审中出示伪造的土地契约,妄图迷惑司法官员。大量伪造的土地契约进入司法审判中,增加了司法审判的难度。有些伪造的土地契约由于伪造手法高明,在庭审中,司法机构往往无法识破,而权利人又没有更直接的证据来证明,因此诉讼时间长,诉讼次数多,只有遇到睿智、经验丰富的审判官,各种冤情才能得以伸张。另外,司法机构为了有效地辨别土地契约的真伪,常常需要从不同方面来进行判定,有时甚至要聘请专业的机构来进行。这些都大大加重了司法审判的负担。

四、宋代对伪造土地契约的防治

(一) 加强契约的管理

1. 土地契约形成的规范化

从宋代相关史料的记载来看,有关土地契约制度的形成经历了一个由简到繁、由疏到密的过程。以土地典卖交易为例,在双方确定了土地买卖的价格后,要按照法律规定办理相关的手续。"人户典卖田宅,议定价直,限三

---

① [宋]蔡襄:《蔡襄集》,上海:上海古籍出版社,1996,第710页。
② [宋]桂万荣:《棠阴比事》,上海:上海古籍出版社,2018,第54页。

日先次请买定帖,出外书填,本县上簿拘催,限三日买正契。除正纸工墨钱外,其官卖定帖二张,工墨钱一十文省。"①根据此条材料的记载,典卖契约形成大体要经过以下步骤:首先,交易双方到官府买官印田宅契书(又称为契纸、官契、定贴),官印田宅契书的作用是"及时过割税产、调整劳役和产权关系,证明田宅交易的合法性"。② 按照规范的格式填好之后,交给官府进行审查。其次,三日之内再到官府买正契(土地交易的标准文本)进行规范填写。最后,交易双方填好正契后在两个月的期限内到政府税务部门缴纳税款,税务部门发给投税凭由,然后到官府办理相应产权变更手续,将官印田宅契书粘连在正契之后,政府部门加盖官印并在粘连处加盖骑缝印。这样形成的契约称之为"官契""红契",官契在法律诉讼中是被认可的。

早在宋初时,土地契约仅制作两份。一份保存在买主手中,一份保存在官府的税务部门——商税院。但是在土地诉讼中,由于买主隐没契书,到商税院查询又无法检得。为了克服这种弊端,宋廷又于真宗乾兴三年(1022)规定:"立合同契四本,一付钱主,一付业主,一纳商税院,一留本县。"③这为官府辨别土地契约真伪提供了基础。

2. 土地契约交易人,见人及牙人签押制度

土地契约的形成中当事人应在契约上签字印押,这是宋代土地契约形成的关键环节。当事人的签押制度从文本的角度固化了交易双方的权责关系,显示了交易中应该承担法律责任的相关责任人,签押制度也有利于司法机构对契约名义人进行认定和鉴别。从现在所能看到了有关宋代土地契约的遗存实物来看,在土地契约的文本中当事人签押是一项重要制度,下面以《中国历代契约粹编》中所收录宋代契约为例进行分析。

《南宋景定元年(一二六〇)祁门县徐胜宗卖山地契》:"义成都徐胜宗自,分得土名字　百玖拾九一亩,东止上至降,下止田;西止李子宣高坆田,止南至田。今无钱支用,愿将前项四至内山地、地上杉苗尽行出卖归仁都胡应元名下。三面伴(评)议价钱拾捌界官会叁拾叁贯文省。其钱当立契日一并交收足讫,更不契后立领帖,只凭契为明。今从出卖之后,一任买主闻官割税,收苗管业。如有四止(至)不明,及内外人占兰(拦),并是卖产人祇(支)当,不及买之事今恐人心无信,立此断卖山地私苗为契为照。景定元年正月十五日。徐胜宗(押)

---

① [清]徐松:《宋会要辑稿》,第 7470 页。
② 戴建国:《宋代的田宅交易投税和官印田宅契书》,《中国史研究》,2001(3),第 111 页。
③ [清]徐松:《宋会要辑稿》,第 7464 页。

母亲阿朱花押(押)

书契见交钱人李邦善(押)"①

从上引契约我们可以看到,交易中相关当事人都需要在契约上签字画押,此外,其他在场人员也许签字画押。

在宋代土地交易中,还形成了牙人制度,牙人也须按照法律的要求在土地契约上签字印押。宋代的牙人是交易的第三方,牙人在土地交易中具有"促成契约订立,对标的物进行检查登记、评议价格,交易的见证人及充当契约担保人"②等不同的作用,由于牙人的介入,土地契约的形成不仅仅涉及当事双方,同时也有了第三方力量的约束,对于防止交易双方欺蔽具有一定积极作用。

3. 加强土地契约用纸管理

为了有效管理宋代土地交易,防止土地契约伪造,宋代官府在土地交易中推行官印田宅契书。官印田宅契书由国家统一印刷,以千字文立号。"(绍兴五年三月)二十日,两浙转运副使吴革言:'在法,田宅契书,县以厚纸印造,遇人户有典卖,纳纸墨本钱买契书填。缘印板系是县典自掌,往往多数空印,私自出卖,将纳到税钱上下通同盗用,是致每有论诉。今相度,欲委逐州通判用厚纸立《千字文》为号印造,约度县分大小、用钱多寡,每月给付诸县,置柜封记。遇人户赴县买契,当官给付。仍每季驱磨卖过契白、收到钱数。内纸墨本钱专一发赴通判厅置历拘辖,循环作本,既免走失官钱,亦可杜绝情弊。仍乞余路依此施行。'从之。"③官印田宅契书在纸张的选材方面具有一般纸张所不具备的特点,"京东、河北、河东转运司奏,元丰官印契书既有式法,而纸札厚大,不容奸伪"。④ 这些措施都有效地遏制了土地契约的伪造。

(二)在司法审判中加强对伪契的辨验

1. 外部特征分析法

前已述,宋代土地契约的形成要经过较为严格的程序,契约内各个要素,如笔迹、印章、时间、契纸等都能为判断契约真伪提供线索。

(1)笔迹鉴定法。从宋代大量土地争讼的案例来看,在判定土地契约真伪过程中运用最多的便是笔迹鉴定法。笔迹鉴定法一般是将伪造的土地

---

① 张传玺:《中国历代契约粹编》,北京:北京大学出版社,2014,第451页。
② 杨卉青:《宋代契约中介"牙人"法律制度》,《河北大学学报》(哲学社会科学版),2010(1),第52—54页。
③ [清]徐松:《宋会要辑稿》,第6756页。
④ [清]黄以周:《续资治通鉴长编拾补》,北京:中华书局,2004,第502页。

契约上的文字与土地契约的名义人（画押人）所写原件中的字迹来进行对比，也有唤上当事人当厅书写以辨真伪的情况。从《名公书判清明集》中所记载的案例来看，笔迹鉴定法运用的非常充分。如"伪冒交易"一案中"周八娘又执出君实临死遗嘱之文，乞与辨验君实押字笔迹。寻与点对，则契上君实押字，与遗嘱笔迹不同，可疑一也"，"唤到君实母亲赵氏，不特不认金契，而赵氏亦能当厅书写，笔迹亦自不同，有可疑二也"。① 在此案中法官为了鉴定林镕所执契约的真伪，将君实身前所形成的遗嘱文字与伪契文字进行对比，同时又对比了伪契中君实母亲签字与君实母亲现场所写文字异同。该书"陈安节论陈安国盗卖田地事"一案中相关记载更生动地说明了笔迹鉴定的运用。"契上节字皆从草头，其偏傍则皆从卩（子结反）字，陈安国状上节字亦如此写，陈安节状上则皆从竹头，其傍皆从附邑。"②该案例中法官从节字的不同写法来判定契约的真伪。笔迹鉴定具有操作简便，效果好的特点。

（2）印章与文字位置先后法。一般来说宋代土地契约的形成过程中文字书写、画押在前，投印在后，因此官印一般都应在文字之上。如果文字在印章之上，那么说明契约在投印之后被做了手脚。宋人在判定契约的真伪时也常常从这个角度出发来进行判定。如《名公书判清明集》之"兄弟争业"一案中，司法机构认为"所添字迹，又在税契朱墨之上，其所执卖契，委难凭据"。③

2. 内部信息分析法

所谓内部信息分析法是从土地契约所包含的信息结合契约形成时代的各项制度和事理进行综合判定的方法，其中主要有如下方面：

（1）用印与时间是否相符。宋代土地契约在缴纳税收之后，要到政府部门加盖官印。宋代许多州县由于各种原因在历史上曾有过改名的情况，如宋代的义章县因为避宋太宗赵光义之讳而改名宜章县。有作伪者缺乏这种历史知识，在伪造契约时暴露了马脚。如史料所记载的：荆湖南路郴州宜章县，有人"持伪券夺人之田，屡诉不直"。郑纾上任后重新审理此案，调阅案卷发现买田日期与契约上的印章不相符合"义章以太宗旧名而更之，市田之岁在义章，其券乃今宜章印也"，④契约中买田日期在宋太宗时代之前，用印当为"义章县"官印，而契约中伪造者却用了"宜章县"官印，郑纾就是

---

① ［宋］佚名：《名公书判清明集》，第 172 页。
② ［宋］佚名：《名公书判清明集》，第 596 页。
③ ［宋］佚名：《名公书判清明集》，第 173 页。
④ ［宋］蔡襄：《蔡襄集》，第 735 页。

从这个角度出发来判定契约的真伪。

（2）契约所形成的时间是否真实。伪造者由于相关历史知识的限制，在伪造土地契约的过程中，往往不知年号更替的情况，因而留下了破绽。如葛宣德为长垣令时，"长垣有地讼，更数令不决，其人执康定元年二月书契为证，君至谓讼者曰：'尔所执伪契也。康定改元在宝元之冬，岂复有二月耶？'讼者诎服，吏大惊。君之为政明多此类也。"①

（3）事理推断法。事理推断法是从契约显示的相关信息，结合实际进行推理以判定契约真伪的方法。在《名公书判清明集》"陈会卿诉郭六朝散赎田"一案中，县令在审判此案的时候，就是从契约所显示的信息来进行推理。"然以所交易契字观之，若是父元亨自行卖租，又何必其子亦同书着押？与其子同卖，已自可疑，又作其子世隆交领价钱，岂有父卖产不自领钱，乃使其子领钱之理？此是勒其子假作其父着押，以瞒昧其父，而不自知其漏绽，将以欺人，而不知其不可欺也。"②在该案例中县令从契约的父子画押和钱物领取者来进行判断。

3. 书铺辨伪

除了上述方法之外，宋代司法机构在鉴定土地契约真伪的过程中还经常聘请专业的机构——书铺来进行，这是宋代土地契约鉴定中特有的现象。书铺是宋代特殊的民间机构，但是要严格遵守国家的法律，接受政府的管理。宋代的书铺除了刻书之外，在法律诉状的撰写以及科举考试中验明应试者的身份等方面都发挥了重要的作用。书铺由于长期从事各种诉状的代理工作，因此积累了大量的经验。宋代司法机构在审理案件的过程中，如果碰到契约真伪难以判定的时候，常常会请书铺来进行鉴定。如《名公书判清明集》卷之五"揩擦关书包占山地"一案"当厅令书铺辨验，揩擦改写，字迹晓然"；③又"伪作坟墓取赎"一案中"杨迪功又执出乾道间上手契书，称有墓地，子细点检，契内无官印，契后合接处虽有官印，稍涉疑似，当唤上书铺辨验，同称其伪，不肯保明责罪状入案"。④

（三）对伪造土地契约进行严厉处罚

土地契约作为宋代土地管理及税收征收的重要凭证之一，对于伪造土地契约的行为，宋代也通过立法对此进行严厉处罚。

从《宋刑统》来看，已有相关的律文为处罚伪造土地契约提供了依据。

---

① ［宋］秦观：《淮海集》，第 599 页。
② ［宋］佚名：《名公书判清明集》，第 593 页。
③ ［宋］佚名：《名公书判清明集》，第 159 页。
④ ［宋］佚名：《名公书判清明集》，第 319 页。

"诸诈为官文书及增减者,杖一百。准所规避,徒罪以上各加本罪二等,未施行各减一等。即主司自有所避,违式造立,及增减文案,杖罪以下杖一百,徒罪以上各加所避罪一等。造立即坐。若增加以避稽者,杖八十。"①"诸诈为官私文书及增减,文书谓券抄之簿帐之类。欺妄以求财赏,及避没入备赏者,准盗论。赃轻者,从诈为官文书法。若私文书,止从所欺妄为坐。"②

土地契约作为官文书的重要类型之一,对伪造土地契约的处罚多数情况下是按照伪造官文书的相关条款来定罪量刑的。依据《宋刑统》的相关律文,对于伪造土地契约的处罚大体可以归纳为两类:第一类以伪造文书罪论处,此类犯罪的处罚从律文来看主要是杖一百;第二类是以盗罪论处。而从《名公书判清明集》中所记载的有关伪造土地契约的判罚来看,按照伪造文书罪论处的情况居多。如《名公书判清明集》卷之九"揩改契书占据不肯还赎"一案中对吴师渊的处罚就是杖一百。"揆之理法,无一而可。迁延占据,揩改文书二罪论之,吴师渊合照条勘断,但勘下杖一百。"③又"伪冒交易"一案中对林镕的处罚也是"勘杖一百"。④

第三节 伪 造 度 牒

一、度牒在宋代社会中的作用

度牒是宋代官府颁发给僧道的身份证明。北宋初年,朝廷基于保障国家税收的目的,限制出家的人数。"自今后逐年据帐,每一百人,只许度有经业童行一人。仍令尚书祠部专切检点,如有额外度人者,并须退落。"⑤从所引史料来看,宋初对于出家人数的限制是非常严格的,每一百人仅许一人出家。随着冗官、冗费、冗兵问题的日益严重,度牒的发行数量也逐渐增多,朝廷对于度牒的依赖程度日深,"到了宋代中期以后,封建国家长期奉行'卖度牒以资国用'的政策,把卖度牒作为一项重要的财政措施来实行"。⑥纵观宋代历史,度牒在社会生活中发挥重要作用。

① [宋]窦仪:《宋刑统》,第390页。
② [宋]窦仪:《宋刑统》,第395—396页。
③ [宋]佚名:《名公书判清明集》,第173页。
④ [宋]佚名:《名公书判清明集》,第315页。
⑤ [宋]佚名:《宋大诏令集》,北京:中华书局,1982,第860页。
⑥ 曹旅宁:《试论宋代度牒制度》,《青海师范大学学报》(社会科学版),1990(1),第52页。

1. 度牒可以作为赏赐

宋代皇帝颁赐臣子的物品繁多,随着财政的日趋紧张,以度牒作为赏赐也常见于史料记载。如"九月十三日,将仕郎黄蒙上《太祖皇帝[实]录》五十卷、《太宗皇帝实录》八十卷、《真宗皇帝实录》一百五十卷、《仁宗皇帝实录》二百卷、《英宗皇帝实录》三十卷、《天圣南郊卤簿册记》一十册。诏送秘书省。既而赐蒙空名度牒五道,不受,乞白身补官恩例。诏与循一资"。① 从上史料看,为了奖励黄蒙著书有功,皇帝颁赐度牒五道作为赏赐,但是黄蒙没有接受。又"十月二十五日,诏开封府祥符县进士徐涛进三朝御像,令礼部支降两浙东路空名度牒五道。涛自南京前来投进,故有是命"。② 赏赐度牒五道给徐涛,因其进三朝御像有功。

2. 度牒是灾害救助中重要的资金来源

宋代开展灾害救助其资金来源是多途径的,由于财政赤字,宋代常颁发空名度牒来解决救灾中的资金问题。如史料所记载:"诏令礼部给降空名度牒一百道付湖北宪、漕司,每道价钱八百贯。从便出卖,拨付被水州军,专充措置赈济。"③"诏降空名度牒二十道付合州,专籴米以备赈给。"④"降空名度牒三百道,及于南库支会子一十五万贯,令浙东提举朱熹量度州郡旱伤轻重均拨,专籴米赈济,毋得他用。"⑤从上述所引三条史料可以看到宋代在灾害发生后常以度牒筹集救灾的重要资金。

3. 度牒作为地方工程建设的资金来源

宋代地方兴修水利、筑城等各项建设由于财政的危机,也常以度牒充当资金。如"诏礼部给两浙东路空名度牒三百道,充修城使用"。⑥ 此条史料反映了以度牒作为修城的资金。类似的记载在史书中比较常见,如"宣和六年三月二十九日,湖南安抚司奏:'契勘潭州城壁兴筑年深,例皆摧损,申画朝旨,给降空名度牒一百道应副修完。子城、外城并依元料毕工,门楼屋各依法式创新起造,及城东西水窗并用大石甃砌,各得坚完了毕。'诏曾孝序特除龙图阁直学士,候今任满日令再任。其提点修城部役等官,令转运司核实其工力等第,保明奏闻。"⑦此条是应湖南安抚司奏请,颁降空名度牒一百道用于潭州修城。"诏令礼部给降荆湖南路空名度牒二百道,专

---

① ［清］徐松:《宋会辑稿》,第 2827 页。
② ［清］徐松:《宋会辑稿》,第 1902 页。
③ ［清］徐松:《宋会辑稿》,第 7371 页。
④ ［清］徐松:《宋会辑稿》,第 7998 页。
⑤ ［清］徐松:《宋会辑稿》,第 7998 页。
⑥ ［清］徐松:《宋会辑稿》,第 9445 页。
⑦ ［清］徐松:《宋会辑稿》,第 9454 页。

充修城支使。"①此条是颁降度牒给荆湖南路修建城池。"绍兴元年十一月十八日,康州奏:'据本州居人通直郎伍偕等状,本州系是主上昨来潜藩,窃见肇庆府元系端州,道君皇帝即位推恩,展拓城壁,朝廷降钱二十四万贯。今来军兴之际,不敢过有耗费,只乞支度牒四十道,付转运司,应副建双门一座,以揭府牌,及量修城壁等。'诏令礼部修写广南东路空名度牒三十道,应付支用。"②此条则是南宋高宗绍兴年间,康州向朝廷申请空名度牒作为经费修建城门、府牌。

4. 充当军费

两宋时期,随着战事的扩大,军费日益增加,为了解决军费的问题,朝廷大量售卖度牒。"诏祠部给空名度牒一千道与北外丞司,五百道与南外丞司,令乘时计置稍草。"③"(绍兴)三十一年七月二十二日,诏令礼部给降空名度牒五百道,仍遣枢密院使臣一员管押前去淮南、浙西、江东西路制置使司交辖,应副犒设战士使用。"④"诏令礼部给降空名度牒五百道,应副四川宣抚司买马。其见管封桩度牒钱,不得取拨支用。"⑤所引史料都充分说明宋代为了缓解军费开支日蹙局面,大量发行度牒的史实。

5. 筹措相关事务的经费

宋代度牒也被广泛用作国家各项事务的经费,如用度牒筹办酒务,"(绍兴)五年闰二月五日,新知扬州叶焕言:'乞降指挥,就近借拨钱二万贯文,充酒务造酒米曲本钱,候收蔬课利宽剩拨还。'诏支降钱五千贯,一半令镇江府(权)[権]货务支给见钱,余令礼部给降两浙空名度牒、紫衣、师号"。⑥"(隆兴元年)九月十四日,户部言:'今年两浙州军田亩灾伤数多,所用粮斛浩瀚,又有淮南添屯大军,用度增广。江西累岁丰熟,米价低平,乞收籴米一百万石以备支使。合用本钱并起纲水脚、糜费钱,共约计二百万贯,于左藏西库椿管银内支降四十万两,并下礼部给降空名度牒八百道,権货务印造三合同见钱关子三十五万贯,差枢密院使臣五员管押前去,专委本路沿流州军守臣置场和籴。限至今年十二月终,尽数起到镇江府总领所椿管。'从之"。⑦度牒用于设立奖赏金,"诏给降空名度牒各一百道,付淮南东西、两浙路提点

---

① [清]徐松:《宋会要辑稿》,第9454页。
② [清]徐松:《宋会要辑稿》,第9460页。
③ [清]徐松:《宋会要辑稿》,第9579页。
④ [清]徐松:《宋会要辑稿》,第8998页。
⑤ [清]徐松:《宋会要辑稿》,第9092页。
⑥ [清]徐松:《宋会要辑稿》,第6434页。
⑦ [清]徐松:《宋会要辑稿》,第6896页。

刑狱司封桩,专充今后捉贼赏钱,仍不许别行支用"。① 度牒用于筹办皇家
生日的经费,"崇宁元年七月十三日,户部言:'驸马都尉曹诗乞于合破公使
钱内先借支二万贯办大长公主影前供物。诏礼部给空名度牒一百道。'"②

　　综上所述,随着财政收入的日益困窘,朝廷颁降度牒充着各项费用已经
非常普遍。由于度牒"以商品和货币的形式在宋代社会经济和政府财政中
占据了相当重要的地位",③如史料所言:"知谏院钱公辅言:祠部遇岁饥、
河决,鬻度牒以济急,乞自今裁损圣节恩赐,以限剃度之冗。从之。鬻度牒
始此,自嘉祐至治平总十三年给七万八千余道,熙宁初至八年九月给八万九
千余道。"④随着宋代财政赤字不断恶化,宋代度牒的价格也急剧下跌。南
宋时期王栐在《燕翼诒谋录》一书中记载了这样的史实:"僧道度牒每岁试
补刊印板,用纸摹印。新法既行,献议者立价出卖,每牒一纸为价百三十千。
然犹岁立为定额不得过数。熙宁元年七月始出卖于民间,初岁不过三四千
人,至元丰六年限以万数,而夔州转运司增价至三百千,以次减为百九十千。
建中靖国元年增至二百二十千,大观四年岁卖三万余纸,新旧积压民间折价
至九十千。朝廷病其滥,住卖三年,仍追在京民间者毁抹。诸路民间闻之,
一时争折价急售,至二十千一纸,而富家停榻渐增至百余贯。有司以闻,遂
诏'已降度牒量增价直,别给公据,以俟书填'。六年,又诏:'改用绫纸,依
将仕郎校尉例。'宣和七年,以天下僧道踰百万数,遂诏住给五年。继更兵
火,废格不行。南渡以后再立新法,度牒自六十千增至百千。淳熙初增至三
百千,又增为五百千,又增为七百千。然朝廷谨重爱惜,不轻出卖,往往持钱
入行都,多方经营而后得之,后又著为停榻之令,许客人增百千兴贩,又增作
八百千,近岁给降转多,州郡至减价以求售也。"⑤

　　从王栐的记载中,对于宋代的度牒我们可以得到以下基本信息,其一,
度牒的发行价格日趋下行。从宋初的为价百三十千,建中靖国元年增至二
百二十千,后争折价急售至二十千一纸;其二,度牒的发行数量不断增加。
从宋初每年不过三四千,到一万,再到大观四年岁卖三万余。

二、宋代伪造度牒的案例分析

　　随着度牒的频繁买卖,伪造度牒的行为也屡禁不止。宋代伪造度牒动

---

①　[清] 徐松:《宋会要辑稿》,第 8842 页。

②　[清] 徐松:《宋会要辑稿》,第 207 页。

③　史旺成:《宋代经济财政中的"度牒"》,《北京师院学报》(社会科学版)1984,第 21 页。

④　[宋] 陈均:《九朝编年备要》,影印文渊阁四库全书本,台北:商务印书馆,1983,第 455 页。

⑤　[宋] 王栐:《燕翼诒谋录》,北京:中华书局,1981,第 50 页。

机各异,形式多样。如北宋时期"剑州民李孝忠集众二百余人,私造符牒,度人为僧。或以谋逆告,狱具。公不畀法吏,以意决之,处孝忠以私造度牒,余皆得不死。喧传京师,谓公脱逆党。朝廷取具狱阅之,卒无以易也"。武安节度推官赵抃判李孝忠私造度牒罪。① 从史料来看,剑州人李孝忠伪造度牒二百道,私度僧人,有官员认为李孝忠伪造度牒应该按照谋逆罪进行定罪,但是赵抃从轻判罚了李孝忠。

又有不法之徒将伪造的度牒进行售卖。如史料所记载:"(淳熙)六年十月二十八日,知温州胡与可获到刘端等伪造度〔牒〕九道,乞赐施行。上曰:'可令胡与可速疾根勘,具案闻奏。令江浙、福建路州军多出文榜晓谕,如僧道有收买到刘端等伪造度牒,自指挥到,限两月经所在官司陈首,与免科罪仍令户部、礼部照应绍兴十二年获杨真度牒体例贴钱换给。如出限不首,许人告,依条断罪,缴到度牒令礼部长贰焚毁。'"② 所引史料是宋代温州胡与可缴获刘端等伪造的度牒,朝廷严厉追查,出榜告示,僧道有收买到刘端等伪造度牒,自指挥到限两月,经所在官司陈首,可以免于追究处罚。

在度牒的伪造中,甚至还有官员的参与,有些官员利用度牒管理存在的漏洞,涂改亡故僧道度牒售卖以谋利。如何更好地使得收缴制度得以执行,朝廷提出一方面要严厉进行惩处,另一方面要奖励各种告发伪造度牒的行为。如"(绍兴二十七年)十二月十五日,礼部侍郎贺允中言:'近来僧道身死、还俗、避罪逃亡,寺观主首并州军过限并不缴申度牒,及州县人吏卖亡僧度牒,与僧行洗改、重行书填。欲遍下州县遵依现行条限缴申。若州县、寺观主首有违条限,依法断罪,主首仍还俗。许诸色人陈告,比依告获私自披剃或私度人为僧道条格支(偿)〔赏〕。如人吏将亡僧度牒私自披剃,及私度人若伪冒者,告赏依前项格法倍之。其童行告获,已有指挥许给度牒披剃外,缘改易书填唯是一般僧道深知弊幸,如能告获,欲支赏钱一百贯。兼僧道供帐及判凭行游及每年纳免丁钱,并令赍执度牒赴所属州验,如当职官能用心验获者,欲依验获伪印法推赏。仍令逐路转运司每岁取索帐状,照递年人数点磨身死及还俗、避罪逃亡之人。有不申缴,即根究依法施行。'从之"。③ 之后政策不断加强,"绍熙三年闰二月三日,中书门下省言:'亡僧道度牒近年申缴数少,显有弊幸。'诏礼部镂板遍牒诸路州军守臣、通签判,将

---

① 〔元〕脱脱:《宋史》,第10324页。
② 〔清〕徐松:《宋会要辑稿》,第3389页。
③ 〔清〕徐松:《宋会要辑稿》,第9992页。

事故僧道度牒常切括责拘收,逐旋据数申缴,毋容隐匿洗改作弊。如州军奉行(减)[灭]裂,致有前项弊幸,即提刑司觉察,具名以闻"。① 所引内容反映了南宋光宗绍熙年间对于死亡僧道度牒收缴不力的情况。为了革除此弊,中书门下省提出镂板公告诸路、州、军守臣、通签判将死亡僧道度牒进行拘收,据数申缴,毋容隐匿洗改之弊。此为光宗时期收缴死亡僧道度牒的加强办法,虽然在绍熙三年闰二月三日朝廷令礼部昭告天下收缴度牒,之前执行的力度显然不够,为此再次强调收缴力度。

三、宋代伪造度牒的防治

宋代度牒伪造问题是多方因素造成的。对此问题,宋代一些官员已经深刻地认识其产生的社会根源并提出了一些措施,如宋徽宗时期,宣义郎、权发遣福建路转运判官公事柯旸针对度牒伪造所上的奏札深刻地揭示了此问题:

"盖民间元买止于五六十贯,官中轻用,所得亦不过此。今官中毁板住给,遂使民间所收贱价,祠部得以倍增其直。又况所有者皆兼并豪右之家,方且待价,必厌其所欲然后售。若不于书填日令补纳官钱一百贯,则是官司元给过民间祠部每道亏一百余贯。诸路州军尚存度牒在民间者不知其几万,在官司者不知其几万。民间度牒当令州县拘收呈验,籍定数目,并从州别给公据,以俟书填日照对钩销,杜绝奸弊。今价既高,尤资伪冒,安能尽获,可不虑乎? 官司度牒亦随处籍见其数,不得减价别给公据,于书填日免纳官钱,庶几民间有以准平,公私咸若,利害灼然。……以天下之广,其所不获者未易以数量也,盖为无关防。臣愚以谓将来印行祠部,欲乞朝廷相度,于后苑作织造异样绫帛在民间所无者印造,量其价以补其费,兼加以字号,如举人试卷然。令州军如遇书填,并腾录字号一本,月终类聚,申部照对钩销。如有伪冒,即行根究,庶几久远,可以杜绝伪造之弊。"

因此尚书省提出解决办法:"伪造度牒除造官印外,伪度牒自合依伪印罪赏条法。至于降样造纸,监视印给,各有关防。其伪造度牒印板、印伪度牒及书填官司不检察者,理当专立严禁令。拟修下条:诸伪造度牒印板徒二年,已印者加一等,谓印成牒身而无印者,并许人告。诸伪造度牒而书填官司不检察者徒一年。右入政和诈伪敕。告获伪造度牒印板赏钱一百贯,印成牒身而无印者加五十贯。(石)[右]入政和赏格。"②

---

①　[清]徐松:《宋会要辑稿》,第 3391 页。
②　[清]徐松:《宋会要辑稿》,第 3383 页。

　　从柯昉所上奏札来看,他全面分析了宋代伪造度牒产生的原因,概括来说主要有以下方面:第一,对度牒的管理存在许多疏漏引发了民间伪造度牒,对此柯昉强调官府要加强对度牒的管理尤其是要"籍定数目,并从州别给公据,以俟书填日,照对钩销,杜绝奸弊"。第二,度牒的关防不严。柯昉强调从降样造纸,监视印给等环节加强度牒的防伪。第三,惩处不严。需要修改宋代伪造度牒惩处的相关法律条款,鼓励告赏之法。

　　综合宋代有关史料,宋代度牒防治的举措主要有以下方面:

　　1. 在制作方面以千字文编号进行防伪

　　宋代度牒在制作上严格要求,每道度牒上有字号,以防伪造。"自来(牒)[度]牒以《千字文》为号。其间字号有犯俗间避忌者,交易之际例多退嫌,至或减损价直,今欲豁除字号共一百字。"①这则史料反映了两个基本问题:其一,宋代度牒按照《千字文》来进行编号。其二,度牒中字号涉及民间私讳和忌讳,则会影响度牒售卖的价格,因此宋代有官员请求在"千字文"中不使用"荒、吊、罪"等字号。

　　2. 从制作材料和工艺角度进行防伪

　　宋代为了防止度牒的伪造,也从度牒制成材料上入手强调材料的特殊性。"(建炎三年)八月十三日,诏户部侍郎叶份提领新法度牒,就用见今提〔举〕茶盐印行使。先是,尹东等言伪造度牒之弊,尚书省措(署)[置]:'一、伪造度牒之人雕成一板,则摹印无穷,兼染成黄纸,便可印造。今欲改用绫纸,背造仿官告,如法书写,本部官系衔书押空。留合书填去处,令礼部限一日立式申尚书省。一、乞令礼部依仿茶盐钞法,如遇给降诸州军度牒等,并用簿题写手本料例字号于绫纸后,别用朱印合同,降付逐路转运,同委本司官吏主行。一、应民间空头未书填旧度牒、紫衣、师号,并限今来指挥到日官吏更不得书填,许赴礼部纳换,每道量纳绫纸工费钱度牒一十贯,紫衣、师号五贯。一、检会茶盐法伪造文引者当行处斩,许人捕,赏钱三百贯文。今来依新法给降度牒、紫衣、师号,理当严立法禁。如有诈伪,欲乞依伪造茶盐引法施行。一、契勘今来改用新法度牒等事干财计,欲委侍从官一员专一提领。'并从之。"②从所引史料来看,宋代为了防止度牒伪造,在原材料上采用绫纸,背造仿官告,如法书写,本部官系衔书押空在制作工艺上防伪;在颁降过中,要求将度牒的字号写于在度牒上绫纸后,别用朱印合同,降付逐路转运,同委本司官吏主行印制"文思院制敕师号绫"等字样。

---

　　① ［清］徐松:《宋会要辑稿》,第3386页。

　　② ［清］徐松:《宋会要辑稿》,第3384页。

为了进一步防伪,宋代要求度牒在制作工艺上织造栀子花十二朵,并且在纸面上织造"文思院制敕师号绫"八字,如史料记载:"诏:'礼部改(道)[造]紫衣、师号式样,紫衣并二字、四字师号绫纸面上改织造(桅)[栀]子花各十二朵。内紫衣绫纸面上织造"文思院制敕紫衣绫"八字,其二字、四字师号绫纸面上织造"文思院制敕师号绫"八字,仍织字在绫上。应官司支使不尽见行桩管师号并将来缴到,日下委长贰监视焚毁。'先是,四川制置使范成大言:'蜀中一度牒卖钱引七百一十道,一紫衣止卖钱引六七十道,少者三十四道。小人贪十倍之利,又不费织作,止是揩改数字,以冒法为之。当令省部措置,止将上件四川逐司见在绫纸(放)[于]纸背批凿给散年月及用印记,并置合同号簿勘同等以为关防。'既而成大(人)[入]为礼部尚书,复申前请,故有是命。"①所引史料是淳熙间四川制置使范成大针对四川售卖度牒的情况而提出的在制作工艺上加以改进的建议,这一建议得到的朝廷的采纳。

3. 加强对伪造度牒的惩戒并进行告赏

针对度牒频繁出现的伪造问题,宋代加强了处罚的力度,伪造度牒参照矫制的法律来进行定罪量刑,"伪造[度]牒、紫衣、师号,从未有专一法禁,(令)[今]后有犯,并依诈伪制书科罪,流罪配五百里,徒罪配邻州"。② 从上所引内容看,伪造度牒的处罚可以参照诈伪制书科罚。"嘉定二年五月八日,臣僚言:'度牒绫造于文思院,用尚书省及祠部、左右司印。今奸民一切假伪为之,于此而不痛加惩绝,则纵弛陵夷,何以为国? 其有伪造之人,坐以重辟。官吏士庶能捕获全火者,白身则与补官,选人则与改秩,京官则比附酬赏。凡所经由官吏、僧道,能审验举觉得实者,亦重立赏格。其有经由,容隐不觉,而发于他处者,亦当根究,重置之罚。仍令礼部与敕令所参定条法,行下诸路州郡,书之粉壁,明以示人。'从之。"③所引史料反映了对伪造度牒进行严厉惩处的同时,还积极鼓励官吏查处伪造度牒的行为,设立赏格,奖赏的条件也相当诱人,白身之人可以补官,选人可以改秩,京官可以比附酬赏,且将奖励的条件书写在粉壁进行公告。类似的奖励之法,在史料中还有许多,如"诏:'新法度牒号簿付逐路提刑、转运司,逐处公吏敢有邀阻取受,许人告,从徒二年科罪。若官吏辨验到伪造度牒等,每一火各转一官资。'从叶份请也。"宋代对官员在查处伪造度牒的行为给予奖励,缩减磨勘时限,"(绍兴)四年八月十二日,诏:'今后应官吏能用心首先辨验伪造新法度牒、紫衣、师号,不获犯人,比获犯人例每合转一官资,只与减半年磨勘,用为酬

---

① [清] 徐松:《宋会要辑稿》,第 3389 页。
② [清] 徐松:《宋会要辑稿》,第 3384 页。
③ [清] 徐松:《宋会要辑稿》,第 8271 页。

赏。如人吏不愿减年,每减半年支赏钱三十贯文,仍以收到书填度牒等縻费钱用支给。'从礼部请也。"①对于伪造的度牒,官司如果知情,在填写中仍然接受,则要严厉处罚涉事官员。"诏:'伪造度牒、紫衣、师号,其知情、货卖、牙引及资给之家并勘验,书填官司知而取受者,并罪加一等。若勘验卤莽,致有透漏,减三等,赃重者自从重。其知情、货卖、牙引及资给之家如能告首,即与免罪赏外,仍依今来指挥给赏。'"②对于伪造的度牒,如果官司知其伪而书填,则要罪加一等。

第四节　伪 造 簿 籍

簿籍是传统信息传播环境下国家日常管理的重要工具和载体,两宋时期从中央到地方都非常重视簿籍,在簿籍的制作、使用、管理方面形成了许多制度。诚如学者所言:"中国古代籍帐制度源远流长,是历代王朝赖以存在和发展的基本制度之一。在经历安史之乱的重创后,唐代租庸调制迅速瓦解,中国古代的籍帐制度发生重要变化。随着以土地财产税为中心的两税法的实施'以丁中男为对象的,均一的租调役来征税的理念下的计帐,完全转变为异质而复杂化的帐簿体制',从而开启了唐后期至宋新的籍帐制度。"③宋代对于簿籍的重视,从宋太祖就已经开始,如史料所记载:"太祖建隆四年十月,诏曰:'萧何入关,先收图籍,沈约为吏,手写簿书。此官人所以周知其众寡也。如闻向来州县催科,都无帐历。自今诸州委本州判官、录事参军点检逐县,如官元无版籍,及百姓无户帖户抄处,便仰置造,即不得烦扰人户。令、佐得替日交割批历,参选日铨曹点检。'"④这是宋太祖针对宋初版籍散失,毁坏等情况而发出的诏令,要求重新建立户籍。随后,宋太宗也加强了有关版籍的管理,"太宗至道元年六月,诏:'天下新旧逃户检覆、招携及归业承佃户税物文帐,宜令三司自今后画时点检,定夺合收、合开、合阁税数闻奏。若覆检卤莽,当行勘逐。仍令三司将覆检文帐上历管系,于判使厅置库架阁,准备取索照证。如有散失,其本部使副、判官必重行朝典,干系人吏决停。'"⑤从此,有宋各朝都加强了簿籍的建设,为宋代社会

---

① [清]徐松:《宋会要辑稿》,第 3387 页。
② [清]徐松:《宋会要辑稿》,第 3385 页。
③ 戴建国:《宋代籍帐制度探析——以户口统计为中心》,《历史研究》,2007(3),第 33 页。
④ [清]徐松:《宋会要辑稿》,第 6215 页。
⑤ [清]徐松:《宋会要辑稿》,第 6216 页。

发展提供了保障。宋代簿籍种类繁多,名称各异,其中的户簿、税租簿、会计簿是重点。

一、宋代簿籍的常见种类

1. 户籍　户籍是国家进行统治、征收赋税和摊派差役的重要依据。户籍根据用途的不同可细分为:五等丁产簿、丁帐、形式版籍、税租账簿等。"五等丁产簿制度从宋政权建立初年起,就作为主户的户籍制度而存在。丁籍是地方州县催科征税依据的簿书,亦是宋代客户的归属户籍;丁帐则是指依据丁籍制成的报呈丁口统计文书。"①

2. 税租簿　赋税是国家收入的重要来源,赋税征收的税租簿历来受到官方的重视,如南宋时期的真德秀认为:"盖簿书乃财赋之根底,财赋之出于簿书,犹禾稼之出于田亩也。故县令于簿书,当如举子之治本经。"②可见税租簿的重要性。税租簿"其账面上会逐一记载纳税人户籍所在、姓名、纳两税的数量和名目,以及折变之数、本色之数和干耗,户口数、新增的杂课、畸零等的具体数量"。③ 基于此,宋代对于税租簿的管理非常严格,如"(至道元年)六月己卯,诏重造州县二税版籍,颁其式于天下。凡一县所管几户夏秋二税、苗亩桑功正税及缘科物,用大纸作长卷,排行实写,为帐一本,送州覆校定,以州印印缝,于长吏厅侧置库,作版柜藏贮封锁。自今每岁二税将起纳前,并令本县先如式造帐一本送州,本县纳税版簿,亦以州印印缝,给付令佐"。④《庆元条法事类》中对于税租簿的管理也有明确要求:"诸制书及重害文书州实行丁产等第税租簿副本、县造簿案检同。若祥瑞、解官、婚田、市估、狱案之类,长留仍置籍立号,别库架阁,以时晒暴。即因检简移到者,别为一籍。号止因旧。"⑤"诸税租簿,每三年别录实,副本,保明送州,覆毕印缝,本州架阁。即有割移,别取状连粘季申,与实行簿同收。"⑥从所引史料可以看到宋代对于簿籍的管理要求非常严格,要求簿籍集中进行管理,在制作上要求一式多份,这些做法对于保障簿籍的真实可靠具有积极的作用。

3. 会计账簿　会计账簿是在经济活动中形成的簿籍,具体来讲主要有收支历、簿、账等。宋代的经济活动中凡是物品的支取,财务的收入,经费的申领

---

① 戴建国:《宋代籍帐制度探析——以户口统计为中心》,第33页。
② [宋] 佚名:《名公书判清明集》,第62页。
③ 杨帆:《宋代县级财政账簿初探》,《宋史研究论丛》,2015,第90页。
④ [宋] 李焘:《续资治通鉴长编》,第817页。
⑤ [宋] 谢深甫:《庆元条法事类》,第357页。
⑥ [宋] 谢深甫:《庆元条法事类》,第359页。

都要制作会计账簿。宋代会计账簿种类之多,如《宋会要》中所记载"旧管入库簿四,月纳簿三,退簿、赁簿八,欠钱簿四,纳钱历二,场子历三十四,亲事官历五十六,卯历二,宿历一,新创润官簿二,接续簿二,减价簿二,空闲年月簿二,辍借物簿二,承受宣省簿二,出入物料簿四,欠官物簿二,架阁文书簿二,新旧界倒塌屋簿三,承受公牒检计簿二,寄库历二,承受检计历十,发放历二,印历二,承受生事簿十,监修军将转押修屋历六,功课历六,居占舍屋簿二面"。① 从这条史料记载来看,会计簿籍的种类竟达三十多种。会计账簿在宋代史料的记载中也非常常见,如"(绍兴)五年五月八日,诸路军事都督行府言:'诸路收支、见在钱物,今后分上下半年,县具数申州,州类聚,同本州之数申漕司。如系常平、茶盐司并提刑司钱物,即依此申所隶置籍。本司总一路之数,作旁通册开具闻奏,付之户部,考察登亏。仍诏守、倅今后岁终及替罢,并开具管下诸县一并一州收支、见在数目,申尚书省。其初到任,即具截日见在申户部,户部亦行置。'"②这是宋代地方对于收支、钱物管理中要求制作会计账簿的记载,其中明确会计账簿的制作分为两个时间段,而且其中还详细规定簿籍形成的基本程序,县申州,州申漕司,司作旁通册付户部。又如史料所记载:"讲议司言:'勘会收支官物,州县官司则凭簿历,朝廷、省部、监司则凭帐状,而帐内官物与簿历不同,簿历内又与仓库见在不同,至有帐尾见在钱物一二十万,而历与库内全无见在。攒造驱磨申奏,徒为无用之空文。除诸司封桩钱物已降指挥委常平司官取索驱磨外,其非封桩钱物,欲令所属监司委诸州通判遍诣本州及管下仓、场、库、务,将帐检及逐处赤历文簿,取见在官物实数,于勾院置簿拘籍。'从之。"③上述史料反映了宋代州县官物支取中的一些具体问题:第一,宋代官物管理要严格遵守书面程序,州县以簿历为依据,朝廷省部以账状为依据;第二,会计账簿由不同机构形成,因此出现了帐内官物与簿历不同,簿历内记载与仓库见在不同,账簿中有数目,而仓库无实物等情况。又如史料所提及:"杂卖场专典,半年一历。所有合造帐籍,半年一易。合用行遣纸扎,每月降帖左藏东库支给。"④该史料则要求杂卖场典卖物品,以半年为期限制定簿历,所有簿历半年更换。

　　从上述所引史料来看,在宋代经济活动、社会生活中各种类型的簿历发挥着重要作用,由于簿历的重要作用,因此加强此类文书的管理,防止伪造成为了制度建设中的重要内容。

---

① 〔清〕徐松:《宋会要辑稿》,第 7256 页。
② 〔清〕徐松:《宋会要辑稿》,第 6219 页。
③ 〔清〕徐松:《宋会要辑稿》,第 7240 页。
④ 〔清〕徐松:《宋会要辑稿》,第 7247 页。

二、宋代伪造簿籍的史实分析

由于簿历的重要作用,宋代伪造簿历的现象常见于史书的记载。南宋时期的岳珂在《桯史》中记载了一则吏部胥吏更改官秩记录的案例:

先君之客耿道夫(端仁)为余言,其姻张氏,不欲名,淳熙间,尉广之增城。有黠盗刘花五者,聚党剽掠,官司名捕,累载弗获。一日,有告在邻邑之境民家者,民素豪,枳关环溪,畜犬狞警,吏莫敢闯其藩。张欲躬捕,弓级陈某者奋而前曰:"是危道,不烦亲行,我得三十人饶取之。"使之往,信宿而得。鞠其橐侣,凡十余辈,散迹所往,咸絷而来。赃证具,以告之县,于法应赏矣。先是张以它事忤令,盗之至,令讯爱书,以实言府,张以非马前捕不应。令将论报,张乃知之,祈之椽史,咸曰:"案已具府,视县辞而已,事且奏,不容增。"府尹适知已,又祈之,亦弗得,自分绝望。又一年,秩满买舟如京,过韶,因谒宪台。坐谒次,有它客纵谭一尉事,适相类,漫告之。客曰:"是不可为,然于法情理凶虐,尝悬购者,虽非躬获,亦当免试,或循资,盍试请一公移,傥可用。"张方虑关升荐削不及格,闻之大喜,遂白之宪。宪命以成案录为据付之。至临安,果以初筮无举员,当入残零,张良窘。偶思有此据,以示部胥,胥视之色动曰:"丐我一昔,得与同曹议。"居二日,来邀张至酒家剧饮,中席谓之曰:"君欲改秩乎!"张错愕不敢谓然。胥曰:"我不与君剧,君能信我,事且立办。"诘所以,笑不答,遂去。明日,复至其邸。张疑未泮,出谋之道夫,道夫曰:"胥好眩诩,志于得钱,然亦有能了事者。不可信,亦不可却,盍为质而要其成。"张归,胥又来,则曰:"君不深信我,我请毋持钱去,事成乃见归。"许诺,索缗二千,酬酢竟日,以千缗成约。张贷其半千道夫,同缄识于霸东周氏,两月不复来,顾以为妄,相与深咎轻信,徒取愒日。忽夜三鼓有扣门者,乃胥焉,喜见眉睫,曰:"幸不辱命。"文书衔袖,取观之,则名登于进卷矣。张大骇,旦,质之左铨,良是,三代爵里皆无讹。又扣之省闼,亦然,以为自天而下,然终莫测其繇也。欣然畀谢贽,又厚以馈而问其故,胥不肯泄曰:"君第汔事,何庸知我。"既而班见如彝,得宰福之永福去,亦自不言。惟道夫知之。先君为侍左郎,道夫在馆,因密访其事。盖胥初得宪司据,见所书功阀,皆曰:"增城县尉司弓级陈某,获若干盗。"因不以告人,夜致之家,于每司字增其左画曰同,则如格矣,笔势浓纤无少异,同列不之觉。征案故府胥,亦随而增之,但时矫它曹夤缘之命促其行,委曲遮护,徒以欲速告,迄不下元处而赏遂行。刻木辈舞文,顾赇谢乃其常,盖未有若此者。以此知四选蠹积,盖不可胜算,司衡综者,可不谨哉!①

此案例对于胥吏伪造簿历的手法有详细的记载,看完之后让人不禁感叹宋代胥吏舞弊之大胆、手法之隐蔽。

有关簿历伪造的案例,在《宋会要》一书中也有多处,如:"京西路劝农使言: 点检夏秋税簿,多头尾不全,亦无典押、书手姓名,甚有揩改去处,深虑欺隐,失陷税赋。"②此条史料是宋代京西路劝农使者针对夏秋税征收过程中胥吏舞弊、伪造的情况所上的奏札。胥吏伪造簿历的问题,还有更多史料的支撑,如"(政和)八年二月十七日,臣僚言:'州县夏、秋二税文簿,不依条置柜封锁,当官誊造销凿,遇改造簿书及割移推受税物,胥吏走移减落,暗失额管税数。纳毕税钞,往往夹带见欠一例销凿,至有揩改钞旁数目,纳少销多,其弊百出。乞立驱磨税簿之法。'诏令诸路转运司讲究措画,诸司互察,户、刑部立法"。③ 所引史料反映了在夏秋税征收中,对于税租簿不依照规定封锁保管,当职官不及时誊造销凿,遇到改造簿书及割移税物,胥吏随意减落,暗中减少额定税数。针对这些伪造的情形,臣僚请求设立驱磨税簿的相关法律,以杜绝此类问题发生。在这种社会背景下,许多伪造簿历的官吏得到了严厉的惩处,如"(绍熙元年)三月二十一日,诏吏部郎中陈扬善放罢。以监察御史林湜言其任秀州日,为别历拘收倍税牙契钱,及本路宪司委官审实,乃与州吏匿所置别历,却以他历揩改色目,旋成抄转,减落缗钱凡十余万也"。④ 吏部郎中陈扬善为了掩盖用其他簿历登记收取牙税钱问题,与州人吏揩改色目,最终为监察御史林湜所发现吏部郎中陈扬善被罢官。"诏贺州通判张适、临江军通判李鼎之并放罢,内张适永不得与亲民差遣。以臣僚言适擅卖官盐及揩改封桩库文历,侵盗官钱入己;鼎之信任吏辈,交通关节,专肆诛求故也。"⑤贺州通判张适也因为揩改封桩库文历,贪污官钱而被放罢。

三、宋代防治簿历伪造的对策

1. 通过立法严厉惩治

通过立法严厉惩戒伪造簿历是宋代防治此类违法问题的重要举措之

① [宋]岳珂:《桯史》,北京: 中华书局,1981,第52—53页。
② [清]徐松:《宋会要辑稿》,第8056页。
③ [清]徐松:《宋会要辑稿》,第6182页。
④ [清]徐松:《宋会要辑稿》,第4999页。
⑤ [清]徐松:《宋会要辑稿》,第5010页。

一,如"权知郴州黄武言人户典卖推税,诏令户部立法。户部今修下条:'诸典卖田宅,应推收税租,乡书手于人户契书户帖及税租簿内,并亲书推收税租数目并乡书手姓名,税租簿以朱书,令佐书押。又诸典卖田宅,应推收税租,乡书手不于人户契书户帖及税租簿内亲书推收税租数目、姓名、书押令佐者,杖一百,许人告。又,诸色人告获典卖田宅,应推收税租,乡书手不于人户契书户帖及税租簿内亲书推收税租数目、姓名、书押令佐者,赏钱一十贯。'从之。"此诏令严格规范了簿历的书写问题,乡书手要亲手将税收数目书入税租簿内,且书写时用红色字迹,令佐书押,如果乡书手不按照规定来书写税租簿,则要判处杖一百的刑罚,另外为了维护簿历的真实性,宋代还特别规定税租簿不得随便更改时间,违者受到严厉处罚,"中书省言:'谓纳役钱人户谓,并自来年夏料输官,所有绍圣元年下半年并与放免。曾经差役之家,更不限有无空闲年月,其合纳役钱,亦自来年夏料为始。诸县五等簿书,不得旋行改造年限。应造者自依编施行,逐旋正。应今指挥到日以前,如已用前,有雇募到役人,已替放乡差人归农,即用坊场等钱借支应副。如难以籍定姓名,未曾替放,且令乡差人仍旧在役。候年满,逐旋替放。至来年五月一日,并一例替。'"所引史料中明确提及诸县不得更改簿历中的年月,否则将要面临刑事处罚。

《庆元条法事类》中对于胥吏伪造文书也有明确的处罚规定,"诸书手于税租簿帐为欺弊,及吏人磨勘、覆磨隐漏亏失勒停者,永不收叙"。[①] 此规定是针对胥吏而论的,胥吏中的书手在记录税租账簿的时候,不得作弊,胥吏中的吏人在磨勘、覆勘中有隐、漏、亏失情况的,勒令停职,永不叙用,这种处罚非常严厉。

2. 簿历的书写及制作份数的规定

为了防止簿历的伪造,宋代法律还规定涉及物品数目,在书写的时候用大写。如《庆元条法事类》中所记载:"诸上书及官文书皆为真字,仍不得轻细书写。凡官文书有数者,借用大字。谓一作壹之类。"[②]"诏:'州县租税簿籍,令转运司降样行下,并真谨书写。如细小草书,从杖一百科罪勒停,永不得收叙。其簿限一日改正。当职官吏失点检,杖八十。如有欺弊,自依本法施行。'从转运使李椿年之请也。"[③]所引史料提及州县税祖簿,要书写端正,不得用细小草书,违背此条规定的将要被处以杖一百。又如"提举宝箓宫兼

---

① ［宋］谢深甫:《庆元条法事类》,第 653 页。
② ［宋］谢深甫:《庆元条法事类》,第 344 页。
③ ［清］徐松:《宋会要辑稿》,第 6220 页。

详定一司敕令王诏奏:'内外官司应今后行遣文字,并用真楷,不得草书。至于州县请纳钞旁,亦依此例。乞令尚书省立法。'诏诸官文书辄草书者杖八十。"①此条诏令则明确规定官文书草书者,杖八十。上述所引史料都将文书书写规范与处罚结合起来,对于防止簿历的伪造有积极的作用。

为了有效遏制簿历的伪造问题,宋代还推行簿历一式多份的制度。从宋代史料记载来看,簿历一式多份的情况主要有一式三份、一式两份等。如宋代土地管理中的砧基簿,在制作中也要求形成三份"每县逐乡砧基簿各要三本:一本在县,一本纳州,一本纳转运司。如有损失,并仰于当日赴所属抄录。应州县及转运司官到任,先次点检砧基簿,于批书到任内作一项批云:交得砧基簿计若干面,并无损失。如遇罢任,批书,砧基簿若干面,交与某官。取交领有无损失,送户部行下本官措置施行。'"②对于州县官员缺额的情况,宋代要求制作簿历三本,分别向尚书省、吏部、御史台三个机构来申明,防止出现奸伪,三个机构所保存的簿历互相验证。"(建炎)二年二月二十四日,臣僚言:'近年以来,州县多阙官,有三五年不曾差人者,有一阙而两人争赴者。吏部文籍之弊,至此甚矣。往年吏部尚书卢法原尝奏请令天下州府各具阙次三本:一申尚书省,一申吏部,一申御史台。然不立赏罚,故终亦侮玩。乞应诸州府候朝廷文字到,三日内申发。或供具不实,或数内隐落,许诸色人于本路转运司告首,支赏钱一百贯,其当职官即重行窜责。转运司受到本路州府申状,类聚申尚书省、御史台及吏部。'从之。"③

吏部所形成的官员考核方面的簿历,也要求制作三本,一本留在地方,一本保存于路转运司,一本保存在吏部。"(绍兴三年)三月七日,臣僚言:'吏部四选案籍散失,品官到部无考验。窃见朝廷遣使宣谕诸道,乞令宣谕官立式,下所属州县取管下见任、待阙、宫观、丁忧、停替、责降、安置、编管等官员,除曾任侍从、观察使以上官外,每员各具夹细脚色家状一本,五人为一保,结除名之罪,州委官收纳,编类成册,知通考验,诣实保明。左选京朝官以上为一籍,选人为一籍;右选大使臣以上为一籍,小使臣为一籍。籍为三本:一留本州照用,一留逐路转运,以备取索,一候使人回日送吏部。其在军下,令本将依此供具,依此注籍,一留军中,一纳枢密院,一送吏部。三省官司有官及入品吏人,令御史台取责编类,一留所属,一留本台,一纳吏部。"④从所引史料来看,对于吏部四选案籍,根据要求需制作三本,分别保

① [清]徐松:《宋会要辑稿》,第8318页。
② [清]徐松:《宋会要辑稿》,第6106—6107页。
③ [清]徐松:《宋会要辑稿》,第3236页。
④ [清]徐松:《宋会要辑稿》,第3240页。

存在不同机构使用。

此外,在宋代文书工作中,还存在簿历制作两本,保管在两个机构的情形,如在灾害救助中核实灾民的情况,常制作检灾簿历两套,一套交给检查人员,一套送地方官府。"真宗天禧二年十月,诏:'自今差官检勘逃户并灾伤民田,令三司写造奏帐式二本,一付检校田官,一送诸道州、府、军、监'。"①又"臣寮上言:'税赋自五季以来,有因逃亡倚阁,业尽税存者;有典吏笔误年深,至以簿头虚有管额者;有他处送纳,误发文钞于别县,未能画时尽数勾销者;有乡司揽纳之人恃此作过,不为送纳,却将甲村姓名同钞销在乙村者。愿诏诸道州、县催税纳毕之外,更与限两月销簿,直候诸处发到文钞,勾销了毕。簿内纵有欠户,即令佐躬亲监勒乡司抄录,严责罪状二本,一本并簿申送本州对磨,一本在县根究催纳,以绝吏人虚勾人户及借户钞之弊。'从之"。

为了能够实时掌握犯人的相关刑罚信息,遇到赦免时能准确给予减免,宋代犯人管理中也要求制作犯由两本,一本递送在所配隶的州军,一本随犯人而走,如"(宣和)四年三月二十六日,臣僚上言:'窃见犯罪编配之人,有量移叙免之法,遇赦则原之,录犯由二本,一则附递至所配隶州军,一则随罪人前去,此著令也。盖有所犯之由则知元罪之重轻与岁月之久近,故赦至则看详奉行,无复淹滞。必二本者,防遗失也。乞申敕有司遵奉成法,仍加大字真书。遇有编〔配〕之人,本曹官吏须先录犯由点对讫,乃得书断讫到州军。无犯由、不全者,并申提刑司取会劾治。尚或违慢,例加显黜。'从之"。②

3. 鼓励告赏

告赏是以奖励的方式鼓励社会举报、揭发各种违法犯罪的一种手段,在宋代各种违法行为的预防中,官府也特别鼓励告赏之法。诚如学者所言:"宋朝是古代中国历史上文明发达的朝代,也是一个内外矛盾错综复杂的时期。为了把各种犯罪置于广泛的社会监督之下,政府广立告奸之法,不仅把告奸确定为吏民的法定义务,而且把告奸与奖赏结合起来,使告赏形成了一个严密的法网。"③

对于簿历的伪造问题,宋代也广泛提倡告赏之法,如"权知郴州黄武言人户典卖推税,诏令户部立法。户部今修下条:'诸典卖田宅应推收税租乡书手,于人户契书、户帖及税租簿内,并亲书推收税租数目并乡书手姓名。

① 〔清〕徐松:《宋会要辑稿》,第5938页。
② 〔清〕徐松:《宋会要辑稿》,第8109页。
③ 郭东旭:《宋代民间法律研究》,第174页。

税租簿以朱书,令、佐书押。又,诸典卖田宅应推收税租,乡书手不于人户契书、户帖及税租簿内亲书推收税租数目、姓名、书押令佐者,杖一百,许人告。又,诸色人告获典卖田宅应推收税租,乡书手不于人户契书、户帖及税租簿内亲书推收税租数目、姓名、书押令佐者,赏钱一十贯。'从之。"①所引史料明文规定对于典卖田宅收征收赋税,乡书手不按照规定在簿历内亲自书写书名、姓名等信息,鼓励当事人告发,并给予奖励。

4. 加强对簿历的核查和监督

监督的常态化是防治簿历伪造的有效方式,宋代针对簿历适用范围广,涉及人员多的情况,加强了对簿历的监督和检查工作。如史料所记载:"(政和)八年二月十七日,臣僚言:'州县夏、秋二税文簿不依条置柜封锁,当官誊造销凿,遇改造簿书及割移推受税物移,胥吏走移减落,暗失额管税数。纳毕税钞,往往夹带见欠一例销凿,至有楷改钞旁数目,纳少销多,其弊百出。乞立驱磨税簿之法。'"②所引史料是宋代针对夏、秋二税文簿管理中出现的种种不规范问题,有官员提出设立磨勘税簿的相关法律。

从宋代史料来看,在簿历的防伪中强化各机构的监督职能,一经发现责令整改,也是一条有效的措施。如"十七日,诏:'都进奏院点检诸州府军监递到奏状,内有揩改脱错洗补不依体式处,送银台司,令本院准前诏施行。'"③都进奏院在检查奏状过程中,发现揩改脱错洗补的问题。"(天圣七年三月)二十一日,判鼓院吴遵路言:'进状人状内多有揩改添注文字,准先降敕命,并令回换,虑成住滞。今请揩改处系要害事节,即令退换,自余并用本院印讫进入。'从之。"④判鼓院吴遵路在实际工作中发现进状人所上表状多有揩改添注文字等现象,其中提到如果主管机构发现这种情况则要将表状退回。"(政和)八年九月四日,尚书省催驱吏、礼部取索点检到吏部侍郎右选忠训案、堂缺案等行遣违滞,并取会各有迁枉住滞、添改文案月日,显是避见取索点检,违(泪)[戾]条法,伏乞详酌,重赐施行。诏郎官降一官,当行人吏降一资。"⑤此条史料则反映了吏、礼部取索点检到吏部侍郎右选忠训案中发现其中存在添改文案月日等问题,请求朝廷采取措施。

5. 完善管理制度

簿历的伪造与簿书的管理制度存在疏漏也有密切关系,为预防此类现

---

① ［清］徐松:《宋会要辑稿》,第6220页。
② ［清］徐松:《宋会要辑稿》,第8114页。
③ ［清］徐松:《宋会要辑稿》,第2430页。
④ ［清］徐松:《宋会要辑稿》,第3084页。
⑤ ［清］徐松:《宋会要辑稿》,第5737页。

象发生,宋代也加强了簿历管理的制度建设,如强调事无巨细都要详细登记在案,不许有隐漏,"两浙转运副使先任本路运使应安道等申请,得旨,依《常平法》,于逐州不许差出官,内从本司选择强干官一员,专一管勾检察收支转运司钱物。仍从本司置收支并差出军人等借请及批支驿料口券簿共四扇,给付所差管勾官收掌,凡本司一钱一升一尺以上,并注于籍,每季一易。其旧簿限次季孟月,专差人赍赴本司投下。"①从所引用史料来看,为了加强簿历的管理,强调建造券簿四扇,交给官勾官进行保管,凡是涉及钱财物数量达到一钱、一升、一尺以上的都要记录在簿历上,每季一换,旧的簿历要进行上交,如果在簿历中出现收支不明,需朝臣奏劾,必将严厉处罚。

将各种簿书集中收归官府进行保管,"(淳熙)八年闰三月十七日,知江阴军王师古言:'经界版籍图帐,历时寖久,令宰不职,奸胥豪民恶其害己,阴坏其籍。间有稍存处,类不藏于公家,而散在私室,出入增损,率多诈伪。乞下诸路漕司,专委知县、主簿根刷经界元在图帐簿籍,拘收入官,整缉齐备,置厨封锁于厅事之右。其散失者,将逐年版簿参对,间有疑误,则证以官本砧基。官本有阙,则以民户所存者参定,一依经界格式置造簿籍。自今凡有分析及出产受产之家,以此为祖,实时逐项批凿,庶几欺弊可革。'从之"。②这是针对簿历管理中簿历大多藏于私人,随意增损的伪造现象而提出的防治措施,要求将所有簿历都收归官府,存于木柜并封锁,由官府统一进行保管。

从宋代防治簿籍伪造的制度来看,在制作环节上重要数字以大字书写,一式多份;在管理制度上加强监督和核查工作,重要档案由官方加以特别保管;在社会力量参与方面,广泛实行告赏制,发动多方力量参与防治活动中。这些做法对于今天文书档案违法问题的预防也能提供积极的借鉴。

---

① ［清］徐松:《宋会要辑稿》,第 7113 页。
② ［清］徐松:《宋会要辑稿》,第 8064 页。

第三章　宋代文书稽程

　　所谓文书稽程,是指文书滞留而违背时限的要求。《说文解字》:"稽,留止也。从禾从尤旨声,凡稽之属,皆从稽,古兮切。"①由于文书在信息沟通中的重要作用,宋代对于文书的制作、奏报、处理及传递都严格规定了时限,凡是违背时限都视为文书稽程。以下结合史料记载,对此问题进行一定分析。

第一节　文书制作、奏报及
处理中的稽程

一、文书制作中出现的稽程

　　宋代行政领域中所形成的文书,大多以手工的方式来制作。根据宋代文书发布的范围,宋代文书可以划分为:区域范围内发布的文书和全国范围内发布的文书。全国范围内发布的文书,宋人称之为"海行"文书,《朝野类要》记载:"海行,敕令格式,谓之海行。盖天下可行之义。"②宋代"海行"文书发行的数量较多,如史料所记载:"奉承诏旨翻阅旧章,于是以元丰敕令格式并元祐二年十二月终以前,海行续降条贯共六千八百七十六道。"③数量如此众多的文书,必然要耗费大量的人力和时间。为了满足文书制作的需要,宋代从事文书制作和抄写的人员数量相当惊人。如:"(天圣)二年十月,判刑部燕肃言:'每敕书德音,即本部差书吏三百人誊写,多是差错,致外州错认刑

---

① ［汉］许慎:《说文解字》,北京:中华书局,1963:第128页。
② ［宋］赵升:《朝野类要》,第81页。
③ ［宋］苏颂:《苏魏公文集》,第654页。

名,失行恩赏。'"①所引史料充分反映了宋代皇命文书制作中众多书吏抄写的史实,每次赦书德音下发时,刑部要派出大量人员来进行抄写,而且由于抄写人员众多,所抄写的文书容易出现差错,导致州县在执行中错认刑名。

为了进一步明确文书抄写人员的职责,宋代法律规定文书抄写人员需要在文书上标明姓名。"判刑部慎从吉言:'自今遇有赦文颁下,请差三司、馆阁、官告院吏笔札精熟者书写,每本著其姓名,集审刑详议、大理详断官校读,错误者罪之,仍请令中使监莅。'诏可。"②

上述分析充分说明了宋代文书制作依靠人力、明确文书制作人员的职责的相关史实。在明确了文书制作人员的基本职责后,宋代也制定了相应的文书制作时限标准,这一标准在《宋刑统》有明文记载:"【议曰】制书在令无有程限。成案皆云即日行下,称即日者谓百刻内也。写程通计符移关牒,满二百纸以下给二日程,过此以外每二百纸以下加一日程,所加多者总不得过五日。其赦书计纸虽多,不得过三日,军务急速皆当日并了成案及计纸程外仍停者是为稽缓。"③从《宋刑统》的律文来看,对于文书抄写的时限,以二百纸作为一个标准,二百纸以下的给予两日的抄写时间,每增加二百纸,则抄写时限也相应延长。

对于紧急事务和军事文书的制作时限,宋代还有特别要求,如史料所记载:"诏:'应颁朔布政诏书入急脚递,依赦降法。诸路监司、州县依此。应颁朔布政诏书付吏部,差人吏、工匠、纸札,限一日以事分下六曹,限一日下诸路监司,违者杖一百。应承受颁朔布政诏书,监司随事检举下诸州,州下诸县。牓谕讫,具已施行申州,州申所属监司以闻。共不得过十日,违者杖一百。若检举不以时,施行不如令,加二等,不以赦降原减。'"④该史料所反映了对于需要入急脚递的制诏文书,限一日交付给吏部各曹,限一日交付地方,可见其对时限要求的严苛。

虽然,宋代规定了文书制作的时限标准,但在文书制作层面,由于各种原因,文书无法达到标准而稽程的现象也频繁出现,如史料所记载:"钦宗靖康元年九月二十三日,尚书省言:'官员付身敕札系大程官承发,近多留滞,不依限发放。欲乞今后发出付身、告命,并当日具名件并发下月日及承受大程官报尚书省,都门下实时出牓,如有违滞,并许当行人吏并科杖六十罪。'从之。"⑤从

①　[清]徐松:《宋会要辑稿》,第3409页。
②　[宋]李焘:《续资治通鉴长编》,第1366页。
③　[宋]窦仪:《宋刑统》,第156页。
④　[清]徐松:《宋会要辑稿》,第1186页。
⑤　[清]徐松:《宋会要辑稿》,第3355页。

诏令的内容来看,对于官员付身稽程问题,尚书省提出对相关人员处以杖六十的处罚,史料所反映的时间大约为北宋末年南宋初期的情况,也充分反映了这一时期整个行政系统运转失灵,文书滞留问题的严重程度。

南宋时期,文书制作的时限要求也依然存在,《庆元条法事类》中记载:"诸受制敕应翻录行者,给书写程,急速限当日,满百纸一日,二百纸以上二日,每二百纸加一日,非急速各加一日,余文书各加制敕限一日。所加虽多,制敕不得过五日,余文书不得过十日。即军务急速不以纸数,皆限当日发出。"①从该律文看,有关文书制作的时限基本上与北宋时期保持一致,其中特别需要关注的是对于军务急速的文书,不管制作和抄写纸张的数量,都需要当日完成,可见对于军事领域文书的要求非常严格。

为了能及时对文书制作人员造成的违规行为进行惩处,宋代建立了文书稽程的登记制度,文书稽程的人员、稽程的次数需要登记在案,作为惩处的依据。如"诏:'中外申奏文字有不贴事宜、脱臣、漏印、字数差错,于文无害,但不如式者,一次违犯,特与免罪,委进奏院置簿记录。再犯即依元敕案问干系官吏。如自述身事及谢恩表状,止劾其人。'"②从上述史料来看,第一次造成稽程的可以免于追究,再次造成稽程则要对相关官吏进行案问。《续资治通鉴长编》相关史料的记载则将造成稽程要追责的次数放宽到了五次,"丁卯,诏:'六曹文书稽程,朝旨按劾,每五次,本房职级案后收坐,等第画罚。'"③

综上所述,我们可以看到宋代由于文书制作主要依靠人力完成,为了管理的需要,对于人力制作文书明确了时限,文书制作人如果违背时限,要记录在案,达到一定次数之后要进行处罚。

二、文书奏报中的稽程

从中国古代社会发展而来的,在行政事务的处理中"凡事必于书"规则,也就是行政事务的开展必须以书面形式进行的规则,在宋代也得到了继承。由于事务紧急程度的不同,文书奏报时限的要求也不同。从宋代相关文献的记载来看,对于贼寇作乱及灾害的报告在时限上较短,甚至要求即时上报。但是,在文书实践中,由于各种因素的影响,文书奏报稽程的问题也大量存在,如"诏知辰州林洪放罢。以臣僚言:'洪本州叙浦县管下猺贼入省地作过,不能措置,又不实时关报诸司,致其扰害,委为不职。'故有是命"。④

①　[宋]谢深甫:《庆元条法事类》,第334页。
②　[清]徐松:《宋会要辑稿》,第2431—2432页。
③　[宋]李焘:《续资治通鉴长编》,第8132页。
④　[清]徐松:《宋会要辑稿》,第5010页。

该史料反映的是知辰州林洪因为猺贼作乱,又不及时报告,严重稽程,被罢免官职。宋代史料记载了诸多在宋代灾害救助中也由于文书奏报不及时,当职官受到处罚的案例,"诏:'河北西路提举常平官不奏本路灾伤,特降两官冲替。令本路提刑司具合降官姓名申尚书省。今后不实时闻奏,重寘于法。仍令刑部遍下诸路州军并监司。'时臣寮上言:'河北自祁、赵州以南,至邢州、磁、相上下,夏雨频并。各有灾伤。'诏令本路监司具析。至是,提举常平官以闻,故有是命"。①

文书奏报稽程的问题还存在宋代人事管理领域,如史料所记载:"同日,吏部言:'依法有占射差遣之人,许占本部已差下(西)[两]政官未使员阙。续承弊事指挥,并不许指占未使员缺。缘在部选人员多缺少,其间待缺之人有丁忧、事故,往往所在州军不实时申闻,或进奏院同行(应)[隐]匿,不因占射恩例之人指画,本部无缘得知,必致虚闲阙次。今乞令选人有占射恩例,许依旧法,并已差下两政未使员缺,从本部会问到,备所占阙因依,榜示五日,在部人通知。如上名不就,方许差注占缺之人。仍委诸路监司按月行下所部去处,若有待缺人丁忧、事故,即时入递,依程限申都省及吏部。仍令进[奏]院画时分时注籍,以防隐匿之弊。'从之。"②所引史料反映了在人事占射差遣中,由于员多而缺少的实际情况,一些待阙之人有丁忧之事,州军往往不实时申报,导致吏部无从知晓,从而产生了虚闲阙次,吏部为了防治此问题,强调今后选人占射,依照旧法,并已差下两政未使员缺,从本部会问到备所占阙因依,张榜公示五日。若有待缺之人遇丁忧,则要及时申报吏部,以防类似的问题再次发生。

三、文书处理中的稽程

行政和司法效率的高低,往往表现在文书处理的时限上,在文书行政的古代社会,这一特点更加明显。宋代为了提高司法和行政的效率,对于公文处理的时限也进行了要求。宋太宗时期针对司法效率低下,从司法文书处理时限的角度提出整顿:"太宗在御,常躬听断,在京狱有疑者,多临决之,每能烛见隐微。太平兴国六年,下诏曰:'诸州大狱,长吏不亲决,胥吏旁缘为奸,逮捕证佐,滋蔓逾年而狱未具。自今长吏每五日一虑囚,情得者即决之。'复制听狱之限:大事四十日,中事二十日,小事十日,不他逮捕而易决者,毋过三日。后又定令:'决狱违限,准官书稽程律论,逾

---

① [清]徐松:《宋会要辑稿》,第7383页。
② [清]徐松:《宋会要辑稿》,第5719页。

四十日则奏裁。事须证逮致稽缓者,所在以其事闻。'然州县禁系,往往犹以根穷为名,追扰辄至破家。因江西转运副使张齐贤言,令外县罪人五日一具禁放数白州。州狱别置历,长吏检察,三五日一引问疏理,月具奏上。刑部阅其禁多者,命官即往决遣,冤滞则降黜州之官吏。会两浙运司亦言:'部内州系囚满狱,长吏辄隐落,妄言狱空,盖惧朝廷诘其淹滞。'乃诏:'妄奏狱空及隐落囚数,必加深谴,募告者赏之。'"所引史料反映的是宋太宗针对司法部门的效率低下专门颁布诏令,提出了明确的处理时限要求,"大事四十日,中事二十日,小事十日",这一时限要求为解决司法诉讼的延误、推诿提供了基本的依据。这一时限要求,在宋太宗时期也得到了强化,并且得到进一步细化,其中明确增加了文书处理时限的处罚标准,如史料所记载:"有司言:'准太平兴国六年五月诏书,诸道刑狱大事限四十日、中事二十日、小事十日,一日笞十下,三日加一等,罪止杖八十。自来诸道刑狱出限三十日以下者,比官文书稽程定罪,故违日限稍多者,即引上件诏书,从违制定罪。今请别立条制,凡违四十日以下者,比附官文书定断,罪止杖八十,四十日以上奏取旨。如事有关连,须至移牒刺问致稽缓者,具以事闻奏。'"①所引史料反映的是有关文书处理违背时限的处罚依据问题,由于在处罚中存在官文书稽程和违制两种处罚的不同标准,宋太宗统一了处罚的标准,凡是四十日以下的稽程按照官文书稽程来进行定罪,四十日以上的稽程上奏。

在经济活动中,宋代文书处理稽程的问题也相当严重,如在赋税征收中,地方官府往往不及时销注账簿,从而造成许多问题,"(绍兴)二十八年十一月二十三日,南郊赦:'访闻人户输纳官物,州县多不实时销注簿书,再行划刷追扰,虽有已给朱钞,不为照用,勒令重迭输纳。是致民户困弊,长吏坐视,恬不加恤。仰监司常切检察,如有违戾去处,按劾以闻,当重置典宪。'三十一年九月二日赦同此制"。②此诏令是针对州县在赋税征收之后,不按时照注销,再次追扰征收的现象而颁发的,这也说明文书处理不及时造成赋税重复征收的现象在宋代应该不是个别问题,如"(绍兴)二十一年五月十五日,前权知舒州李观民言:'切见民户纳苗税之类,惟凭朱钞为照,其间专典、乡司等人作受纳之弊,有已纳钱物不实时销簿,多端邀阻,致成挂欠,重迭追扰,其害甚大。臣愚欲乞每遇受纳之时,置历收钞,具若干钞数,次日解州;州置历,实时送县;县委主簿:当日对钞销簿,候纳毕日,解簿、钞赴州,

①　[清]徐松:《宋会要辑稿》,第8418页。
②　[清]徐松:《宋会要辑稿》,第8186页。

州委官点磨。庶革追扰乞取之弊。'诏令户部申严条法行下,委监司、守倅检察按劾。若监司违戾,令御史弹奏"。① 此诏令针对州县在赋税征收过程中,重复征税的问题,提出了具体的要求,"州置历,实时送县,县委主簿,当日对钞销簿",赋税输纳完毕则押解簿书和交钞到州,州派遣官员进行点磨,同时允许御史进行监察。

文书处理稽程问题还反映在官物收纳不实时登记方面,如宋仁宗时期针对此问题而颁布的一条诏令可以印证。"仁宗天圣八年五月,提举司言:'左藏库受纳金、银、丝、绵纲运,收到出剩,并不实时入帐,却称久例,直至末帐内收附比折。今勘会,自去年六月一日立界,至今年三月支外,见在收出剩金七十两、银一千一百三十五两,又于今年三月起置纳纲出剩历,只五十日内收出剩金二十五两、银一千五百四十两,显不依条约,陷失官物。欲下本库监官,每纲运到库,若有出剩,须分明上历拘管,逐月入帐,编排官物,各著库分排垛。其置到文历,请下三司逐月印缝给付,不得将剩数(界)[公]然比折少欠。仍出榜于监官厅张挂,常令遵守。'从之。"② 所引史料反映了左藏库管理中不及时进行文书的登记,造成钱数的差错,提举司对此进行了核验发现了问题的严重性,提出左藏库监官每次钱物到库,若有支出和剩余,须分明记载在簿历上,逐月入账,官员需编排管理,管理中所使用的文历,三司逐月印缝给予。

第二节　文书传递中的稽程

宋代政务活动中的下行文书和上行文书都需移交邮递机构来进行传递,在文书传递过程中违背时限要求的行为也称为文书稽缓。两宋时期,传递稽程问题在不同时期都有表现,也成为国家日常管理中最为棘手的问题之一,"(嘉泰三年)八月十四日,浙西提刑曾桌言:'置邮传令,古人重之,今之递铺,反为虚设。衣粮不时支,缺员不时补,甚至屋宇破坏,不芘风雨,衣食窘迫,私役之人。遂使僻州远县,有号令而不知,文书往来,虽遗失而不问。平居且然,缓急何赖倘非严行约束,州郡安肯奉行乞下诸路常切检察,无得视为闲慢。监司巡历,并宜按行,其巡检官不职者,即行奏劾。'从之"。③ 所引

① 〔清〕徐松:《宋会要辑稿》,第6758页。
② 〔清〕徐松:《宋会要辑稿》,第7153页。
③ 〔清〕徐松:《宋会要辑稿》,第9508页。

内容反映了宋代递铺组织松散、铺兵衣粮无法供给、缺员、文书稽程等严重问题,以下结合相关史料对此进行详细分析。

一、宋代文书传递的时限及传递里程

宋代文书根据紧急程度的不同分别需要在规定的时间之内交给传递部门。

1. 文书入递的时限

从宋代史料的记载来看,宋代文书入递的时限是有一些差别的,如"(元符元年)尚书省言:'进奏院承受尚书省、枢密院实封及应入急脚递文字,并实时发。又承受捕盗、赈济、灾伤、河防紧急及制书并朝廷文字应入马递者,并当日发。又承受制书及朝廷文字入步递者,限一日。余文书不得过三日。限内有故未毕,监官随宜量展。'从之"。[①] 从以上史料来看,宋代中央负责文书入递的机构进奏院根据文书种类的不同来办理入递的手续。

第一类是尚书省和枢密院所发送的实封及应该交给急脚递的文书。这类文书由于事涉机密,进奏院接到这类文书须立刻办理递送手续。

第二类是朝廷下发的有关捕盗、救灾、河防等紧急文书及制书应进行马递的文书。这类文书要当日要完成递送。

第三类是承受的制书和朝廷文字应该入步递的文书。此类文书限一日之内完成递送工作。

第四类是其余文书。也应在三日之类办理入递。

从上述史料来看,进奏院办理文书入递的时限是与文书的重要程度和紧急程度密有密切关系,文书根据紧急程度的不同分为:急脚递、马递、步递。

宋代有关文书传递的要求在《宋会要》中也有相应的记载,"政和八年四月二十四日,中书省言:'检会诸受制书急速者,当日行下,遇夜收到,限次日午时前;非急速者,限一日。诸承受御笔处分,无故违限一时者徒二年,一日加一等,三日以大不恭论。看详:承受御笔处分理宜虔恭,不可稽缓,然誊写指挥或遇假及出者,赍就宰执书押用印,并入夜有门禁限隔,理宜立限行遣,而元条未曾立行下之限。'诏于'制书'字上添入'御笔'二字"。[②] 所引史料提到"制书急速者",当日就要进行递送。此外,史料中还提到特殊情况下文书处理的问题,对进奏院深夜所接收的文书要求在次日中午之前完

---

① [宋]李焘:《续资治通鉴长编》,第 11801 页。
② [清]徐松:《宋会要辑稿》,第 8243 页。

成递送。

2. 文书传递的里程

宋代文书传递的里程,在相关法律中有明确记载,如"刑部大理寺言:'赦降入马递,日行五百里。事干外界或军机,及非常盗贼文书入急脚递,日行四百里。如无急脚递,其要速并贼盗文书入马递,日行三百里。违不满时者笞五十,一时杖八十,一日杖一百,二日加一等,罪止徒三年。致有废阙事理重者,奏裁。常程文书入步递,日行二百里。违时日者,减马递五等。应雇倩及对换传送者,各杖八十。因而盗匿、弃毁、私拆、稽留者,各减正犯人法一等。'从之"。① "(淳熙十六年)四月十六日,接伴使张涛言:'至盱眙,见入递文书率多淹缓。乞下浙西、淮东严行约束,应干涉使客文书,别立字号,依摆铺法日行三百五十里,违者究劾。'诏两(别)[路]提举马递铺官严行约束,毋得违戾。又言:'递年使客往回、例于镇江都统司及楚州出戍军中,差步卒二百余人,骑卒一百人,服乘小马九十五人,州郡批支券食等数目既多,未免烦困。乞下淮东运司,照应前数减半差拨。'从之"。② 上述两条史料,大体反映了宋代文书传递的里程数。有关此问题,曹家齐先生在《宋代交通管理制度研究》一书中依据相关史料进行过整理,这一研究成果对于学界认识宋代的传递里程具有积极的参考价值,现照录如下:

表 1　宋代文书传递里程表③

传递等级和橄牌名称	日行里程	说　明	史　料　来　源
步递	200 里		《长编》卷四百五七,元祐六年四月丁酉条
马递	300 里	有时为 400 里,赦降入递日行 500 里	《长编》卷三六六,元祐元年二月辛丑条 《长编》卷一六七,皇祐元年十月壬午条 《长编》卷四五七,元祐六年四月丁酉条
急脚递	400 里	有时为 500 里	《宋会要》方域一一之九 《长编》卷一六七,皇祐元年十月壬午条
斥堠递	330 里		《永乐大典》卷一四五七五引《汪玉山集》
摆铺递	350 里 300 里	传递金字牌日行 500 里	《宋会要》职官五一之三五 《宋会要》方域一一之一七

① [宋]李焘:《续资治通鉴长编》,第 10939 页。

② [清]徐松:《宋会要辑稿》,第 4436 页。

③ 曹家齐:《宋代交通管理制度研究》,开封:河南大学出版社,2002,第 139—140 页。

（续表）

传递等级和檄牌名称	日行里程	说　明	史 料 来 源
金字牌	500 里	一般入急脚递和马递,南宋时斥堠递和摆铺递传送	《梦溪笔谈》卷一一
黑漆白粉牌	350 里	一般由斥堠和摆铺传送	《宋会要》方域一一之一九至二〇
雌黄青字牌	350 里	一般由斥堠和摆铺传送	《永乐大典》卷一四五七五页一
黑漆红字牌	300 里	一般由斥堠和摆铺传送	《宋会要》方域一一之三四

二、宋代文书传递稽程的相关史实分析

从宋代相关史料的记载来看,文书传递过程中出现稽程是常见现象。如"(淳熙)十二年五月二十五日,枢密院言:'诸路传送递角自有程限,昨发"文"字号省札至江陵副都统,依条合破十日,却四十六日方到。其他往来文书,多有盗拆违滞。虽令逐路提举马递铺委官根究,至今未见著实。兼累降指挥,令诸路州军以时支给铺兵衣粮,访闻尚有拖欠,缘此弊端不一,理宜措置。'诏差都进奏院王厚之躬亲前去询究措置施行"。① 从上述史料来看,原本十日程限的文书,在传递过程中却用时四十六天才到达目的地。在文书传递中还有更为严重的情况,这种情况多发生在递铺组织严重破坏的区域。"(大观)三年二月七日,荆湖北路计度转运副使李偃言:'本路日有朝省急速递角往来,续承朝旨,如有住滞急速文字,其提举官一例重行黜责。今日近朝省发来急递动经三四十日,马步递经五七十日,至三两月以上,方始递到,全然违滞。"②史料反映了文书传递中严重稽程的问题,急递的文书三四十日才到达,马步递文书五七十日才到达目的地,甚至两三个月到达的情况也非常常见,可见递铺效率低下到了何等程度。

宋代文书传递稽程还有因传递过程中驿使将文书寄托他人而造成的稽程问题,对此问题《宋刑统》中明文规定:"诸驿使无故以书寄人行之及受寄者,徒一年。若致稽程,以行者为首,驿使为从。即为军事警急而稽留者,以

① ［清］徐松:《宋会要辑稿》,第 9506 页。
② ［清］徐松:《宋会要辑稿》,第 9478 页。

驿使为首,行者为从。有所废阙者从前条。其非专使之书,而便寄者勿论。"①

宋代文书稽程中还存在着不按文书递送地址进行递送误递他处而造成的稽程问题。《宋刑统》对此类问题有明确的规定,"诸驿使受书不依题署,误诣他所者,随所稽留,以行书稽程论减二等。若由题署者误,坐其题署者。【疏议曰】文书行下,各有所诣,应封题署者,具注所诣州府。使人乃不依题署,误诣他所,因此稽程者,随所稽留,准上条行书稽留之程减二等,谓违一日杖六十,二日加一等,罪止徒一年。若有军务要速者,加三等有所废阙者,从加役流上减二等,徒二年半,以故有所陷败,亦从绞上减二等,徒三年。若由题署者误,谓元题署者错误,即罪其题署之人,驿使不坐。"②

宋代文书传递稽程还存在由于记录传递过程的公文问题而引发的稽程问题。宋代要求递铺在文书传递中记录某时某刻到达某地并将这些信息用片纸贴在筒牌上,以告知下一个传递单位,宋代将这种记录文书传递信息的文字称之为"由遣",宋代在考核文书传递是否稽程也常以"由遣"作为重要的依据来进行判定,由于此制度的存在,各传递组织为了推卸责任,虚写信息,往下传递,结果造成层层错误。如史料所记载,"(乾道九年)八月二十五日,大理寺丞邵说言:'比年以来,递角多有盗拆、藏匿之弊,盖由巡辖使臣与曹级相连,每一递入界,界首曹司以片纸揭于牌筒,书写某月某时某刻入界,转示以次铺,谓之由遣。以次铺得之,各详合破程限,次第挨排,虚转簿历,以相符合。异时官司驱磨,只见本界并无稽滞,殊不知越界一铺乃有大缪不然者。谓如荆南都统秦琪所发狭字号奏筒,江西浩港铺则云三月二十五日申时六刻传过,江东竹岭铺却云四月十二日卯时一刻于浩港铺得之。两铺才去十里,凡差十六日六时四刻,其弊盖出于此。今措置,欲于见置摆〔铺〕处两路界首,通差识字使臣一员,就彼置立直舍,专一置簿抄往来递角实过界月日时刻、传送铺兵姓名,以备官司取索。所差使臣,自浙西至四川界首不过五员而已。伏乞特降睿旨,令吏部使缺差注,庶几递角来往之际,有以稽察。'从之"。③ 史料所反映的史实,值得深入思考,从荆南都统秦琪所发狭字号奏筒来看,在由遣的记录中,江西浩港铺则云三月二十五日申时六刻传过,江东竹岭铺却云四月十二日卯时一刻于浩港铺得之,两铺才去十里,十里的路程,在信息的记录显示耗时十六日六时四刻。可见徒以虚文来考核文书是否稽程存在着极大的弊端。

宋代文书的稽程还具体反映到各个领域,如在宋代司法案件的奏裁中,

---

① 〔宋〕窦仪:《宋刑统》,第 167 页。

② 〔宋〕窦仪:《宋刑统》,第 168 页。

③ 〔清〕徐松:《宋会要辑稿》,第 9503 页。

文书的稽程问题,此一问题因为涉及司法的公正及犯人的权益,常为社会所关注。宋代司法奏裁是"指对刑名疑虑、情理可悯的案件必须上奏朝廷敕裁的制度",①但是在案件的奏裁中,需司法文书的及时传递,文书传递的稽程,使得许多犯人得不到及时的奏裁,如江南东路提刑张汇就这一情况上奏朝廷,并提出一些预防措施,"州县间奏裁与提刑司审覆案等,有经累月而未下者,盖是递角中沉坠,使可贷之囚系禁而死,深可怜悯。乞下诸路,应奏与申详覆等,并须专差院虞候或有行止急脚子二名投下。被差人并破口券,仍量添食钱,使令守待,以所断案依条限责付,赍回日以百里为限"。大理寺参详:"张汇所申,内命官赃案若令依条入递前来,窃虑沿路计嘱转送之人,衷私收匿不到。及道路千里以上去处申奏并申提刑司详覆诸色人狱案,若令入递往还,窃虑道路梗涩沉失,理合措置。今欲依本官所乞,应有似此公案,并令本处专差有行止二人同共赍擎投下,令所差人守待回报。恐所差人在路事故,亦不计嘱藏匿,仍令本处写录一般案状,依条入递,务要不致沉失。所有道路千里以下通快去处公案,依法已许入急递,日行四百里。若刑部承旨断案,依亦合别录行下。如递铺稽违沉失,缘已有前项条法,乞坐条申严行下,委诸路提举马递铺及驱磨当职官吏常切约束,月具转送过狱案并朝廷降下断敕名件,关报本路提刑司,行下所属州军,复行点检。如有稽违沉失去处,其合干递铺兵级并巡辖使臣,并令根勘,具案闻奏,乞从朝廷特降指挥,重赐断遣施行。"②所引内容为江南东路提刑张汇向大理寺所上章奏,张汇针对州县奏裁及提刑司覆案,有些案件几个月未能处理,查找原因,大多是由于递角沉坠,所递交文书无法送达,导致一些可贷之囚系禁而死,甚为可怜。张汇向大理寺提议遇到此类案件时,专门派遣院虞候或急脚子二人将奏裁文书投下,来回以百里为限。此外,大理寺综合张汇的提议认为:除了专门派人投送此类文书之外,州县再写录一般案状入递,但是一定要保证案状不得延误。为了保证此类文书传递不至于延误,此类文书可以入急递,日行四百里。从上述史料中我们也可以看到,宋代文书传递稽程对于行政、司法事务的开展所造成的诸多负面影响。

三、宋代文书传递稽程的原因分析

1. 递铺的任务繁重

宋代的递铺不仅承担着传递文书的职责,而且还承担着传递物资的任

---

① 王云海:《宋代司法制度》,开封:河南大学出版社,1992,第330页。
② [清]徐松:《宋会要辑稿》,第9489—9490页。

务。"大中祥符元年十月,诏:'沿路所置急脚递铺,盖令传送文书,如闻有近上臣僚并往来中使,多令赍(特)[持]物色,负重奔驰,咸不堪命。自今非宣敕,并不得应付。'"①上述史料反映了递铺除了传递文书之外,还需承担运输臣僚、使者物品的史实。

在传送官方文书的同时,宋代还允许官员将私文书入递铺传递,这无疑也增加了递铺的工作量,"(崇宁)四年九月十八日,尚书省〔言〕:'奉御笔:'旧条,事干外界或军机,并支拨借兑急切备边钱物,非常盗贼之类文书,方许入急脚递铺送。擅发急脚,自有立定刑名。近来官司申请,许发急递司局甚多。其间有将私家书简,并不依条入步递遣发,却旋寻闲慢关移,或以催促应入急脚递文书为名,夹带书简附急脚递遣发。致往来转送急脚递角繁多,铺兵疲乏,不得休息。可参酌立定断罪刑名。'今立下条:诸文书虽应入急递,而用以为名,辄附非急文书者,徒一年。附私书之类者,加一等。'从之"。②所引史料反映了宋代官僚将私人文书入急脚递,导致递角繁重,铺兵疲劳等问题,严重影响了文书的传递效率。

宋代的铺兵除了递送之外还经常被差役从事其他工作。如"(绍兴二十九年)五月四日,臣寮言:'诸路递角传送文字多有住滞,及铺兵多有出额。日近蒙朝廷措置,各差使臣上历监发,根刷违滞。缘逐处巡辖递铺官多不往来巡辖,及将铺兵借与过往官员般担行李及贩易物货,致妨承传文字。乞委诸路提举递铺漕臣,将本路巡辖使臣体量,如有癃老疾病、无心力、不堪倚(杖)[仗]之人,即行放罢,催促待次人疾速赴上。如新官依前不堪倚(杖)[仗],即从本司别行选差,月具本路巡辖使臣有无稽迟、不任职之人,(尚)[上]尚书省。'从之"。③所引内容反映了宋代铺兵被官员私役从事行旅及贩易物货的活动。为了解决此类问题,宋代曾专门颁布诏令严厉禁止私役铺兵,"诏今后过往命官、将校军兵,如敢差役斥堠铺兵级、曹司,依巡辖马递铺使臣私役法一等科罪"。④

2. 递铺的人力和马匹不足

宋代递铺的人力和马匹的配置有相应的规定,但是由于各种原因,递铺中时常出现人力和马匹不足的问题。"神宗熙宁元年正月十八日,枢密院上新定到文武官合乘递马条贯,诏可。先是,诸色人给递马太滥,所在马不能

---

① 〔清〕徐松:《宋会要辑稿》,第 9472 页。
② 〔清〕徐松:《宋会要辑稿》,第 9477 页。
③ 〔清〕徐松:《宋会要辑稿》,第 9497 页。
④ 〔清〕徐松:《宋会要辑稿》,第 9489 页。

充足,以致急递稽留故也。"①所引内容反映了神宗熙宁年间所出现的递铺马匹不足的情况。

到了宣和七年,铺兵不足的现象更加突出,如史料所记载:"(宣和七年)四月二日,翊卫大夫、安德军承宣使,直睿思殿李彦奏:'臣窃见近降处分,京东路提举马递铺所自后递马铺兵,不得更似日前非理勾集拘留,所有人马请给、草料,除合坐仓数外,并按月椿备本色支给。倒塌损坏营房,支破官钱,疾速修葺。见逃亡人兵,多方招诱,立限两月,许令首身。见阙递马,疾速依条施行。臣近被奉处分,前去京东路勾当公事,其沿路一带铺分营房并未曾修盖。虽有见管铺兵去处,往往不过三两人承转文字,亦有无人交替铺分,致积递角,留滞程限,诚有(有)误边防机速事务。欲将诸路应干急脚、马递铺事务,别委他司官专一提举措置。'诏依奏,应诸路今后并差廉访使者兼提举,漕臣专一应付。"②所引材料为安德军承宣使、直睿思殿李彦的奏札,李彦据其所见京东路递铺人员缺乏、承担传递的人员不过二三人,甚至存在无人交替铺分,导致递角稽程,李彦期望能够补充递铺人员和马匹,修葺递铺房舍。

南宋初期,这种情况也依然没有得到改善,如"(绍兴)十二年五月二十九日,枢密〔院〕言:日近据川陕宣抚司申,路中有盗拆递角,藏匿文字,却入白纸在内传送。除已节次行下经由路分根究施行外,访闻诸路铺兵缘州县不时支给钱米,多有逃窜,招填之初,又不审问行止来历,便行收系。及襄、郢之间,每铺止有三二人,或妇人传送去处。是致容奸匿盗,深为不便。'诏令逐路提举官下所属州军,将所管铺兵三人结为一保,据缺额人数,并仰招收土人及邻近州县行止来历分明之人,或刷那见管厢军充填,依时支给请受。须管措置招填足额,不得依前令妇人传送。仍委当职官钤束铺兵、曹级,子细验认递角封头分明交转,如有违戾,重置典宪"。③ 经历了北宋后期的战乱后,铺兵逃亡的现象非常普遍,至南宋初期,这一问题充分暴露,诚如史料所言"及襄、郢之间,每铺止有三二人,或妇人传送去处",甚至出现了用妇人传递的情况。这种情况在两县的交界处更为突出,"(绍兴十二年)六月三日,臣僚言:'湖北、京西州县据上流之势,与虏为邻,访闻两路往往并无递铺,纵使有之,不过茅檐三四间,人兵一二人,亦无请给济赡。遇有文移,追集乡夫传送,皆是前期闭之幽室,无异囚系。每一铺差夫十余人,十日一

---

① 〔清〕徐松:《宋会要辑稿》,第9474页。
② 〔清〕徐松:《宋会要辑稿》,第9483页。
③ 〔清〕徐松:《宋会要辑稿》,第9494页。

替,口食各令自备,道途往反动至逾月,抛废农务,远迩骚然。不惟百姓无复归业之期,而猝有(惊)[警]报,责之此属,岂不违滞误事? 乞委两路帅、宪修盖铺屋,招填兵级,应干请给,悉从州县。严敕州县,不得依前差乡乡夫。'诏委田师中、刘锜同逐路提举马递铺官措置铺兵请给,须管足备,无令欠阙,具已措置奏闻"。① 为了解决此问题,南宋高宗时期采取了诸多的措施,"八日,臣僚言:'近因赴阙,所过州县递铺,多者不满三数人,少者止一两人,或止一人。递筒委积,担负而行,倘涉军期,岂不误事? 盖缘州县请给不时,既缺糇粮,不免逃窜。欲望明诏诸路提举马递铺官,严行督责所部州县,将见今铺分阙少人数,须管依近降指挥,照元额拨填。仍自今后合得钱粮,逐旬支给,月具所支过单甲姓名,结罪申提举马递铺官,逐季类申枢密院。如有违慢,当行官吏重真典宪。'(照)[诏]依已降指挥,委提举官措置,仍委逐州守臣、逐路漕臣应付请受,无令欠缺。枢密院逐时差官点检,如有缺误,当职官一等科罪"。② 从此条诏令来看,严厉督促州县补充铺兵、按时发放钱粮,如果违反诏令拒不执行,当职官要进行惩处。

从上所引相关史料可以看到从北宋中期开始,递铺中人员和马匹不足的问题就已经开始显现,到了北宋后期和南宋初期,递铺人员和马匹不足问题已经到了严重程度,影响了整个国家行政系统的运转,所以从史料中我们可以看到大量有关根治递铺缺员、补充递铺人员和马匹的奏札。

3. 铺兵的生活缺乏有效保障

宋代,地方州县不按时发放钱粮,拖欠铺兵衣粮的现象很普遍。"(绍兴七年)九月十二日,明堂大礼〔赦〕:'访闻诸路铺兵多是所属不为按月支给衣粮,因致逃窜,即以外来军兵冒名承传。缘所持文书内有干边防事务,窃虑冒名人夹带奸细,偷藏递角,漏泄事机。仰逐路提举、监司严责当职官觉察改正,仍许铺兵冒名人限一月自陈,并与免罪。内铺兵依旧收管,冒名人兵发归元来军分,与免本营问当。仍令州县今后须管按时支给衣粮,毋至少有失所。如敢违戾,令提举官按劾以闻。'"③所引内容反映了宋代铺兵衣粮无法按时支取的问题,甚有地方州县克扣铺兵钱粮,"(绍兴三十一年)十一月二十日,诏:'近来军期文字,全藉铺兵传送,其合得钱米,累降指挥令州县按月支给。访闻州县并不遵禀,又多作名色尅减,及有三两月不支去处,虽经监司陈诉,亦不为施行。是致铺兵逃窜,有误传送。仰诸路提举斥堠官限

---

① [清]徐松:《宋会要辑稿》,第 9494 页。
② [清]徐松:《宋会要辑稿》,第 9494 页。
③ [清]徐松:《宋会要辑稿》,第 9493—9494 页。

指挥到日,即时委清干官一员前去所部州县点检,如有未给钱米,日下一并支给,不得依前减除。其缺少铺兵去处,令州军日下差拨厢军补填,候招到人,即行抵替。日后依前违戾,许铺兵经监司陈诉,仰提举官具违戾去处取旨,将当职官重行黜责,人吏决配。'"①铺兵的钱粮不仅要面临拖欠和克扣,而且所得甚微,不足维持日常生活。"大观二年三月十四日,诏:'秦凤路凤州、凤翔府宝鸡诸县,当川陕之会,邮传人卒,月给钱粮。钱轻物贵,而粮多坐仓,收籴食用不足,以故逃逸者众,招募不行,遂差雇百姓,运致官物。监司恬不措置,而州县利于差科,配扰良民,不给雇直,阻滞纲运。可令提举常平官体究事实,具弛慢官吏闻奏。'"②此条史料反映了宋代铺兵生活艰辛的史实,月给钱粮,钱轻物贵,而粮多坐仓,收籴食用不足,这也是铺兵大量逃亡的重要原因。

4. 对递铺的监督不力

宋代将文书的传递纳入监察范围,但是由于各种原因,监察并未取得良好效果,特别是到了北宋后期,监察的作用几乎丧失殆尽。如宋徽宗政和三年二月二十九日,尚书省所上的奏札,突出地反映了此问题:

"勘会急脚及马递铺,昨措置私拆、盗毁、亡失、留滞约束,法令备具。近来所属官司并不检举觉察。近奉圣旨措置,今欲依下(顷)[项]契勘昨为巡辖所管地分,内有千里以上地分广阔去处,例皆检察不遍。且如江西路虔州等处,使臣一员,见管地分三千八百余里,显是不能依限巡遍,致铺兵作过。今欲每及千里差置一员,旧额多寡处自依旧。仍仰逐(处)路提举官,将所添使臣以州军远近、道路顺便接连去处,重别均定,具合以某处寨名申吏部差注。所有不曾添置去处,如见管地里轻重未均,亦仰重行均定。其使臣廨宇,仍于所管地分中路安置。梓州路七千四百余里,管辖使臣四员,欲添置三员。夔州路六千五百余里,管巡辖使臣三员;江西路七千三百里,管巡辖使臣三员,欲添置四员。湖北路除潭、衡、邵州、(军)武冈军各置巡辖使臣一员外,永、全、道、(彬)[郴]州、桂阳监三千八十五里,共管巡辖使臣二员,欲添置一员。河北东路四千八百余里,管巡辖使臣五员,河北西路四千五百余里,管巡辖使臣五员;河东路九千六百余里,管巡辖使臣九员;京畿三千八百余里,管巡辖使臣六员;熙(州)[河]兰湟路四千六百余里,管巡辖使臣八员;广东路五千一百余里,管巡辖使臣七员,欲更不添置。广西海北二十三州,计一万二千六百余里,管巡辖使臣六员,欲添置六员。广西海南琼州、昌

---

① [清]徐松:《宋会要辑稿》,第9498页。
② [清]徐松:《宋会要辑稿》,第9477—9478页。

化军、万安军、朱崖军共四州军,自来只是巡检兼管巡铺,未曾专置巡铺使臣,欲专置巡辖使臣一员。京东路五千九百余里,管巡辖使臣四员,欲添置一员。利州路四千一百余里,管巡辖使臣六员,欲更不添置。勘会递角稽迟,在法止是县尉、巡辖使臣有立定赏罚条格,而县官皆不任责,亦无劝赏,遂使巡辖使臣巡历未至去处,坐视违滞,并不检察。欲马递铺并令知县、县丞、主簿同共管辖巡察,任满及岁终,以所管界内急脚、马递铺承送递角赏罚。内知县、丞比县尉各减一等,即无可减降及主簿并同县尉法。检会令文,诸急脚、马递铺州县,铺寨兴废或道路更移,及官移文书,随事多寡,而铺兵、递马有余或不足者,听巡辖使臣申州,量事挪移,更不得抽差他役。今诸路并不曾依上条施行,致铺兵转送官物文字,劳逸不均。欲令提举马递铺官委巡辖使臣逐一参详,若依上条有合行移铺分及添减人兵去处,仰重行均定讫申尚书省。勘会巡辖使臣今已立定每及千里一员,然所居地分亦不下三五州军,虽比旧巡辖稍频,缘终是不得专一。契勘急脚、马递铺,除依旧每二十人差置节级一名外,并无将校等催促转送部辖。欲令逐路转司除旧人数差置节级外,诸州每及百人置十将一名,每二百人仍置都头一名,五百人更置将校一名部辖。及往来催赶递角官物,其合置人数,仰转运司将逐铺见管人兵立定合如何排转,具状申兵部,类聚措置。合转阶级申尚书省,未转补间,令先次且于本城内差拨,候有转补到人,逐旋替换。'诏依拟定。"①

上述史料分析了北宋后期对文书传递监察不力的问题。由于连年战争,文书传递,虽然有相关法律的规定,但是所属官司并不进行监督。又由于督察的范围太大,无法全面深入,如江西路虔州等处,使臣仅"一员",却要监察三千八百余里的范围,力量明显不足,由于监察力量的不足导致文书传递的违滞显现频繁出现。为了改变这种局面,尚书省提议,每一千里范围设置使臣一员。同时期望地方知县、主簿参与文书传递的监察,并作为地方官任满考核的一项内容。

5. 官员的欺压

官员对铺兵的欺压也是造成铺兵人员缺少甚至逃亡的重要原因。"利州路转运司、提举马递铺所奏:'勘会川陕路之官罢任,准条并破铺兵,各有立定人数。访闻近来得替赴任官员,有自前路递铺曹级取受情嘱,增差铺兵前来。(泊)[洎]至本界,若曹级欲取文书看照,多是辄鞭挞,勒令依数差换,动经五七铺,方令交替。铺兵缘此逃窜,阙人般发纲运。乞专立法禁。'"②

---

① [清]徐松:《宋会要辑稿》,第 9478 页。
② [清]徐松:《宋会要辑稿》,第 9480 页。

此条反映了官员欺压铺兵,导致铺兵不堪忍受而逃亡的严重问题。

对于官员和使臣欺凌铺兵问题,虽然时有反映到地方州县,但是,州县却无法采取有效措施来制止此类问题的发生,如宋徽宗大观七年三月二日,京西路转运判官史徽奏:"昨奉旨兼提举京西北路马递铺,缘本路西京、河阳、郑、滑州系当三路之冲,最为浩繁,铺兵劳苦,理宜存恤。自来差出使臣,一概号为走马奉使,不遵大观条法,往往殴伤人兵,打过递马,乞取钱物,州县观望,不敢绳治。及当州县当职官公为占破,私自役使,或以假人,自来未有法令禁止。'诏逐路提刑司根勘私役去处闻奏。今后大有差破及作名目占使,抑勒出备钱物之类,并计庸坐赃论,令尚书省立法。"①这则史料突出地反映了官员欺压铺兵,打伤递马,乞取钱物的问题,但是地方州县却没有应对措施,因此京西路转运判官史徽向朝廷奏报了此事,朝廷发布诏令要求各路提刑司进行监察,出现此类问题,官员以赃罪论处。

四、宋代防治文书传递稽程的措施

基于邮传的重要性,为防止出现各种违滞的问题,宋朝历代采取了诸多措施,诚如宋人所言:"置邮传命于四方,稽留漏泄皆有诛,又以巡辖之官使时察之,可谓严矣。"②事实上,宋代对于文书传递稽程的防治措施是多重的,一方面对铺兵进行过恩抚、奖励,另一方面则申严各种制度,尤其是对邮递过程中出现的各种违滞行为进行严厉的刑事处罚,以下结合宋代相关史料对此进行分析。

1. 对递铺士兵进行安抚和奖励

为了保持递铺的正常运行,宋代不定期对铺兵进行安抚和奖励,"德音:两路马步禁军并曾因军事(撤)[搬]运粮草、材木、修筑堡寨等诸般差使,厢军后自京至沿边急脚、马递铺兵士,除宣抚司日近已与特支人外,余未经支赐者,并等第与特支。内曾经入贼界攻讨及曾与贼接战,并曾差(提)[捉]杀庆州作过军人者,虽已经宣抚司支赐,宜更等第与特支。"③此为宋代专门为铺兵而发布的德音,对马递铺兵士给予奖励。"(景德)二年三月,诏:河北两路急脚铺军士,除递送镇定总管司及雄州文书外,他处文书不得承受。帝以急脚军士晨夜驰走,甚为劳苦,故有是诏。"④此条诏令则禁止河北急脚铺军士,除了递送镇定总管司和雄州文书之外,其他地

---

①　[清]徐松:《宋会要辑稿》,第9482—9483页。
②　[清]徐松:《宋会要辑稿》,第9509页。
③　[清]徐松:《宋会要辑稿》,第2137页。
④　[清]徐松:《宋会要辑稿》,第9472页。

方的文书不得承受,此因皇帝体恤急脚铺军士的疾苦而发。"(宣和)三年二月二十八日[诏]:'勘会近缘捕贼,诸处递铺传送文字显有劳役,仰巡辖使臣具经由铺分曹级、兵士姓名申转运司,特予量行犒设。'"①此条史料也反映了宋代对于铺兵进行犒赏的史实。"诏:'应自淮南军前转递至行在铺兵,昼夜往来,委见不易,各与犒设一次。内淮南铺分倍与支给。'"此条反映了宋代对铺兵进行犒赏,增加酬劳的史实。针对宋代大量奖励铺兵的史实,有研究者认为,对铺兵进行奖励是保持宋代递铺高效运转的一种重要措施,"对于传递过程中的各相关人员,若能保持传递的及时,铺兵和巡辖使臣都会得到一定的奖励。其奖励措施对于铺兵多是赏赐钱财,于巡辖使臣则多为转官、减磨勘和赏赐钱物。如依《金玉新书》规定,急脚铺兵承传御前不入铺以及金字牌文书,每月终时经通判驱磨,若没有稽违,则由州官检验核实后每季奖给收支钱。巡辖使臣则是在其任满后,由州检点其工作,若在其任内曾于所管递铺催传递角二十角以上,则可由州申会所属路提举官,类聚保奏"。②

宋代对于铺兵日常生活的体恤,在《金玉新书》中也得到了充分的印证,该书记载了多项针对铺兵的人性化管理措施,如:"三年三月,河北沿边安抚司,奏河北诸州军马迎铺兵士,有父母骨肉,散在诸铺者,乞配在一处。从之。"③此条史料可以看到宋代对于铺兵的管理是非常人性化的,铺兵有父母骨肉散在不同递铺的,可以调配在一处。"五年十一月十二日,令诸州迎铺兵士,有子孙同在军籍者,许同营居。时有言铺兵子孙皆异居者,帝悯之,特有是命。"④此条史料也反映了宋代对于铺兵的体恤,允许子孙同营,相互照顾。

2. 通过各种有效措施来补充递铺的人员和马匹

宋代文书传递稽程在很大程度上是由于递铺人力和马匹的不足而造成的,为了解决此问题,宋代许多史料都记载了补充递铺人力、马匹的内容,到了宋徽宗在位时期,针对递铺严重缺额的情况,令兵部负责采取对策,"徽宗建中靖国元年正月九日,都省札子访闻诸路马递铺人例皆额阙,致见存应办役使,倍有劳苦,往往不能依铺分交替,因致铺兵盘缠阙乏,多饥冻僵殍,或逋逃聚为盗贼。递马刍草秣失时,枉有死损。诏令兵部行下逐路监司,疾速经画措置,申严条约,裁损泛溢差役,及责立日限,委当职官,招填投换阙额

---

① [清]徐松:《宋会要辑稿》,第 9481 页。
② 王薇:《宋代递铺制度研究》,济南:山东大学,2014,第 26 页。
③ [明]解缙:《永乐大典》卷一四五七五,第 2 页。
④ [明]解缙:《永乐大典》卷一四五七五,第 2 页。

人兵。并量增价和买递马,并早令敷足元额,相兼应副役使,仍每月具招填过人兵,及买到马数,申尚书省。"①所引内容反映的是在徽宗建中靖国年间,为了保证递铺的正常运行,补充递铺缺额人员,并加价和买递马史实。"六月十八日,两浙西路提点刑狱朱绂言:'乞据斥堠递铺见缺铺兵,从朝廷行下诸州知、通划刷厢军或禁军补足,并一面专委所属知、通多方招召土著之人,责限足额。如奉行灭裂,乞从提举官按劾。'诏令诸路州军依此。"②所引内容反映了增补斥堠递铺缺员相关措施,补充的途径主要有两个:其一,从朝廷下州县,以厢军或禁军来充当,其二,招募土著。至南宋初期,增补递铺人员和马匹缺额的情况仍然没有停止,"淳熙十六年闰五月四日,枢密院言:'诸路铺兵人数间有阙少,州郡〔因〕循,更不招填,是致递角违滞。'诏诸路提举马递铺官行下逐州军,点检铺兵缺少去处,日下招补,今后传送,不管违滞"。③ 所引内容为淳熙十六年枢密院针对递铺人员缺少的情况,建议各路提举马递铺官到州军,点检铺兵缺少及去处,进行招补。

3. 对差役铺兵的行为进行严厉处罚

针对官员私役铺兵的现象宋代采取了严厉的处罚措施。宋高宗绍兴年间"'巡辖使臣私役兵级,过往命官、将校军兵擅役铺兵,诸路监司、州县等处发递不别要慢,一例题写,仰铺兵火急传送。铺兵类不识字,一以入摆铺,致文字拥并积压。'兵部勘当,前后条旨非不严备,伏乞关牒诸路提举马递铺兵,如依前违戾之处,从本部官按治施行。从之"。④ 宋孝宗乾道年间,针对官员私役铺兵的情况发布诏令,严厉禁止此类现象。"(乾道六年)九月八日,诏:'州县传送文字递铺兵级合得月粮、料钱,仰州县按月放行,不得非理役使。如或违戾,监司按治施行。'⑤十七日,诏武经大夫、池州太平州都巡检使冯世时降两官,以翟绂契勘世〔时〕曾私役铺兵也。"⑥

宋宁宗时期也延续此一做法,委任各路提举官督查官员私役铺兵问题。"嘉泰三年十一月十一日,南郊赦文:'诸路往来递角,全藉铺兵依限传送。访闻州县将铺兵合得钱米并不按月支散,(其致)〔致其〕逃窜。赦到,限百日许令首身免罪,依旧铺分(守)〔收〕管。仍仰逐路州军依时支散衣粮,日后如敢违戾,及巡辖使臣辄敢私役,并委逐路提举官觉察按劾。'"⑦所引史

① 〔明〕解缙:《永乐大典》卷一四五七五,第5页。
② 〔清〕徐松:《宋会要辑稿》,第9493页。
③ 〔清〕徐松:《宋会要辑稿》,第9507页。
④ 〔清〕徐松:《宋会要辑稿》,第9503页。
⑤ 〔清〕徐松:《宋会要辑稿》,第9501页。
⑥ 〔清〕徐松:《宋会要辑稿》,第9501页。
⑦ 〔清〕徐松:《宋会要辑稿》,第9508页。

料为宋宁宗嘉泰三年十一月十一日的南郊赦文,其中明确提及如果使臣敢私自役使铺兵,地方提举官可以按劾。

4. 加强对铺兵的管理严防逃匿

为了严防铺兵逃亡,宋代加强了对铺兵的管理,甚至有官员提出要将"范仲淹所推行的刺手之法"进行推广。如史料所记载:"(淳熙)十三年二月四日,臣寮言:'乞仿范仲淹措置陕西民兵刺手之法,凡铺兵并与刺臂,稍大其字,明着某州某县斥堠铺兵某人。凡逃在他州他县者,并不得招收。遇支衣粮,除番次留铺传送递角外,其当请者验臂支给,冒请逃窜之弊可以革绝。'从之。五月二十九日,诏(令)〔今〕后递角稍有欺弊,究见的实界分,将提辖等官次第责罚。"①从以上相关内容的分析中,我们可以看到宋代铺兵逃亡的问题是多因素共同导致的。为了防止铺兵的逃亡,宋代采取了许多对策,但是效果并不理想,因此才有所引史料中出现的臣僚陈请铺兵刺手之法,这种方法一方面可以防止铺兵逃亡他处,另一方面也可加强对铺兵领取衣粮的管理,刺字可以做重要凭证,从而在一定程度上杜绝铺兵衣粮冒领的问题。从史料的记载看,朝廷批准了这一建议,但是具体在多大范围内施行、施行的效果如何,则有待进一步的考证。

5. 加强对过界递铺的监督和管理

从宋代邮传管理的实际来看,在两界之交,往往容易造成文书传递交接不明、责任不清等现象,也是宋代对传递进行监督和管理的薄弱环节,针对这种情况宋代曾出台过相关的政策。如史料所记载:"常行并入省递。庶几诸铺不致混淆,且免濡滞。一、铺兵作弊,皆是界首时日不接,无处契勘。近年创立稽察使臣,请给分在交界二州,欲乞委令逐日取责两抵界铺传过文字单状,稽查时刻,须令相接。每旬类申两路所请俸处通判厅,庶可究竟。一、自来界首积弊,前铺往来不将脚历与后铺批凿,后铺一例不肯还,以至传到日时无所稽考。乞将前界不批脚历、后界不肯批还者,其曹司、巡辖并从徒罪立法。仍许监司、州县越界拘辖交界一铺。其交界处曹司、巡辖批凿情弊,两界皆可按劾科断。庶几文书有所稽考。"②所引史料归纳和分析了宋代递铺延误的两种常见表现形式,其一,铺兵作弊,其二,界首交接、批凿不严,尤其是针对后者,宋代采取了诸多防范措施。"兵部言:'诸路递铺,乞令诸州于两界首铺各差使臣一员置历,专在本铺遇有递角文字,即时批上,监视本铺传发。仍差使臣一员,往来本州界内诸铺,根刷有无违滞。各一月

① 〔清〕徐松:《宋会要辑稿》,第9506—9507页。
② 〔清〕徐松:《宋会要辑稿》,第9506页。

一替,候差到替人交割,方得回州。诸路转运司专差使臣二员,分定本路州军驿程,不住往来根刷违滞,半年一替。每月取逐州违滞状申本司,并逐日量支食钱。两浙转运司除专差使臣二员分定本路州军驿程外,更轮使使臣二员,同进奏官一员各置历,每日于三省、枢密院抄上朝廷所发文字,赴进奏院当官遣行。仍于历上批凿递引字号、时刻、承传铺兵姓名,赴三省、枢密院呈,通一月一替。铺兵缺者,限一月招填,请受衣粮,按月支给。如招未足,先于厢军内拣选壮健人权充,候招到抵替。逐州知、通专一点检,转运司按劾违戾。'诏依,仍令诸路提举漕臣常切提督,如违滞数多,三省取旨,重行黜责。"①所引史料反映了宋代在两界之交派遣使臣一员专门负责递角的监察工作,遇有递角前来,即时在登记簿中批注,监督本铺文书的传发;另派使臣一员,往来于辖区范围各递铺,查处是否存在文书传递延误问题,相关人员各一月一替,等到交割完毕,方得返回。诸路转运司专差使臣二员专门负责本路州军驿程问题,半年一轮替。

为了进一步加强对不同行政区域官员对递铺的监管力度,宋代还强调相邻州县监管官员之间互相保明和批书,以防治奸弊滋生。"(嘉定)六年五月一日,监登闻鼓院张镐言:'一路有一路之递铺,事有所属,自可谁何。惟其有两路相邻之州,各不相关,递角之沉匿,无从稽考。昨守潮州,目击此弊。潮州属广东,若取本路递角,则自江西之广州而后达潮,其路为迂,故多由福建路转达,取其便速也。惟是福建路递铺官兵与潮州不相统属,故每每有沉匿之患。乞朝廷详酌,以福建路漳、泉州巡辖递铺官到任满罢,并令从潮州保明批书;广东路潮、梅州巡辖递铺官到任满罢,即从漳州保明批书。异时赴部注拟,得以点对递角有无(通)[违]滞,以为降黜,庶几两路互有统摄,可革此弊。然不独广(福)[东]、福建两路而然,举天下之大,凡接壤之处,往往此弊所不能免。乞下所属,应两相邻之州,巡辖递铺官悉(推)[准]此以施行。'诏令吏部将尚右、侍右开具到巡辖马递铺使臣窠缺内,应交涉两路两州去处,今后批书,须管经由各州更互保明,方许理为考任。仰行下诸路所属官司照应遵守施行,毋致违戾。"②监登闻鼓院张镐针对不同州县之间递铺衔接的问题提出防治建议,他的思路是以不同行政区域递铺官之间互相保明为突破口,具体做法是以福建路漳、泉州巡辖递铺官到任满罢,并令从潮州保明批书;广东路潮、梅州巡辖递铺官到任满罢,即从漳州保明批书。这一做法将不同行政区域范围内递铺官进行保明连坐,对改善问题似

①　[清]徐松:《宋会要辑稿》,第9497页。
②　[清]徐松:《宋会要辑稿》,第9509—9510页。

有积极的作用。

6. 加强对传递中稽程的处罚力度

从宋代各有关邮传置措的诏令和章奏来看,对于传递过程中出现的稽程问题进行处罚是保障邮传畅通的重要举措,宋代对于传递稽程的处罚主要有:

(1) 行政处罚

从宋代相关史料来看,对于监管邮传玩忽职守的官员要处以行政方面的处罚。宋代的行政处罚主要有:降官、展磨勘、罚直、罚俸等种类。"诏江州通判丘传、赵希纯各特(转)[展]二年磨勘,兴国军通判蔡载特降一官,江州兴国军巡辖朱润特降一官放罢。以江州、兴国军两界传送角递违滞,传等不能(铃)[铃]束故也。"①从所引内容看,江州通判丘传、赵希纯展磨勘二年,兴国军通判蔡载降一官,江州兴国军巡辖朱润降一官,原因是四人在根治江州、兴国军传递滞留的问题上,严重渎职,没有采取有效措施。"九年二月三日,诏舒、蕲州巡辖使臣李光辅放罢,以桐城县铜山驿铺兵收匿递角,光(铺)[辅]不察,差使臣刷出,劾罪以闻也。"②从此条看,对造成文书传递延误负有直接责任的官员李光辅给予放罢的处罚。"(言)转送递角纲运,留滞转多,尽缘当职官司偷堕苟且,条令未尝举行,驯致奸弊。提举官名存实废,漫不检察,为害甚大。'诏令诸路提举马递铺官常切提举按察,巡辖官偷堕不职,并仰依条按劾。仍令逐路廉访、宪司各行按察,每上下半年具本路管下马递铺承转过纲递运角数目,有无留滞,及应干合行遵守条法事件有无违戾,逐一开具申尚书省类聚,岁终具不尽不实,并以违制科罪。"③此条史料则反映了对宋代文书传递造成延误官员以违制论处的情况。此外,《金玉新书》中也记载官员巡辖不力而受到行政处罚的条文:"乞下本路提举马迎铺官相度,今相度下项,淮西钤辖司所乞巡辖使臣,比较逃亡及二分,展磨勘二年。"④此条内容以上述相同,对于延误传递官员处于"展磨勘二年"的处罚。

(2) 刑事处罚

宋代文书传递稽程除了给予行政处罚之外,对于当事人还要给予刑事处罚。从宋代相关史料的记载来看,对于延误文书传递的处罚一般根据稽程时间的不同,判罚上从杖六十到徒二年不等。如史料所记载"嘉祐八年英宗已即位未改元。九月二十二日,诏递铺住滞文字,违一时辰并半时辰,各

① [清]徐松:《宋会要辑稿》,第 9509 页。
② [清]徐松:《宋会要辑稿》,第 9503 页。
③ [清]徐松:《宋会要辑稿》,第 9483 页。
④ [明]解缙:《永乐大典》卷一四五七四,第 13 页。

杖六十;一时半杖七十,两时辰并两时辰半杖八十,移配重难递铺;三时半(半)移配重难递铺;八时辰半徒二年"。①

对于造成文书传递稽违的情形,铺兵与巡辖使臣同样要受到严格的处罚。如《金玉新书》中载:"马递承传文书,违一时杖八十,一日加一百,二日加一等,罪止徒三年,配五百里重役处,致有废阙事理重者奏裁。急脚递各递加二等。步递减马递五等。诸急脚递承传御前不入铺及金字牌文书,而违不满时者,杖一百,一时徒一年,配五百里,每时加一等,至徒三年止,配千里并重役处,至有废阙事理重者奏裁。对于曹司、节级及巡辖使臣则负有觉察点检的职责,若有失觉察的,曹司节级杖一百,巡辖使臣在此基础上减一等科罚。"②

"哲宗元祐六年四月七日,刑部、大理寺言:'赦降入马递,日行五百里;事干外界,或军机及非常盗贼文书入急脚递,日行四百里。如无急脚递,及要速并贼盗文书入马递,日行三百里。违不满时者笞五十,一时杖八十,一日杖一百,二日加一等,罪止徒三年。致有废缺事理重者,奏裁。'从之。"③哲宗元祐六年四月七日,刑部、大理寺上奏,其中主要内容是在已有法律的基础上,要求严格执法,从重处罚文书稽程问题。此外,还有一些史料也能说明此问题,如"十月五日,中书省、尚书省言:'检会《政和敕》,马递承传文书,违一时杖八十,二时加一等,一口徒一年,二日加一等,配五百里,罪止徒三年,配千里,并重役处。急脚递加二等。其法已严。近来急脚递文书尚多住滞,盖是所(止)[金]不肯实时交割,或行用钱物,使令越过,人力不胜,因致违滞。今参酌事立告赏断罪,庶可惩革。检修下条:诸急脚递承传文书,所至无故不实时交割,或行用钱物令越过者徒一年,受财而为越过者减二等,并许人告。诸告获急脚铺无故不即交割文书,或行用钱物令越过及受财而(受)[为]越过者,钱三十贯。'诏从之。"④所引史料主要针对诸急脚递承传文书,所至无故不实时交割,或行用钱物令越过的稽程问题,其中提出要严厉处罚,相关人员可能面临徒一年的处罚,鼓励告赏。

综上内容,我们可以得出,宋代对于文书传递延误的刑事处罚,按照延误时间长短来进行量刑,量刑的起点为违一时杖八十,其后依次递增,违一日杖一百,二日加一等,配五百里,罪止徒三年。在实行这一标准的过程中

① [清]徐松:《宋会要辑稿》,第 9474 页。
② 王蕤:《宋代递铺制度研究》,第 26 页。
③ [清]徐松:《宋会要辑稿》,第 9476 页。
④ [清]徐松:《宋会要辑稿》,第 9480 页。

随着实践的发展,宋代统治者也对此进行了补充和完善,如增加了对于违背半时的量刑标准,增加了告赏的奖励标准等。正是对传递进行中出现的各种稽程问题开展多层次、多角度的防治,宋代才能有效保障文书传递的及时和准确,提高行政效率。

第四章　宋代文书泄密

文书泄密一般是指文书制作、传递、使用及管理过程中，由于人为或非人为因素，文书中的信息为不应获得信息的主体所获知。由于君主专制的需要，宋代文书制度中形成了诸多的保密要求。这一要求在思想层面已有较为深刻的认识，如"臣闻为君难，为臣不易，《易大传》曰：'君不密则失臣，臣不密则失身。'春秋讥漏言以为至戒，君上不可不察也。伏惟陛下躬大圣之姿，体至仁之量，推诚接物，降心求治，每臣下进见，莫不霁威严，和颜色，问民俗之利病，询朝廷之得失，此虞舜好察迩言之意也。然其间枢机所发祸机或随臣下不可不慎也，比来群臣进对有所密陈。往往实时传之。在外岂非防闲之道，未尽其要。今后臣僚上殿欲乞严屏左右，以防漏泄，若此则忠言益进。圣聪弥广，无机事不密之害，伸近臣尽规之忠谨具奏闻谨奏"。①从所引内容可以看出，宋代对于君王和臣僚各自保守机密有着如此深刻的警觉，这些保密思想也进一步在文书工作中得以反映，如"（绍熙）四年六月十九日，臣僚言：朝廷大臣之奏议、台谏之章疏、内外之封事、士子之程文，机谋密画，不可漏泄"。②又"应合行移取索内外官司及州郡监司等处文字，除御史台、谏院、后省、承旨司、检正司、左右司、检详所、秘书省、编修敕令局、玉牒所互关外，其余并以状申本司，会计财赋，务要关防机密，不容漏泄。今乞照敕令所已行体例，给降黄牓约束"。③从所引史料来看保密思想已经深刻渗透到文书工作领域。

---

① ［宋］胡宿：《文恭集》，影印文渊阁四库全书本，台北：商务印书馆，1983，第 1088 页。
② ［清］徐松：《宋会要辑稿》，第 8353 页。
③ ［清］徐松：《宋会要辑稿》，第 3168 页。

第一节　文书工作各环节出现的泄密

在宋代,国家大政、军事要务、人事任免、外交事务的实施都要以文书作为重要的载体来实现,因此尽可能减少文书的撰写、奏报、传递、管理等环节存在的泄密问题成为了宋代文书保密的重要要求。从宋代史料的记载来看,文书制作、收发、传递等环节都存在不同程度的泄密问题,成为防范重点。

一、文书制作、收发中出现的泄密问题

1. 宋代文书制作环节所发生的泄密

高度依靠文书来维系行政运行的古代社会,在文书制作环节存在着泄密的可能,这一问题在宋代的诸多史料中都有记载。如"真宗(成)[咸]平元年七月,诏制敕院诸房公事自今不得(辙)[辄]有漏泄,及令御史台晓示京朝官,不因公事勾唤,不得辄入制敕院。仍常切觉察,违者具名以闻"。[①]这是真宗时期对制敕院的特别要求,要求制敕院各房不得漏泄,同时还令御史台告知京朝官,不因公事不得随意入制敕院,这也从一个侧面说明文书泄密存在的可能性。

又如宋代的官告局在撰写人事任命文书中也常出现泄漏,如"(大观元年)十一月二十三日,主管官告局许仿言:'本局被受差除录黄,修写进告,多致漏泄。欲乞改制造官告局为尚书省官告院,别择处建置。应今后堂除、敕授差遣,书黄至尚书省,径送本院给告,然后付录黄于吏部,于事为便。'从之。仍隶左、右司"。[②] 宋代人事任免是事关国家的大事,需要高度保密,不容泄露。

2. 宋代文书收发中出现的泄密。

文书在收发中过程中由于涉及的环节和相关人员比较多,也容易出现泄密问题。宋代下行文书和上行文书都有专门的机构负责,大体来说,宋代专门从事文书收发的机构主要有进奏院、通进银台司等。

进奏院作为宋代文书收发的重要机构,所辖文书范围甚广,如《宋史》所记载:"进奏院隶给事中,掌受诏敕及三省、枢密院宣札,六曹、寺监百司符牒,颁于诸路。凡章奏至,则具事目上门下省。若案牍及申禀文书,则分纳诸官司。凡奏牍违戾法式者,贴说以进。熙宁四年,诏:'应朝廷擢用材能、

---

① [清] 徐松:《宋会要辑稿》,第 3040 页。
② [清] 徐松:《宋会要辑稿》,第 3353 页。

赏功罚罪事可惩劝者,中书检正、枢密院检详官月以事状录付院,誊报天下。'元祐初,罢之。绍圣元年,诏如熙宁旧条。靖康元年二月诏:'诸道监司、帅守文字,应边防机密急切事,许进奏院直赴通进司投进。旧制,通进、银台司,知司官二人,两制以上充。"①上述史料勾勒了进奏院的基本执掌、文书工作的基本程序。由于进奏院在文书收发中的重要作用,发生在这一机构的泄密问题常常成焦点格外引发各界的关注,如史料所记载:"进奏院传诏令差除章奏文字多有不实,或漏泄事端,惟是监官得人,可绝其弊。今勾当院林旦先任台官,言事不实降黜,乞别与差遣。从之。"②随着进奏院收发文书弊端的频繁出现,强化对进奏院的管理,以防泄密也成为朝臣关注的问题之一,"庚寅,枢密院检详吏房文字刘奉世言:'检会旧条,进奏院每五日令进奏官一名于阁门钞札报状,申枢密院呈定,依本写录,供报逐处。缘四方切欲闻朝廷除改及新行诏令,而进奏官亦仰给本州,不免冒法,以致矫为家书发放,监官无由禁止,日虞罪戾。而枢密院所定报状递到外州,往往更不开省,徒为烦费。欲乞自今罢枢密院五日定本报状,许诸道进奏官且依例供发。应朝廷已差除指挥事及中外常程申奏事,并许节写,通封誊报。其实封文字及事涉边机,并臣僚章疏等,不得传录漏泄。犯者,其事虽实,亦从违制科罪,赦降不原。若增加虚妄,仍编管。如敢承虚撰造,致传报者,并行严断。事理重者,以违制论。'从之"。从刘奉世所上奏札来看,进奏院在日常工作中所存在的泄密文书已经造成了恶劣影响,鉴于此,刘奉世上奏请求对进奏院进行约束,涉密文书不得传录漏泄,违反规定者,从违制罪科罚,即使遇到赦降也不得减免罪罚。

　　宋代文书收发中另一个重要机构是通进银台司:"旧制,通进、银台司,知司官二人,两制以上充。通进司,掌受银台司所领天下章奏案牍,及阁门在京百司奏牍、文武近臣表疏,以进御,然后颁布于外。银台司,掌受天下奏状案牍,抄录其目进御,发付勾检,纠其违失而督其淹绥。发敕司,掌受中书、枢密院宣敕,着籍以颁下之。"③又"通进司隶给事中,掌受三省、枢密院、六曹、寺监百司奏牍,文武近臣表疏及章奏房所领天下章奏案牍,具事目进呈,而颁布于中外"。④ 再"银台司掌受天下奏状、案牍,抄写条目,进御发付,纠其违失。枢密院主事二人,书令史八人,贴房十一人掌之"。⑤ 上述三条史料

①　[元]脱脱:《宋史》,第3781—3782页。
②　[清]徐松:《宋会要辑稿》,第3015页。
③　[元]脱脱:《宋史》,第3782页。
④　[元]脱脱:《宋史》,第3781页。
⑤　[清]徐松:《宋会要辑稿》,第3008页。

充分说明了通进银台司在文书收发中的重要地位。由于所涉文书众多,从业人员庞大,在文书传递中,通进银台司往往也出现大量泄密问题。通进司在日常的工作中所造成的泄密问题,引起了臣僚的关注,如:"(绍兴)三十一年二月十四日,给事中黄祖舜言:'近被旨措置通进司弊事。一、监官乞从入内内侍省于内侍官差拨二员,分轮在司直日,专一检察头刃火烛及进降文字,并承转承接亲从、亲事官稽留作过之人。遇夜守宿,仍不得于寄班祗候内差。一、每日降出御封,本司承受,乞依旧制用黄绢夹袋盛贮,令监官重封,并亲书题写姓名时刻承受谨封等字,即令承转亲从官赴所属发放,不得用雕造阶位印子及令人代书姓名字。一、亲从、亲事官遇阙,乞令监官具状申点检司,移文皇城司,日下勒通管人员选择无过犯识字人差拨执役。依条一年替换,不许踏逐,止从上存留一名指教新人。仍不许差拨旧在本司执役人。听本司部辖,专一承转承接文字,不得擅离出外。其监官亦不许私役使唤,如有作过,并具所犯牒皇城司,将通管人员一例科罪。一、今后遇降出御封文字,乞令发敕官分明抄上文簿,于历内开写时刻,实时差承转亲事官赴所属发放。其被受官司,实时具姓名时刻收接。若辨验得少有留滞,即时具当行人吏姓名申门下后省施行。其抄转、承受、发簿,乞从门下后省印押给付,日计都收件数签押。若遇夜降出御封文字准此,于旬终缴赴省结押易换。仍令发敕官开具诸处承受名件,及(遂)[逐]时承准御封发放时刻,申纳门下省点检。若有遗失稽滞,并从本省科罪。内亲从亲事官仍行下皇城司断遣,依旧执役。一、本司奏禀使臣二员,乞从入内内侍省依条差拨。遇有进入文字,隔三日不出,许监官具名件榜子奏禀。一、本司主管文字四人,系差后省当职人吏兼管。欲乞每日分差一名赴司宿直,仍具姓名申本省。若遇本司有违滞事,即密报本省施行。一、本司发敕官遇阙,乞令监官具状申点检司,批送行首司,依名次差填,不许自行陈乞。仍将本司主管文字发敕官及亲从、亲事官每三人结为一保,并亲书结罪文状,申后省照会。一、本司每遇被受到颁降旨挥,乞自今起置文簿,一面抄转,岁终赴省押易换。一、承转承接亲从、亲事官若遇本司承接文字讫,画时取索批收,便将发放文历赴司交纳发敕官验讫,密行收掌,不许收藏在外,经宿方纳。一、通进司条:无故辄入本司者流三千里,漏泄机密重者处斩。又皇城司专法:诸亲从、亲事官、节级、长行犯赃私罪,徒以上配千里,公罪徒断讫送步军司比类移配,私罪杖断讫及公罪杖或连坐送皇城司。今欲乞将遇有盗拆御封因而泄漏者,及遇官司投下奏状辄行阻难乞觅之人,并照应前项条法施行。其邀阻不得财者,依律不应为从重条法断遣。一、本司簿历点检、通进司提点乞并每月驱考稽失。'从之。先是,臣僚言:'近闻内降诏旨,未经朝廷放行,而外人已相告语,是皆通进司漏泄之过,乞行检察。'令给事中措置,而有是命。"①

黄祖舜所上奏札就通进司文书工作中出现的泄密问题提出了 11 条具体的防治措施,这 11 条措施大体涉及了以下四个方面的内容:第一,增加人员并明确官员的责任;第二,加强通进司文书管理制度的建设;第三,加强处罚的力度,对相关责任者进行严惩;第四,加强监督的力度,每月按时进行驱磨。从黄祖舜所上奏札来看,在宋代通进司的文书泄密问题绝不是简单的个案,而是情形十分严重,不得不进行惩戒的问题了。

二、文书传递中出现的泄密问题

文书传递是宋代实现政令信息传播的重要环节之一,在这一环节中由于封装方式不同、人员管理,监察等要素的影响都在一定程度上造成了泄密问题。

(一) 宋代文书封装的常见方式

宋代文书在传递过程有两种封装方式:一为通封;二为实封。

1. 文书通封

所谓通封,就是文书在传递中不需要采取保密的措施,只要满足文书传递的一般要求就可。"(绍圣)三年八月五日,详定重修敕令所言:'应奏事皆通封,仍于状前及封面贴黄具事目。'"②从所引内容来看,对于通封的奏事文书,没有提及具体的保密要求,而是强调要在状前及封面贴黄写出事目。

2. 文书实封

所谓实封是"宋代公文封装方式。官员奏呈札子和表状,事关机密、灾异及陈'妖术'、狱案与被旨分析事状,皆须实封,即将札子、表状封皮折角重封,两端盖印,无印者书官员名,封面不贴黄。在外奏者,只贴'系机密'或'急速'字样。依法应实封公文,若只用通封,主管官员须受罚"。③《庆元条法事类》对于实封文书的种类有详细规定:"诸奏事涉机密,若急速及灾异,或告妖术若狱案,或臣僚自有所陈,谓非叙述身事者,及被旨分析事状,皆实封,余通封。即不应实封而实封者,所属点检举劾。系臣僚陈事,仍缴录。"④从这一规定内容来看,机密、急速、告妖术、狱案等文书在传递中需实封。有关

① [清] 徐松:《宋会要辑稿》,第 3007—3008 页。
② [清] 徐松:《宋会要辑稿》,第 2437 页。
③ 邓广铭:《中国历史大辞典(宋史)》,上海:上海辞书出版社,1984,第 305 页。
④ [宋] 谢深甫:《庆元条法事类》,第 344 页。

宋代文书实封的史料还有很多,如:"进状经检院者,圆实封,奏机密军期事、朝政阙失利害及公私利济并军国重事。若经鼓院者,迭角实封,陈乞、奏荐、再任、已得指挥恩泽、除落、过名、论诉抑屈事,本处不公及沈匿等事,在京官员不法等事,两院状封,皆长八寸。"①所引史料反映了经过检院和鼓院的文书需要进行实封的文书种类,这类文书主要包括:经过检院的进状、奏机密、军事、朝政阙失。"边报沿边州郡,列日具干事人探报平安事宜,实封申尚书省、枢密院。"②边报、沿边州郡向尚书省所上文书需要实封。另"诏百官转对,极言时政阙失,在外者实封以闻"。③ 以上相关史料对于宋代文书实封的情形都有较为详细的交代,从史料的记载来看,宋代实封文书的种类在文书实践在中也发生过一些变化,如史料所载:"若有机密、灾异及有所告言急速事合实封者,并折角重封,不贴黄。(具)[其]臣僚自陈意见及被旨条析事状,亦实封。即陈述已,事不得实封,违者缴奏。'从之。"④由所引史料来看,将臣僚自陈意见及事状也纳入实封的范围之内,也可见保密的要求越来越多,越来越繁密。

(二)文书实封的常见材料

宋代用于文书封装的材料见于史籍记载的主要有纸张、皮革及木匣。

1. 纸张封装

纸张是宋代文书工作中常用的材料之一,这一材料也被广泛应用到文书的密封中。

如史料所记载:"诏通进银台司相度如何关防禁止,具经久利害以闻。既而本司乞应内外臣僚所进文字依常手粘实封讫,别用纸折角,重封用印,无印者臣名押字仍须一手书写。及乞官员诸色人等不得辄入本司。从之。"⑤这是宋代有关内外臣僚所进实封文书进行封装的史料。其中提到用纸张折角再次封装,加盖官印,这一制度在宋代诸多史料中都有记载:如"又诏两制、两省、台谏官、三馆带职、省府推判官等次对言事,凡朝政得失,生民利病,灾异时数,直言无隐,不得徇私挟情,抉摘阴细,无益治道,务在公实。观文殿以下学士至待制,合直牒阁门上殿者许请对,余官第奏封事,涉机密者并用薄纸重封,以防漏泄。学士待制许请对,余官奏封事,此据会要,

---

① [宋]赵升:《朝野类要》,第87页。
② [宋]赵升:《朝野类要》,第88页。
③ [元]脱脱:《宋史》,第196页。
④ [清]徐松:《宋会要辑稿》,第2435页。
⑤ [清]徐松:《宋会要辑稿》,第2434—2435页。

实录无之"。① 此史料提到了"涉机密者并用薄纸重封",也是以纸张来作为封装的材料,又"应奏事皆通封,仍于状前及封面贴黄具事目。若有机密、灾异及有所告言急速事合实封者,并折角重封,不贴黄。(具)[其]臣僚自陈意见及被旨条析事状,亦实封。即陈述已事不得实封,违者缴奏"。② 所引史料反映了宋代对于机密、灾异、急速等文书折角以纸进行重封。这一制度在宋代文书实践中是得到了严格执行的,"李柬之等言:'应内外臣僚所进文字,不限机密及常程,但系实封者,并须依常下粘实封讫,别用纸折角重封。有印者内外印,无印者于外封皮上臣名花押字,仍须一手书写。所有内外诸司及诸道州府军监并依此例。如违,仰本司不得收进。其外处有不如式样,递到实封文字,仰进奏院于监官前折角重封用印,于本司投下。仍乞依三司开封府条贯,并不得官员及诸色闲杂人辄入本司。'从之"。③

折角实封时间长了,就会遇到许多问题,如史料所提的:"(治平)三年六月二十四日,李柬之等又言:'本司先准栐(英宗)栐治平元年中指挥,今后臣僚所进文字依常下粘实封讫,别用纸折角重封。今来诸处投进文字多作圆封,并不折角,却剪碎两头,用圆纸花子贴定,可以因缘开拆,深虑所在作弊,漏泄机密。及有外处臣僚言时政得失利害者,往往只作通封,致有传布于外,缘素无明白约束。乞今后中外臣僚投进文字,但干机密及言时政得失利害并体量官员等事,并须褊掭,用全张小纸,斜侧折角实封。所贵经历官司不致作弊,漏泄事宜。仍乞下进奏院遍下在京及诸路州军监等告示,如不依此式样,所经官司并不收接。'从之。"④ 所引史料为李柬之针对折角实封在实践中出现的"投进文字多作圆封,并不折角,却剪碎两头,用圆纸花子贴定,可以因缘开拆,深虑所在作弊,漏泄机密"问题,提出用斜侧折角实封的方法以弥补折角实封的不足。

2. 皮革蜡封

宋代文献也记载了皮革进行封装的方式,如"(乾道九年)十月十八日,诏:'令兵部遍牒诸路州军等处,将申奏入递机密要切文字并实封,于皮筒内外及文引止排字号,不得显露事因。如违戾,取旨重作施行。'"⑤ 所引内容说明宋代存在着用皮筒来封装文书的史实。"(绍兴)二十二年七月六日,总(总)[领]四川[财]赋汪召嗣言:'递角旧用皮筒封印记,因兵部郎

---

① [宋]李焘:《续资治通鉴长编》,第 4212 页。
② [清]徐松:《宋会要辑稿》,第 2437 页。
③ [清]徐松:《宋会要辑稿》,第 3004 页。
④ [清]徐松:《宋会要辑稿》,第 3004 页。
⑤ [清]徐松:《宋会要辑稿》,第 3400 页。

中黄敏行请用纸角题印,以蜡固护入筒,更不封记。缘递角铺交换,取出辨验,多致差互,愈长偷拆藏匿之弊,望详酌措置。'进奏院看详,欲以蜡固护入筒,仍腰封撮系。从之。"①此条史料也反映了宋代用皮筒蜡封以防泄密的封装方式。

3. 木匣封装

除了纸张和皮革以外,宋代对于军事文书也一度采用木匣封装的方式进行传递,"(嘉定)十年四月十五日,枢密院言:'日来〔边〕事未宁,军期机速事件往来报应,务在疾急,所有递角文字若止用州县摆递传送,窃虑抵牾违滞,委是利害。'诏令内外诸军帅合于本司照旧例人数差置摆铺军兵,专一往来接运传送枢密院发下军期红字黑牌递匣,并军中申发紧要文字,务要并依程(走)限传送,不管稍有住滞。……自余次紧文书,仍旧入州县摆铺,各具知禀申枢密院"。② 上述史料提及枢密院的军事文书用红字黑牌递匣进行封装的方式。

(三) 宋代文书传递中的泄密问题

宋代文书传递中由于用人不当、监督不力及官吏的舞弊常出现泄密,如盗拆递角,"(淳熙四年)十二月八日,江东运副徐本中降一官,以铺兵汪青盗拆递角文字,不能觉察,而饰词妄申,觊以免罪,故有是命"。③ 从所引史料来看,江东运副徐本中降一官。因铺兵汪青盗拆递角文字,不能觉察,而饰词妄申,获罪。"诏遣监都进奏院王厚之措置诸路递角。枢密院言:'昨发文字至江陵副都统司,依条合破十日,而四十六日方到。其他往来文书,多盗拆违滞。兼访闻诸州军拖欠铺兵衣粮,弊端不一。'故遣厚之措置。十一月,厚之回程,诏特转一官。"所引史料也反映了盗拆递角问题的严重性,又如"忠翊郎、阁门舍人熊飞言:'窃见两浙、荆襄切于敌境,明远斥堠,正为急务。其间州县招置铺兵,多是逃兵作过及老弱之人,诡名冒役,朝集暮散,更无定籍,所递文字或潜开拆,先泄事机,或藏匿失坠,互相托避,利害非小。欲望申明祖宗条制,应州县招刺铺兵,须确是土居之人,负犯盗卒并发归元处,余老幼尽汰。仍令知县、尉兼带驱催往来递角,专一检察,庶几缓急不致疏虞,亦防奸之至术。'从之"。④ 此条史料则在一定程度上说明了宋代由于铺兵的流动性,造成了传递中文书泄密的问题,对此问题忠翊郎、阁门舍人熊飞提出州县招刺铺兵要保证是土居之人,对于铺兵有犯罪记录的则发归原处。

---

① ［清］徐松:《宋会要辑稿》,第9496页。
② ［清］徐松:《宋会要辑稿》,第9510页。
③ ［清］徐松:《宋会要辑稿》,第4977页。
④ ［清］徐松:《宋会要辑稿》,第9503页。

三、文书汇编中出现的泄密问题

随着宋代文书数量的不断增多,需要对文书进行汇编,但汇编中往往也容易出现信息漏泄,如宋代所编辑的邸报,其大部分都是政令、军事、边防等信息的汇编,出现了邸报尚未发行,信息已传播四方的情形。"臣僚言:'恭惟国朝置(建)[进]奏院于京都,而诸路州郡亦各有进奏吏,凡朝廷已行之命令,已定之差除,皆以达于四方,谓之邸报,所从久矣。而比来有司防禁不严,遂有命令未行,差除未定,即时誊播,谓之小报。始自都下,传之四方,甚者凿空撰造,以无为有,流布近远,疑(悟)[误]群听。且常程小事,传之不实,犹未害也,倘事干国体,或涉边防,妄有流传,为害非细。乞申明有司,严行约束,应妄传小报,许人告首。根究得实,断罪追赏,务在必行。'又言:'朝报逐日自有门下后省定本,经由宰执,始可报行。近年有所谓小报者,或是朝报未报之事,或是官员陈乞未曾施行之事,先传于外,固已不可,至有撰造命令,妄传事端,朝廷之差除,台谏百官之章奏,以无为有,传播于外。访闻有一使臣及阁门院子,专以探报此等事为生。或得于省院之漏泄,或得于街市之剽闻,又或意见之撰造,日书一纸,以出局之后,省部、寺监、知杂司及进奏官悉皆传授,坐获不赀之利,以先得者为功。一以传十,十以传百,以至遍达于州郡、监司。人情喜新而好奇,皆以小报为先而以朝报为常,真伪亦不复辨也。欲乞在内令临安府重立赏牓,缉捉根勘,重作施行。其进奏官令院官以五人为甲,递相委保觉察,不得仍前小报于外。如违,重置典宪。'从之。"①从史料的相关内容来看,在宋代朝政信息的传播中,邸报作为一种常见形式发挥着重要作用。与邸报同时存在的小报传播速度远远快于邸报,由于小报容易传播各种不实信息,在坊间产生了许多负面影响,因为有朝臣提请加强对小报的管理,对相关责任人进行严厉处罚,并鼓励告赏。

第二节　宋代胥吏与文书泄密

一、宋代胥吏之弊

文书泄密与从事文书工作的人员有密切关系,防治文书泄密的难点也在如何规范文书工作人员的行为,对此问题宋代已有官员就此进行了精辟

---

① ［清］徐松:《宋会要辑稿》,第 8353—8354 页。

分析,如宋神宗时期的名臣王岩叟就曾提出:"若以谓欲绝漏泄之弊,则臣以谓漏泄在人,不在门户,门户虽殊,而人不密,则漏泄之弊固自若也。"①王岩叟所提到的"人"在宋代文书工作中主要是相关的官员和胥吏,本节将对参与文书实际运行的胥吏这一群体与文书泄密相关问题进行梳理。

胥吏在宋代社会中是一个重要的群体,在国家机构各项工作中发挥着巨大作用,对于这类群体宋代统治者始终保持着清醒的认识,如宋太宗所论:"凡财赋之通塞,系于制置之臧否,见簿领李溥等略陈所见,亦各有所长。朕尝谓陈恕等,若文章稽古,此辈固不可望卿,至于钱谷利病,此辈自幼即枕藉寝处其中,必周知根本。卿等但假以颜色,引令剖析,宜有所资益。恕等刚强,终不肯降意询问。"②可见统治者对于此类群体特性的认识已是入木三分。

随着宋代社会的发展,胥吏的角色愈发不可替代,这也逐渐滋长了胥吏的陋习,胥吏舞文弄法,漏泄信息的问题也日渐严重。如史料所记载:"尚书省言:'勘会三省、枢密院、六曹、百司人吏,自军兴以来,全无忌惮,请托受赇,弊端不可概举。除已差人密行觉察,如有漏泄朝廷未下有司政事差除之类,又受请托贿赂,私相看谒,六曹、百司等处因公事受乞钱物等事,即具姓名密报,送所司根勘,即依法施行。窃虑未知上件措置尚有抵犯,理合检会条法,申严晓告。'诏三省、枢密院、六曹令尚书省出榜,百司等处令六曹随所隶出牓,并于门首晓谕。是日进呈,令海巡八厢密行视(密)〔察〕,兼出榜晓谕。上曰:'人吏请托受赇,不可不革。然此风已久,须三令五申,使上下通知而不敢犯。恐一旦付之八厢,犯法者必众。'范宗尹曰:'更望训谕八厢,止为人吏,不可使及百姓。若行在百姓因此恐惧不安,则亦非便。'上曰:'不惟不及百姓,公人受赇固有可阔略者,如大程官送敕告、宣札之类,各有所得,岂人吏受赇之比,朕当一一谕之。'"③上述史料深刻地说明了胥吏违法对宋代行政活动所产生的负面影响,为了革除胥吏作奸犯科问题,尚书省提出了治理的措施,这些措施主要为严厉处罚胥吏受乞钱物的行径。

宋代名臣凌景夏对于胥吏的痼习也有深刻认识,"(绍兴)三十二年,吏部侍郎凌景夏言:'国家设铨选以听群吏之治,其掌于七司,著在令甲,所守者法也。今升降于胥吏之手,有所谓例焉。长贰有迁改,郎曹有替移,来者

① 〔宋〕李焘:《续资治通鉴长编》,第 9533—9534 页。
② 〔宋〕李焘:《续资治通鉴长编》,第 813 页。
③ 〔清〕徐松:《宋会要辑稿》,第 8339 页。

不可复知,去者不能尽告。索例而不获,虽有强明健敏之才,不复致议;引例而不当,虽有至公尽理之事,不复可伸。货贿公行,奸弊滋甚。尝睹汉之公府有辞讼比,尚书有决事比,比之为言,犹今之例。今吏部七司宜置例册,凡换给之期限,战功之定处,去失之保任,书填之审实,奏荐之限隔,酬赏之用否,凡经申请,或堂白、或取旨者,每一事已,命郎官以次拟定,而长贰书之于册,永以为例,每半岁上于尚书省,仍关御史台。如是,则巧吏无所施,而铨叙平允矣。'"①从凌景夏所言来看,宋代胥吏在官员的升迁考核中舞文弄法,弊端不少,严重影响了宋代行政工作的有序开展,因此凌景夏提出应该加强对此类群体的管理。

综上所述,可以看到随着胥吏在行政活动中作用的扩大,宋代这一群体也开始产生了许多负面影响,从皇帝到朝臣对此都保持了非常的警惕。

二、胥吏漏泄各领域的信息

胥吏漏泄信息在宋代各领域的文书工作中都有所表现,如在司法审判中,胥吏漏泄信息,"(绍兴)十四年九月十四日,宰执进呈大理寺词诉公事,上曰:'此皆官吏弛慢所致,可委长贰据所诉亲加审察。如非其人,可与沙汰。又闻狱吏多非旧人,只以诸州人吏充,逐时更替,漏泄狱情,极为不便。盖理寺非州县之比,尤在详察。可密令长贰措置,应人吏须久于执役,不得非时更替。'"②所引内容反映了州县狱吏逐时更替,漏泄狱情,这种情况引起了皇帝的重视,强调大理寺的胥吏长官要对胥吏严加选用,不得随意替换,以避免漏泄信息。对于大理寺胥吏漏泄问题,宋代曾专门下令,严厉处罚,"(绍兴)四年正月八日,诏:'大理寺务要严密,虑有听探语言,漏泄狱情,其本寺许用元丰六年二月右治狱指挥,系公人漏泄狱情,杖一百。及许用《大观开封府六曹通用敕》,'诸左右狱内祇应人谓狱子、行人、座婆、医人之类,但可传达漏泄者皆是。并三人为一保,如通言语漏泄者,情重者杖罪,五百里编管;徒罪配千里牢城,同保人失觉察,各杖八十勒停,永不收叙,即经停而别投名者,许人告'条法。仍有告获似此之人,赏钱五十贯。'先因渡江散失,后省记到前项节文,经尚书左右司看详,以上件指挥无元降年月日,全文贴说不行,至是寺官有请,故有是命。其后视为虚文,无复畏惮。至五月二十九日,本寺措置,如请求行用、传达狱情申乞,又立一百贯,以赃罚钱先次

①　[元]脱脱:《宋史》,第 3714 页。
②　[清]徐松:《宋会要辑稿》,第 3667 页。

充赏。亦从之"。① 所引内容说明宋代对于大理寺胥吏漏泄有明确的处罚依据,处罚此类违法问题可根据元丰六年二月右治狱指挥和观开封府六曹通用格,对于公人漏泄处杖一百,对于诸左右狱内祗应人谓狱子、行人、座婆、医人之类漏泄狱情的处罚也是杖一百。为了对胥吏进行控制,大理寺胥吏还需三人为一保,采取连坐制度,如果通风报信而漏泄,情节严重者,可判处五百里编管,徒罪配千里牢城,互保之人失觉察,也处杖八十,永不收叙,鼓励告赏,给赏钱五十贯。大理寺的这些处罚制度,南宋初期由于各项制度被破坏,胥吏无所忌惮,针对这种情况,臣僚恳请重新施行此项制度,并把告赏的力度提到了一百贯。

胥吏除了漏泄狱情外,在其他活动中也常出现漏泄问题,如胥吏漏泄朝廷事务,"宰执进呈监察御史田如鳖论几事不密则害成:'朝廷近来未行之事,中外已自喧传,及号令之出,往往悉如众人所料。尝推求其故,皆缘人吏不能谨所致。'上曰:'此缘吕颐浩不知大体,虽卖物人亦纵之入政事堂,每每漏泄。'赵鼎曰:'前此中书省、枢密院置皇城内,如在天上,何由探知?自渡江,屋宇浅隘,人迹错杂,自然不密。'上命申严法禁,又诏应漏泄边机事务,并行军法,赏钱一千贯,许人告。仍令尚书省出榜"。② 从所引内容看,胥吏漏泄问题已经相当严重,为了严防此类问题的出现,朝廷下令申严法禁,对漏泄之人处于军法,鼓励告赏,赏钱达到了一千贯之多。

此外,胥吏还漏泄财赋、军事信息。如南宋理宗时期,针对胥吏漏泄军事信息而采取的对策可以充分说明此类问题的严重危害。"庆元四年十一月十二日,臣僚言:'递年以来,三衙人吏专以经营差充奉使及接送伴所引接、书表司等职事,盖是军中财赋、兵帐、军器及朝廷施行等事,皆知子细,往往漏泄,以(圆)[图]厚利,至有一年之内,凡遇接送使人,皆在抽差之数者。检照指挥,百司吏人皆可抽差,何独必欲三衙吏人使令? 兼闻虏使寻常所带书表之属,例不得过三次,盖亦是关防人情密熟之弊。乞札下三衙帅臣,今后不得发遣吏人往奉使所及接送伴所。虽指名踏逐,仰备坐今来约束指挥回报,不得发遣。'从之。"③ 所引内容突出地反映了南宋理宗时期,对三衙人吏的防范,由于三衙人吏在事务处理中接触了大量信息,对财赋、兵帐、军器及朝廷施行等信息比较了解,人吏往往漏泄相关信息以图厚利,针对这种情况,臣僚提出今后不得派遣人吏从事财赋、兵帐、军器及朝廷施行等相关事务。

① ［清］徐松:《宋会要辑稿》,第 3665 页。
② ［清］徐松:《宋会要辑稿》,第 8376 页。
③ ［清］徐松:《宋会要辑稿》,第 3822 页。

三、宋代对胥吏漏泄的控制

基于宋代胥吏在各项事务中的负面影响,为了对胥吏漏泄信息进行有效控制,宋代强调机密之事不得交付胥吏来处理,如"戊申,诏河北转运司及诸州军每诏赦事关机宜者,谨密行之,勿付胥吏致其漏泄"。为了防止胥吏漏泄人事任免信息,官员的告命文书不得委托于胥吏书写。"(绍兴)二十九年三月十七日,中书舍人洪遵言:'吏部左右选所行告命内中书舍人系衔处,系官告院人吏代书。切缘命词给告,虽宰执亦系亲书。切虑代书,止是沿袭。望下吏部,今后应有命词,并逐厅亲书。'从之。"①所引内容为中书舍人洪遵给朝廷所上文书,其中提到禁止人吏书写官告院诰命,以防人吏泄密之弊。

为了对胥吏进行更有效的控制,宋代严格管理官印,不得将官印交由胥吏来保管以防漏泄之弊:"(绍兴)四年七月十三日,臣寮言:'近来谏院遇全阙官,印记掌于胥(史)[吏]不便。乞今后谏院全阙官,印记权令中书门下后省寄收,其谏官职事并不干预。若省札关牒之属,每日类聚,用印封记,候除到谏官日开拆书押,庶几有所关防,不致漏泄散逸。'从之。"②所引史料反映了宋代谏院遇官员职阙时,将印记交给胥吏掌管的而致泄密问题。为了解决此问题,有臣僚提出,今后遇到谏院职阙时,印记暂时由中书门下后省寄收。

第三节　宋代防治文书泄密的对策

文书泄密严重影响了国家大政方针的实行,也严重削弱了国家的威严,对此宋代进行了诸多制度建设。

一、加强法律制度建设

对于文书泄密问题,宋代加强了立法。《宋刑统》中记载:"漏泄大事,诸漏泄大事应密者绞,大事谓潜谋讨袭及收捕谋叛之类。非大事应密者徒一年半。漏泄于蕃国使者加一等,仍以初传者为首,传至者为从,即转传大事者杖八十,非大事勿论。"③从《宋刑统》有关文书泄密的处罚内容看,将泄密问

---

① ［清］徐松:《宋会要辑稿》,第 3036 页。
② ［清］徐松:《宋会要辑稿》,第 3075 页。
③ ［宋］窦仪:《宋刑统》,第 154 页。

题划分为三个等级,给予相应的处罚。第一种情况判处绞刑。这种情况通常为漏泄大事。第二种情况为徒一年半至两年,这种情况为漏泄非大事应保密。第三种情况为杖八十,这种情况为转传大事者。《宋刑统》的量刑标准在实际中的执行情况如何呢? 从宋代大量史料来看,漏泄的处罚得到了良好的执行,如漏泄判处徒刑,在实际中则呈现加重的趋势,"检、鼓院言:'本院收接进文字,职务至重,其人吏虑恐因漏泄传播于外,及非理抑退,不为收接。今后遇有投进实封文字,辄盗拆窥泄传报,事干(几)[机]密,重害者流二千里,非重害者徒三年,终事无害者杖一百。非理退所进文字,亦从杖一百断罪。其因而乞取钱物者,依监临主司受财科罪。'从之"。① 从所引史料来看,宋代的检鼓院针对胥吏漏泄问题,以《宋刑统》的处罚标准为基础,加重对胥吏的处罚,胥吏漏泄机密重害文书流二千里,非重害处徒三年,无害也要处杖一百。漏泄处杖刑的刑罚是比较常见的处罚,如"御史翟思言:'法有漏泄察事者杖一百。台分言、察,正欲使察官按法而治其稽违,而法所不及,理容可议,则有责在于言官。盖言、察理势相须,宜不与别司同体。况朝夕同见丞、杂议事,岂有所不闻,则事势之实果不能自异。臣欲乞除见推司事虽言事官不许与闻外,其余言事官通知,不为漏泄。'从之"。②

对于漏泄违法,除了按照《宋刑统》的标准来进行刑事处罚外,也进行严厉的行政处罚,如"吏部员外郎祝公达、刑部郎中黄子淳并放罢。以臣僚言公达曾任建州教官,宴饮无度;子淳顷为大理寺丞,以漏泄断刑,故遂黜之"。③

二、告赏文书泄密

从上相关问题的分析中,我们已经看到,在许多场合下,对于文书泄密,宋代都鼓励告赏,如史料所记载:"诏实录院漏泄许人告,赏钱二百贯。"④这是针对实录院漏泄问题而发布的诏令,鼓励告赏,赏钱二百贯。"尚书省言:'进奏官许传报常程申奏及经尚书省已出文字,其实封文字或事干机密者,不得传报。如违,并以违制论。即撰造事端誉报若交结谤讪惑众者,亦如之。并许人告,赏钱三百贯。事理重者奏裁。'从之"。⑤此条则将赏钱提高到了三百贯之多。又如"秦凤路经略安抚(司)[使]郭思奏:'递角曹级盗拆罪名不轻,却有大小官员、使臣道逢递角,或安下处门首以借看为名,或妄托

①　[清]徐松:《宋会要辑稿》,第 3090 页。
②　[清]徐松:《宋会要辑稿》,第 3454 页。
③　[清]徐松:《宋会要辑稿》,第 4943—4944 页。
④　[清]徐松:《宋会要辑稿》,第 3512 页。
⑤　[清]徐松:《宋会要辑稿》,第 8306 页。

诸监司及州府差来根刷递角为名,直于道中转递人处取入安下等处,盗取所递文书抽看。前后转到前铺,或至地头验出拆损封头、去失文字不少。契勘尚书省、枢密院、宣抚使司发与本司递角及本司发去递角,莫非御前与朝廷边防机密文字,今来辄敢拆开观看,泄漏事节,焉知不是奸细。欲乞于盗拆递角下,更添入诈欺邀往、偷看在道递角,并递铺兵士擅便依从,将递角文书与上件人者,重立刑赏,许诸色人告捉,庶几可以止绝。'从之"。① 此条则反映了宋代针对文书递送中出现的各种漏泄问题,提出重立刑赏,允许诸色人告捉。

三、加强相关管理制度的建设

1. 增加人手进行防范

宋代知审刑院为了防止文书泄密问题,采取严格的关防措施,"十月十二日,知审刑院傅求言:'本院未便事件如旧制。审刑院元在右掖门内,易为关防。今移出外临街,与审官院、礼院相邻,逐日车马喧闹。窃缘本院日有奏到公案不少,院门别无关防,欲乞依在京纠察司例专差皇城司亲事官二人把门,免致别有漏泄,本院剩员十人束缚文字。今来本院屋共六十余间,虽有上下番剩员二人,难为看管。乞于十人内特留四人看管屋宇、官物、公案等,仍乞依众详议官所破剩员例支给口食。'并从之"。② 此条为知审刑院傅求所上奏,请求依照在京纠察司例专门派遣皇城司亲事官二人把守出入口,同时从十人中留出四人专门看守房屋、官物、公案。

2. 文书传递中实封

宋代文书实封之制作为一项文书保密制度,在宋代文书工作中得到了严格执行,"(淳化)四年四月,诏官告院置写告令史十人,须书札精熟者。又置绫纸库,用朱胶绫纸钱物,差三司军将一人为专知官,应兵、吏部、司封合纳绫纸钱并本库收纳,旋送左藏库,每日轮令史二人,将预书绫纸于舍人院写吉切官告,令当直赴制告点检,不得漏泄。其吏部选人除官,亦令甲库实封,敕送官告院。写告毕,送本院长官看读无误,即置历给付。如人吏错误数多,委是怠慢,即量情责罚"。③ 所引内容体现了吏部颁布人事任免文书中需要实封的做法,实封文书通常由甲库完成。实封制度前已有专门论述,此不赘述。

①　［清］徐松:《宋会要辑稿》,第9481页。

②　［清］徐松:《宋会要辑稿》,第3424页。

③　［清］徐松:《宋会要辑稿》,第3346页。

3. 严防外人入内，人吏集中居住

宋代为了防止文书泄密，对文书工作的场所也有诸多限定，禁止外人进入文书工作重地。如"三月四日，三省、枢密院言：'诸房系主行朝廷政事，自祖宗以来，严漏泄之刑、出谒之禁，条制关防，莫不尽备。在逐省则有制敕院，密院则有宣旨院，以禁外人，不得辄入。在外则置六房五居院，列为居第，使递相觉察，以绝请谒。内外严密，无容漏露。自巡幸以来，所至州郡，省院人吏往往散处，或与外人居，虽交结漏露，终难几察。除三省、枢密院、制敕、宣旨院昨已措置遵依旧法外，今来契勘越州禹迹等宽阔，计屋宇六百余间，可以擗截，理宜体仿旧法措置。'从之"。① 所引内容充分反映了宋代为了防止文书泄密而采取的多重制度建设，其中突出强调出谒之禁，严防外人进入工作场所。此外，为了进一步防治文书泄密，根治由于胥吏散居各处无法集中控制的问题，枢密院提出胥吏应集中居住，便于管理。

除了对胥吏的控制外，宋代还对文书工作人员的着装进行了规范，强调除了守阙人外，一律并须着宽衫出，不得出入茶坊酒肆，如史料所载："诏曰：'枢衡之地，慎密为先。如闻近日以来有漏禁中语于外者，其令中书门下取旨。制敕院沿堂五员委不漏泄及听探公事，逐人结罪状，违者劾罪奏裁。自今除守阙人外，并须着宽衫出（人）［入］，不得入茶坊酒肆。'"②

---

① ［清］徐松：《宋会要辑稿》，第 3050—3051 页。
② ［清］徐松：《宋会要辑稿》，第 3040 页。

第五章　宋代文书不实

　　实，在宋代文献中具有不同的含义，其中之一是真实无妄。追求真实，摒弃虚伪是宋代治国的理念之一。宋代许多皇帝都表达了对实的推崇，如："凡时政之阙遗，悉意条陈，毋有所隐。务求实是，靡事虚文。""诏：'朕惟顷者谏省虚位，药石不闻，肆求忠谠直谅之士，以备谏诤之列。朕既虚心无讳，凡尔谏臣，义当自竭。自今朕躬阙失，其悉心直论，勿隐勿避，必求实是，以称朕好直求助之意。'"①宋代大臣对于求名务虚的警戒也常见于史书的记载："当是之时，朝廷或以众言而赏之，则奸邪者无不争进矣。所以然者，其失在于国家求名不求实，诛文不诛意。夫以名行赏，则天下饰名以求功；以文行罚，则天下巧文以逃罪。如是，则为善者未必赏，为恶者未必诛也。"②上述史料反映了宋代对朝臣诚实无妄、表里如一，求实摒虚道德品格的追求。实的理念反映在文书工作中，则要求文书的制作、奏报真实而无隐漏和欺弊，为了达到这一要求，宋代立文书"不实"之罪，文书活动中如果出现隐瞒、虚报行为，则按"不实"来进行处罚。虽然宋代文书中有"不实"的罪名以禁止和警示各种不实的行为，但是，从宋代诸多史料来看，文书不实问题充斥在文书工作各领域，严重扰乱了信息沟通，阻碍了行政效率的提高。

第一节　文书不实的相关史实分析

　　在层级制的政府中，公文从上到下，或从下往上，都需要经过诸多环节，

---

① ［清］徐松：《宋会要辑稿》，第 3074 页。
② ［宋］李焘：《续资治通鉴长编》，第 4695 页。

由于所涉环节较多,国家无法对从事公文活动的所有环节都进行严格监督,尤其是无法对公文所反映的事实进行核查和监督,这一问题在宋代是一个普遍问题,在宋代经济、政治、社会生活的各个领域都有表现。

一、上书、奏报不实

宋代各级地方官府上报朝廷的文书,由于地方政府的隐瞒、舞弊,常常造成不实的问题。如"癸酉,诏知天雄军寇准都大提举河北巡检。时河北颇有盗贼,而奏报不实,又不实时擒捕,故命省之"。① 这是地方对本地盗贼事件不如实向上奏报而失实的问题。宋代文书奏报不实问题还常常成为官员落职的主要罪名之一,如"诏著作佐郎、新陕西转运勾当公事陈大顺罚铜六斤,冲替,坐被鞫报上不实遇降故也。祝谘再劾大顺等,具得其语言曲折。李定亦坐报上不实罚铜五斤,放罪。王安石力为定辨,数谓定初对枢密院时,固云证佐具在,而枢密诬之,定不当坐,乃诏免定罚。又诏御史台前勘官姚原古治狱卤莽,虽去官,下淮南转运司劾罪以闻。原古又见十月癸未"。② 著作佐郎、新陕西转运勾当公事陈大顺因为受到报上不实问题的牵连被罚铜六斤。

在经济活动中,文书奏报不实的情况更是常见。如"前知宣州、太常丞、集贤校理赵宗道追一任官,落职,勒停。坐立盐钞上客人王安姓名,将卖钞钱买绢,并兑借职田米钱,及奏雪时隐避诈妄、上书不实故也"。③ 前知宣州、太常丞、集贤校理赵宗道存在经济违法问题,在上书中有意隐瞒不如实奏报而受到了处罚。又如"太常博士、秘阁校理、知滨州王起,著作佐郎、签书判官厅事宋定国,各追一官勒停。初,本州牙前刘玉经转运使李参讼私船侵夺官渡课利。而起等常以私船回易官盐益公用,故主私船户而不直玉。及转运使劾其事,辄上奏论辨。至是,遣职方员外郎李真卿就州置狱,皆以上书诈不实罪坐之"。④ 更有官员为了隐匿而上书不实,结果受到严厉处罚。"太中大夫、龙图阁待制、知江宁府陈绎免除名勒停,追太中大夫,落龙图阁待制,知建昌军;子承务郎彦辅冲替。绎坐前知广州作木观音易公使库檀像,私用市舶乳香三十斤买羊,亏价为绢二十八匹,上言诈不实;彦辅坐役禁军织木绵,非例受公使库馈送及报上不实也。"⑤ 知江宁府陈绎用官钱私

① [宋]李焘:《续资治通鉴长编》,第1784页。
② [宋]李焘:《续资治通鉴长编》,第5632—5633页。
③ [清]徐松:《宋会要辑稿》,第4797页。
④ [宋]李焘:《续资治通鉴长编》,第4533页。
⑤ [宋]李焘:《续资治通鉴长编》,第8302—8303页。

自投机结果导致亏本被处于报上不实之罪。"知华州、都官员外郎郭源明监淮阳军盐酒税,坐理断白麟偷税公事不当,及申奏不实,通判以下皆会降,而源明又坐罥提点刑狱雷周辅,故特有是命。"①都官员外郎郭源明处理白麟偷税公事不当又不据实上报,结果以申奏不实而受处罚。

二、文书担保不实

宋代为了防止经济、科举、行政中一些违法活动,推广担保制度,这一制度表现在文书层面则要求相关责任人据实书写信息,署名,承担文书不实的相应责任。如为了保证藩国进贡物品的安全,防止地方截留,宋代要求地方在接收藩国贡品时要严格核查并进行担保,"宣和二年四月十七日,诏:今后蕃国入贡,令本路验实保明。如涉诈伪,以上书诈不实论。令尚书省立法"。"礼部言:'元丰著令,西南五姓蕃,每五年许一贡。今西南蕃泰平军入贡,期限未及。'诏特许之。学士院言:'诸蕃初入贡者,请令安抚、钤辖、转运等司体问其国所在远近大小,与见今入贡何国为比,保明闻奏,庶待遇之礼不致失当。'宣和诏蕃国入贡,令本路验实保明。如涉诈伪,以上书诈不实论。"②

为了保证地方官员在捕盗方面信息的真实,宋代也要求文书担保的真实,如果在捕盗事迹中出现不实,则守卒和监司都要受到严厉处罚。"(淳熙四年)七月二十四日,诏:'捕盗之赏,正官在假而暂权者,获盗止与循资;其捕剧贼及人数多者,即听奏裁。本州及提刑司保奏盗赏,并须指定保明;不实者,守倅、监司一例坐罪。'先是,左司谏萧燧言:'捕盗官应各改官,往往凑足人数,迁就狱情,求合法意。乞止与循资。'既而吏部尚书韩元吉奏,谓轻重不均,则恐捕盗之赏骤废。故有是命。"③为了进一步核验地方官所上捕盗事迹的真实性,宋代除了文书担保连坐之外,还要求将元案呈上以供参考。"(绍兴三年)八月九日,吏部言:'自来告获强盗酬奖,依条并所属州军保奏,并录元案赴部看详,依条格定夺推赏。若所劫赃钱及十贯足,或持仗五贯足,并虽赃不满,曾杀伤人,并作死罪计数理赏。若赃不满、不曾杀伤人,亦合作徒流罪,比当死罪计赏。其告捕劫获不得姓名、人〔数〕、财物,依定法不该赏格。近送下广南路宣谕明橐申请,广南告获强盗,须(佑)〔估〕赃五贯足以上及被主照认。若财主劫杀,须经官看验,迹状分明,方许推赏。

①　[清]徐松:《宋会要辑稿》,第4815页。
②　[元]脱脱:《宋史》,第2813页。
③　[清]徐松:《宋会要辑稿》,第8867—8868页。

本部契勘,欲止依见行条法施行。'诏从之,仍检法保奏不实条法行下,令二广提刑司常切按察。其提刑官失觉察,取旨罢(点)[黜]。今后司勋定赏,将元案子细审覆施行。"①

　　虽然在文书担保中有诸多的规定,但是宋代文书担保中还是无法避免各种不实问题,如史料所言:"累年以来,保奏功赏类多不实。如江浙、山东之捕盗,关陕、两河之边事,有司出给文据,冒滥不一。今若一概止绝,恐有实立功绩之人或生怨望;若尽行推赏,又恐冒滥既众,名器益轻。愿自建炎以前应干功赏照验未经厘革、未经施行者,累迁不得过三官;合循资之人,亦以五资为限。其余建炎以后并依条例施行。"②此史料反映了宋代采取积极措施来禁止保奏功赏不实的问题,由于地方出现的保明不实,导致冒滥不一,为了有效控制此问题,臣僚提出自宋高宗建炎以前按照保明文书,尚未施行的,累计迁官不得过三,应循资之人,以五资为限。

三、司法文书填写不实

　　在宋代司法活动的案件检验、审判等环节常形成各种文书,学界一般称之为司法文书,"由于具有审、判分离,连署,以及重证据等特点,宋代的司法实践就产生了一系列相应的诉讼档案"。③ 在这些司法文书的形成过程中,由于各种因素的影响也常出现填写不实问题。"(宝庆三年)闰月己卯朔,诏:郡县系囚不实书历,未经结录,守臣辄行特判,宪司其详覆所部狱案,岁月淹延者重置于宪。"④此史料反映的是地方不如实书写囚历。

　　司法文书填写不实引发的问题是连锁性的,为了解决此类问题,宋太宗曾专门下诏,禁止司法文书不实问题,"淳化初,始置诸路提点刑狱司,凡管内州府,十日一报囚帐。有疑狱未决,即驰传往视之。州县稽留不决、按谳不实,长吏则劾奏,佐史、小吏许便宜按劾从事。帝又虑大理、刑部吏舞文巧诋,置审刑院于禁中,以枢密直学士李昌龄知院事,兼置详议官六员。凡狱上奏,先达审刑院,印讫,付大理寺、刑部断覆以闻。乃下审刑院详议申覆,裁决讫,以付中书省。当,即下之;其未允者,宰相覆以闻,始命论决。盖重慎之至也。凡大理寺决天下案牍,大事限二十五日,中事二十日,小事十日。审刑院详覆,大事十五日,中事十日,小事五日。三年,诏御史台鞫徒以上罪,狱具,令尚书丞郎、两省给舍以上一人亲往虑问。寻又

---

①　[清]徐松:《宋会要辑稿》,第3283页。
②　[清]徐松:《宋会要辑稿》,第8990页。
③　刘学健:《宋代专门档案管理研究》,郑州,郑州大学,2006,第39页。
④　[元]脱脱:《宋史》,第789页。

诏:'狱无大小,自中丞以下,皆临鞠问,不得专责所司。'自端拱以来,诸州司理参军,皆帝自选择,民有诣阙称冤者,亦遣台使乘传按鞫,数年之间,刑罚清省矣。既而诸路提点刑狱司未尝有所平反,诏悉罢之,归其事转运司"。①从上述史料来看,宋太宗解决此类问题的主要对策是加强监督,尤其是进一步发挥长吏、佐史的监督职能,在禁中设立审刑院,防止大理寺、刑部的文书不实之弊。

第二节　文书不实的惩治

一、宋代文书不实涉及的罪名

1. 上书诈不实

从宋代有关史料的记载来看在认定罪名方面,一般将文书不实认定为"上书诈不实"。从《宋刑统》有关律文来看,"上书诈不实"是"诈伪律"中的一个罪名:"诸对制及奏事上书,诈不以实者,徒二年。非密而妄言有密者,加一等。对制谓亲见被问,奏事谓面陈若附奏亦是,上书谓书奏特达。诈谓知而隐欺及有所求避之类。若别制下问、案、推,无罪名谓之问,未有告言谓之案,已有告言谓之推。报上不以实者,徒一年。其事关由所司,承以奏闻而不实者,罪亦如之。未奏者,各减一等。"②

从律文看,确立了"对制及奏事上书,诈不以实"的罪名。这一罪名包含三种不实的情况,第一,面对皇上的讯问而出现的不实。第二,奏事不实,从律文的相关解释来看,奏事包含口头陈述和书面陈述等方式出现的不实。第三,上书不实。而律文特别对"诈"字进行了界定:"诈谓知而欺隐,及有所求避之类。"从有关案例来看,对于文书不实的判罚,在认定的时候也多参照"上书诈不实"的罪名来进行。如"太常博士、秘阁校理、知滨州王起,著作佐郎、签书判官厅事宋定国,各追一官勒停。初,本州牙前刘玉经转运使李参讼私船侵夺官渡课利。而起等常以私船回易官盐益公用,故主私船户而不直玉。及转运使劾其事,辄上奏论辨。至是,遣职方员外郎李真卿就州置狱,皆以上书诈不实罪坐之"。③ 在此案中职方员外郎李真卿以上书诈不

①　[元]脱脱:《宋史》,第4971—4972页。

②　[宋]窦仪:《宋刑统》,第389页。

③　[宋]李焘:《续资治通鉴长编》,第4533页。

实而落职。

2. 违制

宋代对文书不实进行处罚时还可按照违制罪来进行定罪量刑。违制，是指违反皇命文书中相关规定。宋代的违制罪适用非常广泛，在史料中有诸多记载，如"诏：'三司点检编排帐目文字，具散失数及收救不足，并申中书或枢密院，下诸司检录降下。中外奏闻事关三司未回报，并诸处承受三司指挥勘会事未回申，虽已回申、未行下指挥当绝结者，限五日申中书或枢密院。元申牒三司文字，即一面申牒三司。以上并令本司置簿拘管，敢有隐落，以违制科罪。其应见行事，如未见条例，并审议施行。如事体稍大，申中书或枢密院。诸因三司火文案不全，辄敢诈欺、规图官私豹物，及增减功过，以违制论；计赃重者，以枉法论。'"①从所引内容来看，为了保证各司文书的真实性，宋代要求对文书散失，收集不完整的情况据实向上汇报，如果在汇报中敢有所隐瞒和遗漏，则按违制罪进行处罚。

二、宋代对文书不实的处罚

从《宋刑统》的相关规定来看，对于文书不实行为要进行刑事处罚，而从宋代相关案例看，宋代的文书不实的处罚存在刑事处罚、行政处罚并行的情况。

1. 刑事处罚

由于宋代刑事立法和行政立法之间的界限并不是非常清晰，对于发生在行政领域的违法问题常常给予刑事处罚。从《宋刑统》的相关条文看，"诈不以实"要处于徒二年的刑事处罚。从宋代的刑罚制度来看，徒二年的处罚已经非常严厉。而在实际的执行过程中，对于"徒二年"的处罚多按照折杖法来执行。《宋刑统》"名例律"中对于徒刑折换为脊杖有明确的记载："徒三年决脊杖二十放；徒二年半决脊杖十八放；徒二年决脊杖十七放；徒一年半决脊杖十五放；徒一年决脊杖十三放。"②到了宋徽宗政和年间，折杖法又更加具体："徒二年半，杖九十，可十七。徒二年杖八十，可十五下。徒一年半，杖七十，可十三下。徒一年，杖六十，可十二下。"③从实际情况来看，对于文书不实也多处杖一百的刑罚，如史料所记载："（大观二年）五月一日，诏：'昨降给地养马之法，虽以推行，而地之顷数尚少。访闻多缘土豪侵

---

① ［清］徐松：《宋会要辑稿》，第7292页。
② ［宋］窦仪：《宋刑统》，第4页。
③ ［宋］佚名：《宋大诏令集》，第752页。

冒,官司失实,牙吏欺隐,百不得一。自今被差括地之官,限一日起发,亲诣地所。如违及不实不尽,杖一百;故隐落者,以违制论。'"①史料的记载也进一步证实,宋代对于文书不实问题的处罚,在进行刑事处罚方面是遵从"徒二年"的法律规定的。如史料记载:"翰林学士、行起居舍人、权三司使曾布落职,以本官知饶州。都提举市易司、国子博士吕嘉问知常州。军器监狱具,布坐不觉察吏人教令行户添饰词,理不应奏而奏,公罪杖八十;嘉问亦坐不觉察杂买务多纳月息钱,公罪杖六十。而中书又言'布所陈治平财赋,有内藏库钱九十六万缗,当于收数内除豁,布乃于支数除之。令御史台推直官蹇周辅劾布所陈,意欲明朝廷支费多于前日,致财用阙乏,收入之数不足为出。当奏事诈不实,徒二年。'"②"(景祐四年闰)四月二十七日,武宁军节度使、真定府路总管夏守恩特贷命,除名,配连州编管。坐受军民钱物,枉法赃六十二匹,合处死,职事官三品,请议。骁武军士周祚转递钱物,事发逃走,捉获,合处斩。男内殿承制元吉取受借钱,虚妄上奏,假令其徒上书,诈不实,徒二年。本司手分孙素各不取覆,合决杖一百。诏守恩付朝堂集百官议,据御史台奏,请依断处死,诏特贷极刑。周祚贷命,刺配沙门岛,元吉等依断。守恩差使以兵卒三十人监伴前去。"③该史料中也记载了男内殿承制元吉取受借钱,虚妄上奏,假令其徒上书诈不实,判罚徒二年。又"诏之奇事在七月辛未。及狱成,宪与马甲、赵济、霍翔坐奏事不实,徒二年。诏宪等所坐缘公,宜依德音释之。狱成,据朱本在六月戊戌朔,今并入此。御集在十一月二十六日。是年九月十八日、十月十五日皆有德音。九月十八日止及颖州,当是十月十五日。朱本必误,当从御集"。④ 所引史料也证明文书不实处徒二年的刑罚。

2. 行政处罚

在行政层面上,宋代对于犯有文书不实之罪者也常给予处罚。宋代的行政处罚种类多样,主要有:降官、夺官、罚俸、罚直、展磨勘验等。以下结合所见史料对此进行分析。

(1)降官 所谓降官是降低官员的品阶的一种行政处罚。"宋代官阶依资升迁,所以也称为追资。"⑤而史料中对于官员文书不实处以降官处罚的例子也非常多。如"荆湖北路转运使刘述降〔知〕睦州,坐擅支茶本租钱

① [清]徐松:《宋会要辑稿》,第9064页。
② [宋]李焘:《续资治通鉴长编》,第6237页。
③ [清]徐松:《宋会要辑稿》,第8538—8539页。
④ [宋]李焘:《续资治通鉴长编》,第7231页。
⑤ 韩瑞军:《宋代官员经济犯罪及防治研究》,北京:中国社会科学出版社,2011,第158页。

及令商人贴盐抄钱以乱盐法,而奏报不实故也"。① 荆湖北路转运使刘述降因为擅自支取茶本租钱又令商人贴盐抄钱不据实上报而被降官。"朝散大夫、降天章阁待制王克臣知单州。克臣前知太原,朝廷闻其不能尽心同力军兴,沮抑有功将校,姑息逃亡军人,缘边五十余次被西贼寇钞,并无措置,将吏连意,即阴使捃摭过犯,及他处事乖方,奏事不实,下河东转运、提点刑狱司体量得实故也。虽会赦免劾,特降之。"②天章阁待制王克臣因为在位期间不能很好勤政,奏事不实被降官知单州。"李宪讨山后羌,(李)浩将右军至合龙岭会战,遣降羌乞喹轻骑突敌帐,俘其酋冷鸡朴、李密撒,馘三千。迁东上阁门使,为副总管、知河州、安抚洮西。五路大举,浩将前军,复兰州。迁引进使,陇州防御使,知兰州兼熙河、泾原安抚副使。坐西关失守及报上不实,再贬秩。旋以战吃啰、瓦井连立功,复之。"③"免监内弓箭库、内园使綦政敏,削一任,同监官如京副使安继昌特停官。政敏坐私役公人上书不实,继昌素与政敏不协,因遗库吏钱,使上书讼政敏,故并责之。"④綦政敏因为私役公人而不据实上报,被削一任。

(2)放罢

放罢是宋代行政处罚的常见形式之一,指对官员犯罪罢免现任差遣的处罚。

如史料所记载:"既至郡,而庞籍为广南东路转运使,未行,上言:'向为侍御史,尝奏弹讽以三司使曲为左藏监库吴守则奏课迁官。尚美人同父弟娶守则女,讽以银鞍勒遗守则相结纳。既出兖州,乃给言贫,假翰林白金器数千两自随,而增产于齐州,市官田亏平估。'置狱于南京劾之,讽坐方听旨擅驰驿还兖州,当赎。籍所奏有不实,当免官。宰相吕夷简嫉讽诡激,特贬讽武昌军节度行军司马;贷籍,止降官知临江军。由是宰相李迪等坐亲善讽皆斥。"⑤"朝廷以御史杂知、枢密承旨参治,而百禄坐报上不实贬,进禧集贤校理、检正礼房。"⑥

(3)勒停

勒停,"勒令停职,撤销现任官职,只保留阶官"。⑦ 如"诏秘书监王端追一官,与宫观差遣,坐前知郑州伐园木为薪以自入,及报上不实,法寺当追官

---

① [清] 徐松:《宋会要辑稿》,职官65之23。
② [宋] 李焘:《续资治通鉴长编》,第7855页。
③ [元] 脱脱:《宋史》,第11079页。
④ [宋] 李焘:《续资治通鉴长编》,第1734页。
⑤ [元] 脱脱:《宋史》,第10063页。
⑥ [元] 脱脱:《宋史》,第10721—10722页。
⑦ 韩瑞军:《宋代官员经济犯罪及防治研究》,第157页。

勒停,而诏免勒停故也。九年五月十九日,竟坐除名勒停。端本传云:端御下肃,猾吏病之。在郑曰,园吏取枯□供爨,御史劾其自盗,坐夺一官。""复州录事参军万延之夺一官,皇城使阎士良夺两官,并勒停。延之坐托监雄州権场官吏买物帛,士良报上不实也。"①

第三节　宋代灾害救助中文书不实问题及防治

宋代是一个灾害频发的朝代,"据不完全统计,北宋各类自然灾害发生1 113次,南宋发生825次,合计1 928次"。② 灾害发生后,官员理应展开及时到位的救助。但是,从宋代相关文献的记载来看,在灾害救助中却出现大量文书不实的情形。这就使我们不得不思考:在灾害救助过程中产生文书不实问题的原因有哪些? 宋王朝在防治这一问题方面,有哪些举措? 效果如何? 已有宋代灾害研究的相关成果尚未对此问题进行专题梳理,而这一问题的梳理可以丰富宋代行政管理、信息渠道建设及官员的诚信等问题的研究,因此值得进行深入探讨。

一、宋代灾害救治文书不实的表现

灾害发生后,承担救助任务的各方出于利益关系的考虑,常隐匿灾情而产生不实问题。宋代史料对此类情形多有记载:"钟离瑾,字公瑜,庐州合肥人。举进士,为简州推官,以殿中丞通判益州。建言:'州郡既上雨,后虽凶旱,多隐之以成前奏,请令监司劾其不实者。'"③从钟离瑾向朝廷所上的奏札来看,隐匿灾情的情况在当时应相当严重。又如"侧闻孝宗皇帝尝诏诸路转运司,令所部州军自今水旱并以实闻。或州县隐而不言,监司体访闻奏不实,并当重置典宪"。④ 这是孝宗时期的一条诏令,严查州县在灾害发生后隐匿而不向朝廷奏报的行为,并给予严厉处罚。这也进一步说明地方在灾害发生后隐匿灾情已成为救灾中相当棘手的问题之一。"光宗绍熙元年六月十五日,诏'诸路监司、帅守,应自今以后,凡有水旱去处,并合尽实以闻。

---

① ［宋］李焘:《续资治通鉴长编》,第6991页。

② 李华瑞:《论宋代的自然灾害与荒政》,《首都师范大学学报》(社会科学版)2013(2):第2页。

③ ［元］脱脱:《宋史》,第9945页。

④ ［清］徐松:《宋会要辑稿》,第2663页。

苟有不实,或隐而不上,皆以违制论。以臣僚言:'州县之间,或有俗吏不知大体,往往以水旱为讳,故县不以实报州,州不以实申诸司,诸司不以实闻朝廷,是以朝廷于四方水旱无繇遍知,使国家救荒之政不得尽行实惠。'故降是诏。"①从这一史料的内容看,更是道出了地方官府隐匿灾情的动机所在。

在灾害救助的过程中,由于相关人员的舞弊也容易产生不实问题。"窃见屡下诏旨、赦文,倚阁逃绝,检放灾伤,四方守令奉行不虔,犹恐实惠未必及人。今州县一有开阁逃田及检放灾伤去处,则监司便指官吏作弊,欲置于法。臣已取会常州、镇江府所放灾伤,与平江府分数一同,其开阁逃田,亦系于已经去年开阁数目。转运司已依近降指挥,将镇江府等处检放数目牒提刑司,委官检察去讫。今平江府独从朝廷行下,恐提刑司及所委官心怀观望,保明不实,使逃户及被灾伤之人抑勒敷纳,为害不细,乞赐追寝今降指挥。"②上述史料反映了在救灾中监司与官吏共同舞弊,虚报救灾数目,甚至用往年数目充当。"赈济官司止凭耆保、公吏抄札第四等以下逐家人口给历,排日支散。公吏非贿赂不行,或虚增人户,或镌减实数,致奸伪者得以冒请,饥寒者不沾实惠,其弊一。"③在灾害救助中由于相关制度要求也容易产生不实问题。如在奏报要求具体的数据,若不符合要求则被认为不实。"据转运司奏,松溪、政和两县淹没人家,淤塞田亩,瑞应场淹死者不下千人,被伤者不下二千家。知建宁府陈良祐所奏,全不言及数目,岂所以奉承陛下勤恤民隐之意哉。"④从材料看,松溪、政和两县发生水灾时,建宁知府陈良祐所奏报的灾情都是估计的情况,缺乏具体的灾情数字,因此被认为是上报灾情不实。在救灾的具体环节诉灾、检放、抄札中要严格遵守公文的程式,如不符合程式,则被认为不实。"民披诉灾伤状,多不依公式,诸县不点检,所差官不依编敕起离月日程限,托故辞避。乞详定立法。"⑤"成都潼州府夔州利州路安抚制置大使、兼知成都府席益言:'……缘蜀民自来不晓陈诉灾伤,是致州郡、漕司不曾依条减放。'"⑥

二、宋代灾害救助中文书不实产生的原因

宋代灾害救助是一个系统工程,涉及诸多要素,而文书不实问题也是由

① 〔清〕徐松:《宋会要辑稿》,第 7367 页。
② 〔清〕徐松:《宋会要辑稿》,第 7480 页。
③ 〔清〕徐松:《宋会要辑稿》,第 7348 页。
④ 〔清〕徐松:《宋会要辑稿》,第 2656 页。
⑤ 〔清〕徐松:《宋会要辑稿》,第 5939 页。
⑥ 〔清〕徐松:《宋会要辑稿》,第 7599 页。

于诸多因素共同作用产生的,括而言之,主要有以下方面:

1. 官员推诿和隐瞒

官员为官一方,在灾害发生时,理应全力以赴,赈济灾民。然而,一些官员在灾害救助中往往相互推诿,观望。如史料所言:"今也不然,县有水旱,令则观望州郡,不即受状;守则顾惜郡计,恶闻言损。既不申奏,又不检视。或因诸司觉察,不得已而差官检踏,动在深冬",①"今州县一有开阁逃田及检放灾伤去处,则监司便指官吏作弊",②"闻诸路守臣常于秋夏之间以雨足岁丰为奏,后灾歉,遂不敢以闻。伏望特降睿旨,下诸路州军严行约束,虽已奏丰稔,而或继有非时水旱者,并具灾伤上闻"。③ 而南宋时期的董煟则将官员在灾害救助中的推诿、观望甚至作弊现象直指宋代官员的考核机制:"灾伤水旱而告之官,岂民间之得已,今之守令,专办财赋,贪丰熟之美名,讳闻荒歉之事,不受灾伤之状,责令里正伏熟,为里正者亦虑委官经过所费不一,故妄行供认,以免目前陪费,不虑他日流离饿莩劫夺之祸,良可叹也。"④董煟之论确实也触及了问题的本质。

2. 胥吏的舞弊

在宋代灾害救助过程中,实际承担基础工作的还是处于社会底层的胥吏,"执行抄札的具体工作是由胥吏和乡一级的职役者乡官、里正、保长、社甲首、副等担当,南宋高宗以后还有隅官"。⑤ "县之大,周圜数百里,知县不能亲历赈粜之法,必须付之胥吏,付之乡官,付之保正,方其抄札人丁之多少,得赂者一户诡而为十户,一丁诡而为十丁,不得赂者,反是其抄札蓄积之有无,则得赂者变殷实为贫乏,不得赂者亦反是其置场出粜也"。⑥ 由于胥吏长期在一线从事具体工作,因此也出现了宋人所说的:"士大夫之职业,虽皮肤塞浅者亦不复修治,而专从治于奔走进取,其簿书期会,一切唯胥吏之听。"⑦《容斋随笔》中也提道:"郡县胥吏,揩改簿案,乡司尤甚。民已输租税,朱批于户下矣,有所求不遂,复洗去之,邑官不能察,而又督理。"⑧在宋代灾害救助的公文申报中,胥吏也存在着舞文弄法的问题,"赈济之弊如麻,抄札之时,里正乞觅,强梁者得之,善弱者不得也;附近者得之,远僻者不得

---

① 〔清〕徐松:《宋会要辑稿》,第 2662 页。
② 〔清〕徐松:《宋会要辑稿》,第 5941 页。
③ 〔清〕徐松:《宋会要辑稿》,第 7380 页。
④ 〔宋〕董煟:《救荒活民书》,丛书集成初编本,上海:商务印书馆,1936,第 34 页。
⑤ 李华瑞:《抄札救荒与宋代赈灾户口的调查统计》,《历史研究》,2012(6),第 33 页。
⑥ 〔宋〕黄榦:《勉斋集》,第 321 页。
⑦ 〔宋〕叶适:《叶适集》,北京:中华书局,1971,第 808 页。
⑧ 〔宋〕洪迈:《容斋随笔》,北京:中华书局,2005,第 471 页。

也;胥吏、里正之所厚者得之,鳏寡孤独疾病无告者,未必得也。"①"人户田苗实有灾伤,自合检视分数蠲放。若本县界或邻近县份小有水旱,人户实无灾伤,未敢披诉。多是被本县书手、贴司先将税簿出外,雇人将逐户顷亩一面写灾伤状,依限随众赴县陈(过)[述]。"②"(绍兴)四年九月十五日,赦:'契勘水旱灾伤,检放官不能遍诣田所,吏缘为奸,受赇嘱托,或以少为多,或以有为无,或观望漕司,吝于检放,致贫民艰于输纳,有流离冻馁之患。今后并委提刑司检察,如有不实,按劾以闻,当议重责。'"③这些史料都深刻地反映了宋代灾害救助中胥吏舞弊而造成的不实问题。

3. 灾害救治中文案繁琐

宋代灾害救治需要经过诉灾、检放、抄札三个环节,每一个环节都需要填写文案,而文案的填写涉及具体操作的人、操作时间和填写的内容等要素,其中任何一个要素出现问题都容易产生不实。南宋后期董煟的《救荒活民书》中记载了两份在灾害救助中使用的标准文书,从这两份文书,尤其是其中的"检覆灾伤状"看所需填写的内容甚多,情形复杂。为了更好地说明问题,现将其文照录如下:"检覆官具位,准某处牒帖。据某乡申人户被诉灾伤,某等寻与本县某官姓名诣所诉田段,检覆到合放税租数,取责村乡,又结罪保证状,入案如后。某县据某人等若干户,某月终以前两县以上各依此例。披诉状为某色灾伤如限外非时灾伤,则别具某日月至某月日,投披诉之外。正色共若干,合放每色若干,租课作正税。右件状如前所检后,只是权放某年夏或秋一料内租,即无夹带种时不敷,及无状披诉,并不系灾伤,妄破税租,保明是实,如后具同,甘俟朝典。谨具申某处,谨状。年月日依常式。"④此份公文要求灾情检查的官员详细地检查灾民受害的程度,并在文中确定减免的基本内容。然而,在实际的灾情申报中,灾民多不按照标准文本来填写,如果不符合标准格式的诉灾状则要退回重填。由于救灾中公文程式的要求,产生的大量不实信息,给救灾造成了许多负面影响,因此南宋时期的董煟认为:"寻常官司赈济,初无奇策,只下保抄札丁口、姓名,云已劝分到若干数目,用好纸装写数本申诸司,此是故纸救荒,徒扰百姓实无所益。"⑤由于灾害救助中对于文案的高度依赖,在文案的填写中由于人为的和时间上的限制,所提交的文案很容易出现失实的情况。

---

① [宋]董煟:《救荒活民书》,第29页。
② [清]徐松:《宋会要辑稿》,第5940页。
③ [清]徐松:《宋会要辑稿》,第5940页。
④ [宋]董煟:《救荒活民书》,第47页。
⑤ [宋]董煟:《救荒活民书》,第88页。

4. 相关救灾制度的疏漏

灾害的发生具有突发性,灾害救助中所制定的各项制度总有疏漏之处,如在宋代灾害救治中,朝廷要根据灾民的受灾情况、灾民的财产及应对灾害的能力将灾民划分为若干等级,不同等级的灾民所获得的救助不同。宋代对于灾民的划分曾有过多种标准,南宋后期曾经将灾民划为三等,即:天字号、地字号和人字号。而灾民的划分标准则是根据灾民的田产和艺业,这些标准在实际的操作中也不便于把握,很容易出现分类失实的问题。对此南宋时期的戴栩曾有专论,如其所言:"窃观大府颁下抄札格式厘为三等,有力自给之家为天字号,不粜不济;其次,则地字者,粜;人字者,济。彼有力自给之家,固为易见,若其以粗有田产艺业者为地字,鳏寡孤独癃老疾病贫乏不能自存者为人字,某窃谓立式容有可思者。且田既不种矣,虽有数亩之产,安所得食乡里,既皆贫乏矣,虽为工,为匠,为刀镊,为负贩,谁其用之。且既有数亩之田,则不得不谓之田产,既为工、为匠、为刀镊、为负贩不得不谓之艺业,若此者而不归之地字号,则抄札之官且以失实获戾矣。闻他县官吏有疑畏过,甚者必鳏寡孤独癃老疾病而后归之人字,如此则得济者几何人哉?是固不知抄札立式之本意,且既云鳏寡孤独癃老疾病六者同济矣,何止及于六者而不及于贫乏也……大率中产之家与贫乏之家,其为缺食而仰给于官,则一尝闻其言率多怨怼,曰:吾薄产之家,岁输秋、夏二税,以报国家,今吾田荒不种无所得食,而国家止济无产之家耶,且吾输纳义仓政以为歉岁备,今若官不给我,则俟邻户得米攘之,而已又每见抄及鳏寡孤独癃老疾病之人,则哗然来曰:明春耕种,必须强壮之丁,今强壮坐视其饥饿,而残弱独济给可乎夫。人情无厌固难尽狗然反覆思之亦殊有理。"①从戴栩的论述中我们可以看到,朝廷将灾民划分为三等,天字号,为有力自给之家,对于此类灾民,不粜不济;其次为地字号,需要给予赈粜;最后一类即人字号,需要给予赈济。问题在于地字号灾民与人字号灾民在实际的划分中很容易出现问题,如果不将有艺业的灾民划到地字号,则是"失实获戾",而实际上这类灾民也需要救济,而朝廷仅对人字号灾民进行救济,而地字号灾民又不能划分到人字号中,因此也容易出现信息失实的问题。

三、宋代在灾害救治中对文书不实的防治

1. 加强中央的领导和监察

灾害发生后,为了能够在第一时间内获得灾情信息,赈济灾民,同时也

---

① ［宋］戴栩:《浣川集》,影印文渊阁四库全书本,台北:商务印书馆,1983,第715页。

为了防止地方官在灾害救助层级信息报送中弄虚作假,欺瞒上级。朝廷会派出官员到各地巡访灾情,了解和指挥赈济事宜。在灾害发生后,朝廷常派安抚使出巡,指挥地方救灾活动,监督杜绝救灾中各种不实,此类记载在宋代史书中甚多,如"至和三年六月二十九日,诏令大名府、澶、博州赈济经水人户。以知制诰韩绛、西上阁门副使王道恭为河北路体量安抚使副。是岁夏雨霖,京师大水,坏城及水窗以入,诸军营房、社稷诸祠坛墙并被浸损,都人压溺,系栿以居。而诸路皆奏江河决溢,而河北尤甚。既命所在赈救,而绛等有是命",①"至道元年九月,遣殿中丞王用和等十四人,分诣开封府诸县检勘逃户田土"。②

在灾害救助的过程中,朝廷的监察机构御史台也会深入灾区进行监察。"(绍兴)三十年五月十八日,御史中丞兼侍讲朱倬、殿中侍御史汪澈言:'临安府於潜、临安两县,山水暴至,居民屋庐漂荡甚众。望令临安府速下两县,委令、佐躬亲看验,如有未收瘗者,官给钱收瘗之。及随被害之小大,条具赈恤。'诏令转运司支拨系官钱米,就委令、佐躬亲赈济,无令失所。其未收瘗人口,给官钱如法埋瘗,不得灭裂。"③

不管是派出安抚使进行统一领导,还是派出御史进行监察,其对灾情的了解是有限的,诚如董煟所言:"'古人救荒,或遣使开仓,遣使赈恤,遣使循行,周询民间疾苦。然法令尚简,故所过无扰。比来诸道置使,民间利害悉以上闻,安有水旱之不知其所缺者。在于赈济无术,类多虚文耳。今但责监司郡县推救荒之实政,则民受其惠,不然民方饥饿,官方窘匮,而王人之来所至烦扰,未必实惠及民,而先被其扰者多矣。神宗时司马光曰:'今朝廷每有一事不委之将帅、监司、守宰,使自为方略,责以成效,而施刑赏,常好遣使者,衔命奔走,旁午于道,徒有烦扰之弊,而于事未必有益,不若勿遣之为愈也。'"④董煟的看法似乎也不够全面,但至少说明了朝廷对于灾情的监督效果是有限的。

2. 加强人员的选用

救灾中所出现的不实问题大多与救灾人员有密切关系。宋朝廷也深刻认识到灾害救助中人的重要性,尤其是具有良知、负有责任感,道德高尚的人的重要性,因此朝廷每于灾情发生后,在检放、抄札等各项活动中都要对人员进行选用。如"诸路转运司行下所属州县,将灾伤去处,各选委,清强

① [清] 徐松:《宋会要辑稿》,第 2649—2650 页。
② [清] 徐松:《宋会要辑稿》,第 5937 页。
③ [清] 徐松:《宋会要辑稿》,第 7397 页。
④ [宋] 董煟:《救荒活民书》,第 36 页。

官,遍诣地头",①"酌量逐县耆分多少差官,每一官令专管十耆或五七耆,据
耆分合用员数,除逐县正官外,请于见任并前资、寄居及文学、助教、长史等
官员内,须是拣择有行止清廉,干当素不作过犯官员",②"宜每乡委请一土
户,平时信义,为乡里推服,官员一名,为提督赈济官,令其逐都择一二有声
誉行止公干之人为监司"。③

3. 加强惩处力度

宋代,从太祖开始就将预防各种欺弊作为国家管理的重要内容之一,对
各种不实给予严厉的处罚。在宋初所制定的《宋刑统》中明文规定:"诸对
制及奏事上书,诈不以实者,徒二年。……报不以实者,徒一年,其事关由所
司,承以奏闻而不实者,罪亦如之,未奏者各减一等。"④对于灾情发生后不
受理灾民诉灾的官员,给予严厉的处罚。"朝请大夫、知房州李悝(水)[先]
次除名勒停,金书官并勒停。以权京西路转运判官李佑奏:'房州去年七月
八日,闻有百姓陈诉灾伤者数百人,悝将状首刘均等各断杖六十,遍城市号
令。兼刘均年七十三岁,因断得病身死,缘此阻遏放税不及一厘。又赈救失
时。'"⑤"(绍圣元年)十一月一日,河北西路提举官孙载送吏部,坐不奏陈
流民故也。十二月十一日,知深州吴安行特冲替,坐不受民诉灾伤故也。"⑥

对于在灾害救助中抄札不实的官吏也给予处罚,"如抄札贫民不实,及
诡名冒请钱米,许人告,每名赏钱十千至三百千止,诸路令坊正、誉保抄札,
依此施行"。⑦ 而对于在诉灾中虚报灾情以减免赋税的行为,也给予相应的
处罚。如:"诸诈称灾伤减免税租者,论如回避诈匿不输律,许人告。"⑧"告
获乡书手贴司代人户诉灾伤状者,每名钱五十贯。三百贯止。"⑨

4. 加强灾害上报信息通道的建设

灾害救助中信息渠道的建设是防止出现不实的重要途径,宋朝廷为了
能够有效地获得灾情信息,除了常规的层级报送的信息沟通渠道之外,还为
百姓设置了信息直诉渠道。如允许百姓越诉,来申诉灾害救助中出现的不
实问题。"(宣和)六年三月二十四日,诏:'诸路州县灾伤多是官司检放不

---

① ［清］徐松:《宋会要辑稿》,第5943页。

② ［宋］董煟:《救荒活民书》,第64页。

③ ［宋］董煟:《救荒活民书》,第29页。

④ ［宋］窦仪:《宋刑统》,第388页。

⑤ ［清］徐松:《宋会要辑稿》,第4897页。

⑥ ［清］徐松:《宋会要辑稿》,第4852页。

⑦ ［宋］李心传:《建炎以来系年要录》,北京:中华书局,1956,第2939页。

⑧ ［宋］谢深甫:《庆元条法事类》,第632页。

⑨ ［宋］董煟:《救荒活民书》,第46页。

实,使人户虚认税额,无所从出,必致流移,不能归业。今后人户经所属诉灾伤,而检放不实,州郡监司不为伸理,许赴本路廉访所及尚书省、御史台越诉'。"①又"(绍兴十八年)十二月二十二日,上谕辅臣曰:'灾伤去处,已降指挥检放税苗,可申严行下逐路当职官,须管依实检放,如有不尽,许人户经尚书省越诉。'"②

在开辟灾害直诉渠道的同时,朝廷还鼓励百姓和官员告发灾害救助中官员的不实问题,"如辄敢妄移丰熟乡分在灾伤地分侥幸减免,许人陈告,依条断罪。仍将妄诉田亩并拘没入官,以一半给告人充赏"。③ 为了让灾民知晓朝廷的救灾举措,宋代还要求将救灾信息广泛布告乡间里巷,"(绍兴十八年)十一月二十七日,户部言:'访闻江、浙、淮南灾伤,依法以元状差通判或职官同令佐诣田所躬亲检视,申州,具放税租色额,分数牓示,及申所属监司检察。即有不当,监司选差邻州官覆检,失检察者,提点刑狱司觉察取勘,具案以闻。今欲下江、浙、淮南路州军,据灾伤县分,遵依今(限)[降]指挥,依实检放。分明大字出牓乡村,晓谕民户通知。并下逐路转运司、常平司,子细检察所差官与令佐各曾与不曾躬诣田所检视,有无不实不尽,将违戾去处依法按劾施行。'从之"。④

灾害救助是关系每个灾民切身利益的重要活动,也是充分展示一个王朝恩泽及王朝应对危机能力的重要方面。宋王朝建立了相对完善的救灾制度,但是任何一项制度都具有其缺陷,宋王朝也不能避免在灾害救助中出现文书不实的问题。这一问题的出现与制度的建设及救灾中各群体都有密切的关系。救灾中出现的文书不实问题高度反映了宋代专制主义中央集权及层级制官僚体制的负面作用,同时也说明了宋代具文制度所带来的弊端。宋史学者邓小南曾提道:"谈到信息的征集,我们不得不考虑这样一个问题,即:在当时,究竟有谁真正关心所汇集的信息是否准确?申报材料者往往有趋利避害的实现考虑;负责资料汇总等具体事务的官员乃至执掌技术环节的胥吏,担负着核实勘验的重任,而他们实际上关心的,主要是诸多表格中是否存在空缺与'不圆'之处,而不是填报内容的来源以及是否属实。"⑤而这一论断对于宋代灾害救助中文书不实的阐释也同样具有启示意义。

---

① [清]徐松:《宋会要辑稿》,第5940页。
② [清]徐松:《宋会要辑稿》,第5942页。
③ [清]徐松:《宋会要辑稿》,第5944页。
④ [清]徐松:《宋会要辑稿》,第7481页。
⑤ 邓小南:《多途考察与宋代的信息处理机制:以对地方政绩的核查为重点》,载于《政绩考察与信息渠道以宋代为中心》,北京:北京大学出版社,2008,第81页。

第六章　宋代文书亡失、失窃、
非法买卖及雕印

由于文书在宋代社会的重要作用，宋代出台了许多法律严防文书的亡失、严厉处罚盗窃、非法买卖及雕印文书的行为，以下结合相关史料对此进行分析。

第一节　文　书　亡　失

文书亡失问题从文书产生以来就广泛存在，其中有自然环境方面的原因，也有社会环境方面的原因。

一、文书亡失的主要原因

宋代文书亡失的主要原因，概括说主要有灾害、战争及官吏的舞弊等。

1. 水灾的破坏

从宋代相关史料的记载来看，水灾是造成文书亡失的重要因素之一。如发生在宋英宗治平年间的水灾，对于刑部司法档案所造成的破坏是相当严重，对此史料有详细记载："（熙宁）十年五月十四日，刑部言：'诸处断遣宣敕，自经治平大水，颇多散失，亦有本处元不关到者，虽曾关而吏胥隐漏，检会之际，或容侥幸。至于官员犯罪，并劫贼伪造印三等公案，略不以时架阁。凡有取索，动经岁月，其间羁旅之人尤可矜悯。欲乞（讨）［计］会审官东西院、流内铨并入内内侍省，取已断官员宣敕与本部宣敕，比对职位、姓名，如有漏落，更互抄录，以补其阙。仍重编排，自庆历三年为始。其熙宁元年至九年终三年公案别架阁，略具元犯因依、姓名申提点刑狱司类聚缴纳，本部月轮详覆官二员，与主簿更互计会合属处抄录编排。'从之。"①从所引史料来看,治平年间的水灾造成了文书大量亡失,为了弥补文书的损失,刑部官员建议将保存在官员手中的宣敕、对比现有职位、姓名,进行抄录制作副本以弥补由于水灾造成文书亡失的损失。

而发生在南宋宁宗开禧年间的水灾,更是直接把档案库房都淹没,大量文书档案被冲走,损失惨重。如史料所记载:"开禧三年七月五日,福建提举司言:'崇安县申,本县自五月初旬以来,连雨暴作,忽东西两溪洪水泛涨,浸上县街。即率同官分往诸祠祈祷,急回登鼓楼观望,水势猛甚,人心惶惶,顾恋财物,不肯走避。随即分头差人拆下县宇四围门扇、楼板、木植,缚排救接。其间多有妇女、小儿上屋被水者,却用楼板接续引过县楼。未移时间,水冲入县门,浸上厅堂数尺。其县狱、盐仓、库宇、吏舍俱为淹浸。其本县前街及两岸沿溪一带居民屋宇多被推荡,狱中重囚随即领出。缘一时急于救活人命,上下怆惶,应干官物、簿书并皆般移不彻,其间并遭浸荡,一县狼狈,不可具述'。"②从史料记载来看由于水势凶猛,档案还来不及搬出就被水淹了。

2. 火灾

在文书的亡失中,火灾的破坏也是重要的因素。如发生在宋神宗熙宁七年九月十七日的大火,持续时间长,烧毁房屋一千多间,造成大量文书被焚毁。"九月十七日,三司火,自巳至戌止。焚屋千八十楹,案牍殆尽。"③为了补救此次大火而造成的案牍殆尽的局面,熙宁七年九月十九日,李承之上书,"十九日,检正中书五房公事李承之言:'三司帐案文字焚烧几尽,外方人吏因此折兑隐藏案验。乞下诸路,应熙宁五年后文帐案检,委州县画时监勒吏人检取,封印架阁,具道数申提举帐司。其吏人各据所管生事文帐及案底簿历,开拆收救名件,限三日,判使纽计分数,并具火势,先后申中书省,看详收救并烧失若干,量轻重赏罚。如敢隐藏或故毁弃,即令点检申举。许人告,犯人以违制论。情理重者,当刺配。告人给赏钱二百千。'从之"。④ 所引史料为李承之针对三司文书遭火灾后人吏乘机隐藏案验,造成诸多弊端;为解决此问题,李承之提出凡是熙宁五年以后需要案验的文书,委托州县限定时间监督吏人检取,封印保管,根据文书数量申提举帐司;对于火灾中遗留的文书,吏人根据文帐及底簿,开拆搜救文书,限三

---

① [清] 徐松:《宋会要辑稿》,第 3411—3412 页。
② [清] 徐松:《宋会要辑稿》,第 2661 页。
③ [清] 徐松:《宋会要辑稿》,第 7292 页。
④ [清] 徐松:《宋会要辑稿》,第 7292 页。

日,判使总计情况,并具火情,先后申中书省,详细审核收救、烧毁文书数量,按照轻重给予赏赐。

3. 战争

两宋与西夏、金、辽的斗争持续时间长,对文书所造成的破坏也非常严重。如史料记载:"臣寮言:'两浙诸州自建炎中残破之后,官司亡失文籍,所有苗税元额不登。盖为兼并隐寄之家与乡村保正、乡司通同作弊,隐落官物,至有岁收千亩之家,官中收二三顷者;有岁收千斛之家,官无名籍者。乞应诡名子户隐寄田人吏有田产而无敷配苗役者,被房田产官司纠察不尽者,听一季或半年内许令自陈。绍兴四年以前所欠官物一切不问,委官根责。'专切措置财用司言:'今来所乞,与隐占官田颇同,其立限陈首、免纳税课、告赏等,欲权依出卖官田指挥,行下转运司,仍限一季自陈,遍下州县遵守施行。'从之。"①史料反映了南宋初期,两浙诸州因为战争原因,官方档案毁失严重。

4. 人为因素

从史料记载来看人为因素的破坏主要为大臣对涉及自己名誉的文书档案进行抹毁,如秦桧当宰相时就曾经出现过这种情况。"自桧再相,凡前罢相以来诏书章疏稍及桧者,率更易焚弃,日历、时政亡失已多,是后记录皆(秦)熺笔,无复有公是非矣。"②

在文书的亡失中,还存在当职官吏玩忽职守,不履行保管责任而造成的,"(淳熙)八年闰三月十七日,知江阴军王师古言:'经界版籍图帐,历时寖久,令宰不职,奸胥豪民恶其害己,阴坏其籍。间有稍存处,类不藏于公家,而散在私室,出入增损,率多诈伪。乞下诸路漕司,专委知县、主簿根刷经界元在图帐簿籍,拘收入官,整缉齐备,置厨封锁于厅事之右。其散失者,将逐年版簿参对,间有疑误,则证以官本砧基;官本有阙,则以民户所存者参定,一依经界格式置造簿籍。自今凡有分析及出产受产之家,以此为祖,即时逐项批凿,庶几欺弊可革。'从之。"③对于这种情况,北宋时期的枢密使韩琦已经提出过应该严厉制止,如史料所载:"诏编集枢密院机要文字,枢密副使程戡提举。初,枢密使韩琦言:'历古以来,治天下者莫不以图书为急,盖万务之根本,后世之模法,不可失也。恭惟我宋受命几百年矣,机密图书尽在枢府,而散逸蠹朽,多所不完。臣比到院,因北界争宁化军土田,令检北界

① ［清］徐松:《宋会要辑稿》,第 7438 页。

② ［元］脱脱:《宋史》,第 13760 页。

③ ［清］徐松:《宋会要辑稿》,第 8064 页。

朔州移宁化军天池庙系属南朝牒,累月检之不获;及因西人理会麟州界至,又寻庆历中臣在院日与西人商议纳款始末文案,亦已不全,以此知机要文字从来散失甚矣。请差官于诸房讨寻编录,一本进内,一本留枢密使厅,以备经久之用。'于是自建隆以来,以岁月先后、事类相从而纂集之,六年十一月乃成书。庆历誓书正本,枢密院既不复存,大理寺丞周革但于废书中求得杜衍手录草本,因具载焉。革,平棘人也。此据司马光记闻。'"①为了防止官吏的失职而造成文书的丢失,韩琦提出要对枢密院的文档进行了抄录,制作了两套文本,分别保存在不同地方。

二、宋代文书亡失的防治

1. 完善文书管理制度

为了防止文书的亡失,宋代加强了文书保管方面的制度建设。宋代从太祖开始,历代皇帝都非常重视加强文书的保管,对文书的保管先后颁布了诸多法律法规。

宋太宗时期,针对户籍档案在战争中遭受破坏的情况,强调对户籍档案重新进行建造,并且在官府专门建造库房来进行管理。"太宗至道元年六月,诏:'天下新旧逃户、检覆招携及归业承佃户税物文帐,宜令三司自今后画时点检,定夺合收、合开、合阁税数闻奏。若覆检卤莽,当行勘逐。仍令三司将覆检文帐上历管系,于判使厅置库枯阁准备取索照证。如有散失,其本部使副、判官必重行朝典,干系人吏决停。'"

宋真宗时期,针对三司所保管档案遗失的情况,下诏戒饬三司要加强簿书的管理,不得遗失。咸平五年四月诏:"财计之司,盖谨于出纳;官吏之职,宜较于耗登。爰自近年,颇闻废职。每询金谷之数,多称簿籍之不存。用警因循,更申约束;宜令三司自今收掌簿书,不得遗失,岁终比较次年条奏。及取天下户口数,置籍较定以闻。"②

神宗时期对于文书不按照规定管理的行为进行了严厉处罚,"元丰四年六月十三日,诏监察御史里行王祖道罚铜十斤,满中行六斤。先是,判司农寺舒亶言:'本寺未了文字数百件,未了帐七千余道,催罚钱三百九十余千,未架阁文字七万余件,朝廷已送大理寺根究。伏缘建置六察,正以督治官司违慢为职,今并不弹奏。'祖道、中行自劾,尝权户察故也。"③所引史

① [宋]李焘:《续资治通鉴长编》,第4486—4487页。
② 《宋大诏令集》,第699页。
③ [清]徐松:《宋会要辑稿》,第3467页。

料反映了对文书不按时处理,不按时架阁的违法行为监察人员工作不力被处罚的问题。

2. 加强立法

从宋代的相关法律来看,有关预防丢失文书方面的立法数量也较多,这些法律对文书亡失的种种情形都进行了详细的规定。《宋刑统》中记载:"诸弃毁制书及官文书者,准盗论。亡失及误毁者,各减二等。毁须失文字。若欲动事者,从诈增减法。其误诸弃毁符、节、印及门钥者,各准盗论。亡失及误毁者,各减二等。"①"其误毁失符移、解牒者,杖六十。谓未入所司而本案者。"②从《宋刑统》的立法来看,为了保护文书,将文书毁失纳入国家立法加以惩处,根据毁失对象的不同,给予不同的处罚。亡失文书造成了官物数目错误的,按照"不觉盗"论罪:"诸主守官物而亡失簿书,致数有乖错者,计所错数,以主守不觉盗论。其主典替代者,文案皆立正案,分付后人,违者杖一百。并去官不免。"

《庆元条法事类》中对于文书亡失的几种情况加以了界定,明确了不同情况的处罚标准。

第一,因为自然灾害的原因,而造成文书亡失的,可以免于处罚。"诸因水火、盗贼毁失印记、制书、官文书者勿论。"

第二,亡失文书给予一定的期限找回,如果超过期限不能找回的,则要给予处罚。"诸公人亡失应架阁文书,限满寻访不得者,断罪枷锢,再限通满百日不得者,降一资,限外寻得者,复旧资。县吏人杖八十。"③"诸公人亡失见行公案、账籍、簿历等及应架阁文书,限满寻访不得者,断罪枷锢,再限通满百日不得者,降一资。限外得者复旧资。县吏人杖八十。"④此类的立法要求在《宋会要》也可以找到相应记录,如"(熙宁九年)七月二日,诏:'宗室有遭水火贼盗之类,毁失敕告,许所属宫院完保。如敢虚伪,即不理五服,依法科罪。'"⑤

第三,对有意丢弃的行为则加重处罚。《庆元条法事类》中记载:"诸弃毁交钞、递牒、便钱。公据、请给卷、历者,论如重害文书律。主自弃毁交钞、便钱、公据者不坐。即弃毁及亡失付身、制书、官文书,止坐弃毁及亡失之人。"⑥

①　[宋]窦仪:《宋刑统》,第439页。
②　[宋]窦仪:《宋刑统》,第439页。
③　[宋]谢深甫:《庆元条法事类》,第356—357页。
④　[宋]谢深甫:《庆元条法事类》,第367页。
⑤　[清]徐松:《宋会要辑稿》,第115页。
⑥　[宋]谢深甫:《庆元条法事类》,第366页。

3. 规定亡失文书的申报时间

宋代对于亡失的文书规定要及时向上申报,具体申报的时限也有相应的要求,如"淳熙元年四月二十八日,敕令所言:'改修《乾道重修杂令》,诸弃毁亡失付身、补授文书,系命官将校付身、印纸,所在州军保奏,余报元给官司给公凭。过限添召保官一员。如二十日外陈乞者,不得受理。因事毁而改正者准此给之。'先是,臣僚上言:'绍兴令,去失在内限三日,在外限五日,经所属陈乞,出限者不许受理。今来《乾道新书》限十日经所在官司自陈。'"从史料的记载来看,亡失文书申报的时限,前后发生了变化,绍兴时期,亡失在内的限三日申报,在外限五日申报,超过期限则不许受理。到了乾道时期,则将时限延长至十日。

亡失文书的责任人应向文书发出机构进行报送,"如下损失,所至铺分押赴本辖使臣或所属州县究治,实时封印,具公文递行。亡失文书者,速报元发递官司,即传送官物无人管押而裹角封记损动,并准此。以上因封印之类有损失而辄遣越过者,因损失而妄诈阙失越过同。听铺兵经本辖使臣或随逐州县陈告,仍听所至官司觉察点检,申本路所属监司究治罪处。非本路者,具事因申尚书兵部。'从之"。① 史料反映了宋代对于文书亡失的具体处理办法及相应的处罚措施。

4. 重点领域的文书由专门机构进行保管

为了防止经济领域中各种文书的亡失,宋代加强了此类文书的管理,在神宗以前为三司的文书设立金耀门文书库,该机构专门保存三司所形成的各种文书。"天禧二年八月,三司定夺减省文字所言:'乞自今应系已磨勘过诸般未发凭由,一时封送金耀门文书库收管。仍乞截自今据逐旋磨勘在京府界仓场等处界分应帐、凭由、文旁,令逐手分于每卷上批凿库务、名目、某年月、凭由道数,写签帖封记印押讫,每令手分供写单状。轮差后行一名取索单状照证,收掠凭由,置历开说合封送库务名目、凭由年月、道数,都计几束,般载于金耀门文书库交割架阁。本库官吏历内批凿收领,著字押历,委一通转都大束数签押,准备结绝界分之时划刷照证,只于结绝检内声说申奏。及今文书库依例置板簿,取三司印押给付,抄上凭由数目,准备诸处非时取索使用。仍(今)[令]后专、副得替,依例交割,不得辄有损坏散失。其应帐、凭由、文(字)[旁]等,今后更不许于府司并诸库务送纳。'从之。"②从史料的记载来看,为了防止文书亡失,宋代专门建造金耀门文书库管理三司

---

① ［清］徐松:《宋会要辑稿》,第9482页。
② ［清］徐松:《宋会要辑稿》,第7175页。

所形成的案籍,规定了各种案籍的管理制度,这些制度对于有效防治三司案牍散乱的现象具有一定的作用。

针对左藏库中文书保管的实际情况,统治者发布了加强管理、重建库房的诏令,"(嘉定)六年三月六日,监门在左藏西库汪纲言:'左藏东、西库有专法一册,系绍兴二年敕令所画旨颁降,今已八十余年。纲到任之初,根索数目,吏辈方始将出,纸已破损,漏失两叶。其间法意周密,关防详尽。今上下玩习,十已不能遵守二三,是致弊端日深。照得本库法册既损失不全,其在京库务通用条令亦不曾该载,自绍兴以后,岂无申明起请?今乞行下敕令所,将上项条法重行颁降,付库缮写收掌,庶使官吏上下得以恪意遵守。又照东、西库自绍兴癸酉创置火禁,并同皇城法,文书簿历,宜若全备。纲尝欲谷考数年出入之数,根索踰月,互相推托,片文只字,尽藏吏人之家。吏辈更易文书,随以迁徙,久而散失,不可复寻。在法,漏泄库务所管钱数者,徒三年,配二千里。今则散漫民间,何止泄漏!正缘库无架阁专管之官,久则奸生。今因两库修造之际,乞于库之中门踏逐隙地,各创造架阁库三间,西库专委都门官、东库专委中门官掌治,日下监勒根索五年内应收支文书簿历,置簿拘收入库。仍于岁终吏人交替之际,应干文历不许一件漏落。如界满,吏人簿历不足者,不得递补出役。簿籍从省部印押发下,次第接续。庶几帑藏干照稍稍整齐。'"①所引史料为左藏西库汪纲给朝廷上的奏札,其中反映的问题主要有以下几个,第一,针对左藏库中所保管的专法一册已经损坏的情况,恳请将上项条法重行颁降,付库缮写收掌。第二,针对文书私藏吏人之家情况,汪纲提出要重建库房,设置专门的人员来进行管理。第三,严格库房的管理制度,将文书保管与吏人出役紧密结合起来。

5. 重要文书一式多份

宋代在许多领域都强调文书制作一式多份,这一做法也被执行到吏部重要的人事档案管理中。"(绍兴三年)三月七日,臣僚言:'吏部四选案籍散失,品官到部无考验。窃见朝廷遣使宣谕诸道,乞令宣谕官立式,下所属州县取管下见任、待阙、宫观、丁忧、停替、责降、安置、编管等官员,除曾任侍从、观察使以上官外,每员各具夹细脚色家状一本,五人为一保,结除名之罪,州委官收纳,编类成册,知通考验,诣实保明。左选京朝官以上为一籍,选人为一籍;右选大使臣以上为一籍,小使臣为一籍。籍为三本:一留本州照用,一留逐路转运,以备取索,一候使人回日送吏部。其在军下,

---

① ［清］徐松:《宋会要辑稿》,第 7149 页。

令本将依此供具,依此注籍,一留军中,一纳枢密院,一送吏部。三省官司有官及入品吏人,令御史台取责编类,一留所属,一留本台,一纳吏部。见参部(侍)[待]差遣人,令临安府取索,缴送浙西宣谕司。仍令吏部印牓,下诸道晓谕……"①从所引史料来看,为了防止吏部四选案籍的散失问题,要求制作人事文书三本,一留本州照用,一留逐路转运,以备取索,一候使人回日送吏部。

6. 加强库房管理制度建设

库房的管理历来都是防治文书亡失的重点,宋代对此也通过立法的形式对此加以严格规范,《庆元条法事类》记载:"诸制书若官文书,应长留而不别库架阁或因检简移到而不别注于籍者,各杖一百,即应检简公案而被差覆,检官不如令者,罪亦如之。"②《宋会要》:"大中祥符四年十一月,诏:'文书库分三部,各房架阁文字逐案异架,一一交点锁钥,纳三司使处。如非时人吏私检文帐,即行严断。'"③"神宗熙宁二年闰十一月二十三日,三司言:'金耀门文书库,见收盛三司自太平兴国以来诸般帐案。欲乞差官两员往本库,与监官重别编排,置簿拘管架阁,准备使用。'诏可,仍三司选官奏差。"④"闰十一月二十三日,权三司使吴充荐虞部员外郎王時、沈希颜勾当公事,又言:金耀门文书库藏三司太平兴国以来帐案,乞差官两员,与监官重编排,置簿拘阁,以备检用。并从之。其编排官,令三司奏差。"⑤

在成书于北宋后期的《作邑自箴》一书中,对于文书加强保管、谨防丢失的告诫出现过多次:"去失架阁文字刑名不轻,益当在意也。"⑥"架阁文字,若自来不至齐整,作知县牒县重行编排,日轮手分、贴司二名,入库置历,限与号数,逐晚结押,诸案架阁文字外封上,题写架阁人吏姓名、花字押,应点数敕书,逐一以案卷勘对遂无漏落。"⑦"以好纸作一簿子,应系上州等处送纳钱物画时抄上,常置几案,限日缴纳朱钞并呈回文,亲自勾销,厅上置一柜,凡已绝公事,未暇封题入架阁库者,锁于其中以防去失。"⑧

① [清]徐松:《宋会要辑稿》,第 3240 页。
② [宋]谢深甫:《庆元条法事类》,第 356 页。
③ [清]徐松:《宋会要辑稿》,第 7175 页。
④ [清]徐松:《宋会要辑稿》,第 7175—7176 页。
⑤ [清]徐松:《宋会要辑稿》,第 7290 页。
⑥ [宋]李元弼:《作邑自箴》,续修四库全书本,上海:上海古籍出版社,1995,第 143 页。
⑦ [宋]李元弼:《作邑自箴》,第 141 页。
⑧ [宋]李元弼:《作邑自箴》,第 148 页。

第二节　文　书　失　窃

一、宋代文书失窃的相关案例分析

宋代国家各级机构档案库中所保存的文书档案,按规定应该严格进行保存,防止失窃。如宋代的金耀门文书库,在文书的入库、借阅及人员的管理方面形成了较为严格的制度。但是,由于各种人为和非人为的原因,文书档案的失窃现象仍屡见于史书记载。如王永年盗卖文书案,据《宋史》记载:"始,窦卞官汝时,与殿直王永年者相接颇厚,及在京师,永年求监金曜门库,卞为祷提举杨绘,绘荐为之。永年置酒于家,延绘、卞至,出其妻侑饮,且时致薄饷。永年以事系狱死,御史发其私,卞坐夺职,提举灵仙观。卒,年四十五。"①从上述的记载来看,王永年能够当上金耀门文书库监当官与窦卞的交情和杨绘的荐举有很大关系。王永年为了行贿的需要,在其负责金耀门文书库期间,走上了监守自盗之路,大量盗卖档案。

对于此事司马光《涑水记闻》则更加详细地进行了记录:"王永年,宗室叔皮之壻也,监金耀门文书库,翰林学士杨绘、待制窦卞皆尝举之。永年盗卖官文书得钱,费于娼家,畏其妻知之,伪立簿云:买金银若干遗杨内翰,若干遗窦待制。亦尝买缯帛及酒遗绘、卞及提举司、集贤修撰张刍,绘受之,卞止受其酒,刍俱不受。又尝召绘、卞饮于其家,令县君手掬酒以饮卞、绘。县主以永年盗官文书事白父叔皮,叔皮白宗正司,牒按其事。"②

由于王永年案,窦卞和杨绘都受到了牵连,"翰林学士、礼部郎中、知制诰杨绘责荆南节度副使,不金书本府公事。刑部员外郎、充天章阁待制窦卞落职,提举舒州灵仙观。坐与王永年交通、受赂遗故也"。③

此外,史料还记载了发生在文书传递环节的盗窃问题,如"大观元年八月十日,尚书吏部员外郎张抟札子:'契勘侍郎右选差使臣等二万二千余员,自来改转官告入递,多为铺兵盗取绫锦,官司虽依条行遣,经历岁时,不能拜命。大观元年正月,鄜延路安抚司状称,沿路去失官员改转官告二十七轴。一路如此,佗路可知。抟欲乞请州军专委通判职官,点检进奏院引目,有四

①　[宋]脱脱:《宋史》,第10624—10625页。
②　[宋]司马光:《涑水记闻》,北京:中华书局,1989,第324页。
③　[宋]徐松:《宋会要辑稿》,第4822页。

选告敕、宣札、帖牒之类被盗失者,限一日保明,入马递申尚书吏部勘当,先给公据,降付与转元官,或使赴任,合干官司,一面依自来条例勘会施行。所贵天泽下逮,物莫能间,亦使限年蹑级之吏,咸知所勘。'从之'。① 从此奏札来看,在文书传递中,铺兵盗窃文书的现象频繁发生,尚书吏部员外郎张抟请求采取适当措施,如此类文书被盗,要求一日进行保明,向尚书省吏部申报。

二、宋代对文书失窃的防范

宋代对于盗窃文书的处罚在《宋刑统》中有明文规定:"诸盗制书者,徒二年,官文书杖一百,重害文书加一等,纸券又加一等,亦谓贪利之无所施用者,重害谓徒罪以上,狱案及婚姻良贱勋赏黜陟授官除免之类。即盗应除文案者,依凡盗法。"②

从《宋刑统》中有关律文来看,对于盗窃文书的行为按照盗窃文书种类的不同,突出了对于盗窃制书从重处罚的原则,对于盗窃官文书则处杖一百。对于可能产生巨大危害的盗窃文书行为则要加重处罚。在行政领域中对于此类行为也进行了惩处:"(景德)四年三月,诏:'三司捉到盗案帐要切文书,不以当职不当职,人吏并决配;吏人杂闲慢文字,亦勒停;监门获盗者,等第给赏。文书库军事人吏,通同盗出货卖,许人陈告,杖配;买人知情,与所犯分首从断决。三司吏如的要文字照会者,本判官押帖,借取置历抄,监官开库检寻,封付本判官处呈验,十日内还库。其文字,并依部分架阁。每垛轮专知官一人押宿。'"③从宋代三司对于盗窃文书的处罚来看,对于人吏的处罚较重,人吏决配,监官查获盗窃会根据级别的不同给予奖赏,对于群体盗窃文书的行为,许人告陈,文书承买人如果知情,则按与盗窃从犯来进行判罚。

宋代对于文书工作中印制空白公文而引发的盗窃也进行了严格的预防。"绍兴元年二月十六日,诏:'三省监印使并依大观、政和条(今)[令]置历,日具名件数目单子,经由职级勘寔书押,付印司收掌。每日结计件数,不许辄印空纸。仍令本房守阙及贴房赍赴官印房用印,即不得令人承代。如违,并取旨重行责罚。'三省言:'勘会三省、枢密院、六曹印记所系非轻,关防未严,往往预印空纸,引惹偷盗,理须约束……'"④上述史料也进一步反映了

---

① [清]徐松:《宋会要辑稿》,第 5733—5734 页。
② [宋]窦仪:《宋刑统》,第 294—295 页。
③ [清]徐松:《宋会要辑稿》,第 7175 页。
④ [清]徐松:《宋会要辑稿》,第 3050 页。

空白公文所引发的问题,空白公文可以进行填写,移作他用,因此也可能被不法之徒利用以牟取各种不当利益,如何从前端管理的角度控制各类空白文书印制及空白文书的失窃也成为预防文书盗窃工作需要加强的重要内容。

第三节　文书非法买卖

宋代随着商品经济的发展,买卖文书现象已经非常普遍。从相关资料来看,两宋对文书买卖活动是严令禁止的,且以立法的形式对此类活动严加处罚。

一、宋代法律对文书买卖的控制

宋代法律对于以制书及官文书质当财物的行为规定了严厉的惩处标准,对于僧道使用的度牒的买卖则处罚更加严厉。早在宋初,此类行为就被写入了《宋刑统》中:"诸以伪宝、印、符、节及得亡宝、印、符、节假人,若出卖,及所假若买者封用,各以伪造写论。即以伪印印文书施行,若假与人,及受假者施行,亦与伪写同。未施行及伪写印、符、节未成者,各减三等。"①

《庆元条法事类》中针对买卖文书的立法则更加具体,量刑更加细化,"诸以制书、官文书质当财物及质当之者,各杖一百。僧、道以师号、紫衣度或公质当者,仍还俗,许人告。财物没官。若于所监临质当者,止坐监临之人,财物还主。"②对于僧道度牒进行买卖的行为处罚则要加重:"诸以应毁纳度牒乞卖与人,及受买者盗诈取同,而欲冒之者,各徒二年。公人将缴到亡僧、道度牒盗卖与人及受买洗改书填者,准此。许人告,赦到三十日不改正,复罪如初。"③

对于经济领域的文书买卖也加以控制。"中书省言:'大理寺立法:诸以孤遗宗室钱米历质当者徒一年,孤遗自质当者减一等。钱主各与同罪,其钱不追。即因举债及预借钱物买所请钱米,而每月取利过四厘者,钱主杖八十,举借钱物不追,已请钱米还主,许人告。'"所引史料针对的是用孤遗宗室钱米历来质当的人要判处徒一年,孤遗宗室自己自愿质当者,还要追究钱主的法律责任。

---

① ［宋］窦仪:《宋刑统》,第 385 页。
② ［宋］谢深甫:《庆元条法事类》,第 697 页。
③ ［宋］谢深甫:《庆元条法事类》,第 697 页。

二、宋代买卖文书的案例分析

宋代买卖文书受到处罚的案例,见于史料记载的主要有如下:王象因牵连文书买卖案被除名为吏。"(景德)八年,诏:'诸州县案帐、抄旁等,委当职官吏上历收锁,无得货鬻弃毁。仍令转运使察举,犯者,官员重置其罪,吏人决杖配隶。'时卫州判官王象坐鬻案籍文抄,除名为民,配隶唐州,因著条约。"①

宋代对于过期无价值的文书,官府允许作为"故纸"进行售卖,所得收入补充官府日常开支。"诏户部差官划刷合出卖及无用故纸,具数关送开封府造纸襖,遇大寒,置历给散在京并府界无衣赤露之人。每年依此,即不得将中用文字一例划刷。"②但是宋代历史上却出现了一个卖故纸而受到处罚的案例——苏舜钦卖故纸案。

据《宋史》的记载:"范仲淹荐其才,召试,为集贤校理,监进奏院。舜钦娶宰相杜衍女,衍时与仲淹、富弼在政府,多引用一时闻人,欲更张庶事。御史中丞王拱辰等不便其所为。会进奏院祠神,舜钦与右班殿直刘巽辄用鬻故纸公钱召妓乐,间夕会宾客。拱辰廉得之,讽其属鱼周询等劾奏,因欲摇动衍。事下开封府劾治,于是舜钦与巽俱坐自盗除名,同时会者皆知名士,因缘得罪逐出四方者十余人。世以为过薄,而拱辰等方自喜曰:'吾一举网尽矣。'"③

《续资治通鉴长编》中对苏舜钦卖故纸遭处罚一案的记载非常详细,"甲子,监进奏院右班殿直刘巽、大理评事集贤校理苏舜钦,并除名勒停。工部员外郎、直龙图阁兼天章阁侍讲、史馆检讨王洙落侍讲、检讨,知濠州;太常博士、集贤校理刁约通判海州。殿中丞、集贤校理江休复监蔡州税,殿中丞、集贤校理王益柔监复州税,并落校理。太常博士周延隽为秘书丞,太常丞、集贤校理章岷通判江州,著作郎、直集贤院、同修起居注吕溱知楚州,殿中丞周延让监宿州税,校书郎、馆阁校勘宋敏求签书集庆军节度判官事,将作监丞徐绶监汝州叶县税。先是,杜衍、范仲淹、富弼等同执政,多引用一时闻人,欲更张庶事。御史中丞王拱辰等不便其所为。而舜钦,仲淹所荐,其妻又衍女也,少年能文章,议论稍侵权贵。会进奏院祠神,舜钦循前例用鬻故纸公钱召妓女,开席会宾客。拱辰廉得之,讽其属鱼周询、刘元瑜等劾奏,因欲动摇衍。事下开封府治。于是舜钦及巽俱坐自盗,洙等与妓女杂坐,而

---

① [清]徐松:《宋会要辑稿》,第6216页。
② [清]徐松:《宋会要辑稿》,第7381页。
③ [元]脱脱:《宋史》,第13079页。

休复、约、延隽、延让又服惨未除,益柔并以谤讪周、孔坐之,同时斥逐者,多知名士。世以为过薄,而拱辰等方自喜曰:'吾一举网尽矣!'……"①从所引资料来看,苏舜钦一案背后所折射的问题却是宋代党派之争残酷性。从宋代文书制度来看,无用的废弃文书是可以进行处理的,但是在苏舜钦一案中,卖故纸的事情成为了政治斗争的托词,"但是,客观地分析,朝廷对苏舜钦、刘巽和十余位与会者的处罚过重。从政治上说,是小题大作,有意打击革新派。因为苏舜钦是'庆历新政'的积极支持者,改革派范仲淹提拔的人才,宰相杜衍的女婿。为了动摇杜衍和范仲淹,便从苏舜钦开刀,借故将一批人打倒"。②

第四节　文书非法雕印

一、宋代文书的雕印

宋代,随着雕版印刷术的发展,文书档案工作中也开始大量采用这一技术,如史料所记载,"辛巳,诏自今赦书,令刑部摹印颁行。时判部燕肃言,旧制,集书吏分录,字多舛误,四方覆奏,或致稽违,因请镂版宣布。或曰:'版本一误,则误益甚矣。'王曾曰:'勿使一字有误可也。'遂著于法。王子融云:寇莱公尝议模印赦书以颁四方,众不可而止。其后四方覆奏赦书字误,王沂公始用寇议,令刑部锁宿雕字人模印宣布。因之日官亦乞模印历日。旧制,岁募书写费三百千,今模印,止三十千。或曰:'一本误则千百本误矣。'沂公曰:'不令一字有误可也。'自尔遂著于令。子融称议初出于莱公,不知何据,今但取正史、实录稍增益之"。③从该条史料的记载来看,仁宗天圣年间,赦书的制作就已开始使用雕版印刷的方式,虽然有官员担心印刷可能存在一本误而千百本错误的情况,但是由于印刷的便利未能阻止其在文书工作中的应用。

随着这一技术的推广,宋代许多文书档案编纂的成果也开始采用印刷的方式进行制作,如:"礼制局言:'被旨雕印御笔手诏,共五百本。'诏赐宰臣、执政、侍从、在京职事官、外路监司守臣各一本。"④这是将已经颁布施行

①　[宋]李焘:《续资治通鉴长编》,第3715—3716页。
②　王金玉:《宋代档案管理研究》,北京:中国档案出版社,1997,第60页。
③　[宋]李焘:《续资治通鉴长编》,第2368页。
④　[清]徐松:《宋会要辑稿》,第2142页。

的御笔手诏文书进行编纂,采用雕印方式制作后广泛颁赐给臣僚的相关记载。同时宋代史料中也记载了法律档案编纂成果采用雕印的方式来制作的史实,如南宋高宗时期,"宰臣秦桧等奏言:'臣等今将元丰江、湖、淮、浙路盐敕令格并元丰四年七月二十三日后来至绍兴十年三月七日以前应干茶盐见行条法并续降指挥,逐一看详,分门编类到《盐法》《茶法》各一部,内《盐法敕》一卷,《令》一卷,《格》一卷,《式》一卷,《目录》一卷,《续降指挥》一百三十卷,《目录》二十卷……伏望委官审订,勒成一书,镂板行下,使诸郡邑有所遵承,或无抵牾。'至是始成书。"①从以上相关史料我们可以看到,在宋代文书工作中,除了现行文书的制作采用雕印的方式外,各种文书档案的开发成果也都采用雕印的方式来进行制作发行。

二、宋代限制雕印的文书

虽然,宋代文书可以进行雕印发行,但是并非毫无限制,一些文书是不能随意进行雕印的,如时政文书、科举程文、臣僚章奏等。

1. 禁止雕印时政边机文书

宋代涉及时政、边机的文书是不能随意雕印发行的,如宋仁宗天圣年间颁布诏令:"五年二月二日,中书门下言:'北戎和好已来,岁遣人使不绝,及雄州榷场商旅往来,因兹将带皇朝臣僚着撰文集印本传布往彼,其中多有论说朝廷防遏边鄙机宜事件,深不便稳。'诏:'今后如合有雕印文集,仰于逐处投纳,附递闻奏,候差官看详,别无妨碍,许令开板,方得雕印。如敢违犯,必行朝典。仍候断遣讫,收索印板,随处当官毁弃。'"②到了仁宗康定元年对此问题再次颁布诏令进行强调,如"访闻在京无图之辈及书肆之家,多将诸色人所进边机文字镂板鬻卖,流布于外。委开封府密切根捉,许人陈告,勘鞫闻奏"。③ 该诏令主要限制当时官员所进呈的边机文书,禁止将这些涉及边情的文书进行雕版买卖。至宋哲宗时期,对文书雕印的控制更加严格,"(元祐五年)七月二十五日,礼部言:'凡议时政得失、边事军机文字,不得写录传布,本朝会要、国史、实录不得雕印。违者徒二年,告者赏缗钱十万。内国史、实录仍不得传写。即其他书籍欲雕印者,选官详定,有益于学者方许镂板,候印讫送秘书省,如详定不当,取勘施行。诸戏亵之文,不得雕印,违者杖一百。委州县、监司、国子监觉察。'从之。以翰林学士苏辙言奉使北

---

① ［清］徐松:《宋会要辑稿》,第 6683—6684 页。
② ［清］徐松:《宋会要辑稿》,第 8290—8291 页。
③ ［清］徐松:《宋会要辑稿》,第 8296 页。

界,见本朝民间印行文字多以流传在彼,请立法故也"。① 从此条诏令来看,对雕印边机文书的行为进行严厉的处罚,违者杖一百。

2. 禁止雕印臣僚章奏文书

两宋时期,臣僚章奏所论内容非常广泛,为了防止泄密,影响国家的管理,对于臣僚章奏的雕印也严加限制。如宋高宗建炎三年正月二十八日"刑部、大理寺言:'臣僚章疏议论边计及事理要害,不许誊报,合厘为在京法。应赏功罚罪,每月下六曹取索,择其可以惩劝事上省,进奏院承受镂板,颁降诸路州军监司及在京官司。'从之。以臣僚札子:'乞下祖宗法,应赏功罚罪事可为劝惩者,令左右司下六曹取索,镂板颁降。'有旨送刑部看详。故有是命"。② 这是宋高宗时期,为了控制臣僚章奏的传播,不许随意誊报,臣僚章奏要经过选择方可进行雕印的诏令。宋孝宗时期,对于臣僚章奏的控制依然严格,如淳熙"四年六月十九日,臣僚言:'朝廷大臣之奏议、台谏之章疏、内外之封事、士子之程文,机谋密画,不可漏泄。今乃传播街市,书坊刊行,流布四远,事属未便,乞严切禁止。'诏四川制司行下所属州军,并仰临安府、婺州、建宁府照见年条法指挥,严行禁止。其书坊见刊板及已印者,并日下追取,当官焚毁,具已焚毁名件申枢密院。今后雕印文书,须经本州委官看定,然后刊行。仍委各州通判专切觉察,如或违戾,取旨责罚"。③

3. 禁止雕印举人程文

科举是国家选拔人才的重要途径,科举是许多学子入仕途的重要渠道,在科举中表现优秀者,则要委以官职,如史料记载"(太平兴国二年)三月二十三日,诏:'新及第进士吕蒙正以下,第一等为将作监丞,第二等为大理评事,并通判诸州,各赐钱二十万。同出身以下,免选,注初等幕职、判司簿尉。'"④为了获取功名,许多学子千方百计寻找捷径,各种所谓科举考试的标准范文就成为士子追逐的对象。书肆为了谋利,大量雕印此类文书。由于长期、大量出现此类科举程文,对于宋代科举造成了许多负面影响。对于此问题,宋代曾有官员专门论及,如宁宗朝国子博士杨璘言:"恭惟陛下光履帝位,今三十年,慕道益勤,求才益切。迨兹大比,登进多士,亲策于廷,岂曰应故事而已。迩来士习卑陋,志在苟得,编写套类,备怀挟,一入场屋,群趋帘前,以上请为名,移时方散。人数丛杂,私相检阅,抄于卷首,旋即掷弃。巡案无从检察,所作率多雷同,极难选取,侥幸者众。今书坊自经子史集事

---

① ［清］徐松:《宋会要辑稿》,第 8304 页。

② ［清］徐松:《宋会要辑稿》,第 3016—3017 页。

③ ［清］徐松:《宋会要辑稿》,第 8353 页。

④ ［清］徐松:《宋会要辑稿》,第 5265 页。

类,州县所试程文,专刊小板,名曰夹袋册,士子高价竞售,专为怀挟之具,则书不必读矣。窃见科举条制,怀挟殿五举,不以赦原。见有三数举前犯人,并从实殿,不与放行,而书坊公然抵禁。若不约束,将见循袭,学不务实,文不该理,科目之设,愈难得人。乞申严〔怀〕挟之禁,仍下诸路运司,令州县拘收书坊挟袋夹小板,并行焚毁,严立罪赏,不许货卖。自临安府书坊为始。"①从杨璘所论来看,科举考试的所谓标准范文使士子投机取巧,不读经史。为了遏制此风的蔓延,杨璘提出要对科举程文的雕印进行了严格限制。同时宋代史料还严格限制举人程文出界交易,违反者将按照与化外人私相交易条法进行处罚,如史料所记载:"(淳熙)二年二月十二日,诏:'自今将举人程文并江程地里图籍兴贩过外界货卖或博易者,依与化外人私相交易条法施行。及将举人程文令礼部委太学官点勘讫,申取指挥刊行。'"②

三、宋代限制雕印文书的原因

1. 基于军事斗争的需要

从宋代历史来看,禁止雕印文书与军事斗争有密切关系,在军事斗争中为了防止信息传播,宋代采取严格的措施禁止雕印各种时政边机文书。"自真宗朝起,随着北宋军事力量的衰落,西夏对北宋的扩张日趋严重。"③为了阻断西夏对宋各方面信息的收集,宋朝廷除了时政边机文书之外,还把禁止雕印的范围进一步扩大,禁止雕印文集、禁止雕印家谱。

到了南宋初期,基于军事斗争的需要,禁止雕印的对象也有了变化,嘉定六年"十月二十八日,臣僚言:'国朝令甲,雕印言时政、边机文书者皆有罪。近日书肆有《北征谠议》《治安药石》等书,乃龚日章、华岳投进书札,所言间涉边机,乃笔之书,镂之木,鬻之市,泄之外夷,事若甚微,所关甚大。乞行下禁止,取私雕龚日章、华岳文字尽行毁板。其有已印卖者,责书坊日下徼纳,当官毁坏。'从之"。④ 对于此一原因,已有学者研究指出:"足见这时禁印的重点,虽然还是有关时政、边机要的文字,但前期禁止是怕泄密,此时禁止则是怕惹祸。所以连谈论北伐和国家安全的文字也不准雕印了。"⑤

2. 维护国家权威的需要

宋代禁止雕印文书除了上述所讨论的出于军事的需要之外,其实也还

---

① ［清］徐松:《宋会要辑稿》,第5384页。
② ［清］徐松:《宋会要辑稿》,第8346页。
③ 何忠礼:《宋代政治史》,杭州:浙江大学出版社,2007,第141页。
④ ［清］徐松:《宋会要辑稿》,第8366页。
⑤ 李致忠:《中国出版通史(宋辽西夏金元卷)》,北京:中国书籍出版社,2008,第176页。

有维护官方的权威和统一因素。为了维护国家制度的统一,宋代在汇编国家所颁布的条例的活动中,最终成果也由官方雕板刻印,显然也是为了维护皇权的威严,"臣僚言:'自渡江以来,官司文籍散落,无从稽考。乃有司省记之说,凡所与夺,尽出胥吏,其间未免以私意增损,舞文出入。望下省部诸司,各令合干人吏将所省(已)[记]条例攒类成册,奏闻施行。内吏部铨注条例乞颁下越州雕印出卖。'"①

为了维护御笔手诏的权威性,在对此类文书进行编纂后,也交由国家机构来进行雕印发行,"尚书户部侍郎蔡居厚等言:'比从近臣之请,凡御笔手诏,刊印成策,半岁一颁。然内外之事,总于六曹,六曹之司二十有四,逐司颁降,各有先后,而日月不次,检照实难。欲乞(命)[今]后六曹及诸处被受御笔手诏,即时关刑部,别策编次,专责官吏,分上下半年,雕印颁行。'即从之。"②从以上的史料来看,为了实现国家的威严和专制主义中央集权的统一,这种统一的需要也渗透到了文书雕印中,各种民间或者未经国家审查的雕印行为是严厉禁止的。

四、宋代控制文书雕印的措施

对于大量违反国家规定的文书雕印问题,宋代采取了不同的措施来对此进行控制,概括来说这要有以下三个方面:

1. 加强了官方的监督和审查

宋代为了防止各种文书的违法雕印,加强了官方的监督,强调礼部对各种雕印文书的审查,如"既而礼部尚书黄由等言:'窃见向来臣僚奏请,凡书坊雕印时文,必须经监学官看详。比年所刊,醇疵相半,未足尽为楷则。策复拘于近制,不许刊行。乞将今来省试前二十名三场程文,并送国子监校定,如词采议论委皆纯正,可为矜式,即付板行。仍乞检会陈谠所奏,将《三元元佑衡鉴赋》《绍兴前后论粹》《擢犀拔象策》同加参订,拔其尤者并付刊行,使四方学者知所适从。由是追还古风,咸资时用。'从之"。③

对于已经雕印发行的文书,一经发现则要严厉处罚,如史料所记载:"中书省言,勘会福建等路近创造苏轼、司马光文集等。诏今后举人传习元祐学术以违制论,印造及出卖者与同罪,著为令。见印卖文集,在京令开封府,四川路、福建路令诸州军毁板。"④这是严格控制文书雕印的诏令,朝廷命令开

---

① [清]徐松:《宋会要辑稿》,第8247页。
② [清]徐松:《宋会要辑稿》,第8346页。
③ [清]徐松:《宋会要辑稿》,第5351页。
④ [清]徐松:《宋会要辑稿》,第8330页。

封府、四川、福建等地方官府严厉查处违法雕印,发现此类问题对雕版进行毁坏。在控制雕印文书中,宋代还明确地方的作用,督促地方查处各种违法雕印,鼓励地方出榜告赏,"诏:'令诸路帅、宪司行下逐州军,应有书坊去处,将事干国体及边机军政利害文籍,各州委官看详。如委是不许私下雕印,有违见行条法指挥,并仰拘收缴,申国子监,所有板本日下并行毁劈,不得稍有隐漏及凭(籍)[藉]骚扰。仍仰江边州军常切措置关防,或因事发露,即将兴贩经由地分(乃)[及]印造州军不觉察官吏根究,重作施行。委自帅、宪司严立赏牓,许人告捉,月具有无违戾闻奏。'以盱眙军获到戴十六等,辄将本朝事实等文字欲行过界故也。"①

2. 严厉的刑事处罚

宋代禁止雕印文书档案的问题在《庆元条法事类》一书中得到了充分的反映。该书中有多条律文都涉及对雕印文书的惩处,如"诸雕印御书、本朝会要及言时政、边机文者书,杖八十,并许人告。即传写国史、实录者,罪亦如之。"②"诸私雕或盗印律、敕、令、格、式、刑统、续降、条制、历日者,各杖一百,增添事件,撰造大小本历日雕印贩卖者准此,仍千里编管。许人告。即节略历日雕印者,杖八十。止雕印月分大小及节气国忌者非。"③"诸举人程文辄雕印者,杖八十,诗赋、经义、论曾经所属详定者非。事及敌情者,流三千里,内试策事干边防及时务者准此。并许人告。"④"诸私雕印文书,不纳所属详定辄印卖者,杖一百,印而未卖减三等。"⑤为了严格控制各种文书雕印流通,宋代还按照铜钱法出界来进行惩处,如史料所载:"诏:'访闻厉中多收畜本朝见行印卖文集书册之类,其间不无夹带论议边防、兵机、夷狄之事,深属未便。其雕印书铺,昨降指挥,令所属看验无违碍,然后印行。可检举行下,仍修立不经看验校定文书擅行印卖告捕条禁颁降,其沿边州军仍严行禁止。应贩卖藏匿出界者,并依铜钱法出界罪赏施行。'"⑥可见国家对于文书雕印控制的严厉。

3. 鼓励告赏

由于官方的监督和管理力量是有限的,为了能够有效地发现并遏制文书违法雕印的问题,宋代还鼓励百姓对此类行为进行告发,通过告赏的方式

---

① [清]徐松:《宋会要辑稿》,第 8361 页。
② [宋]谢深甫:《庆元条法事类》,第 376 页。
③ [宋]谢深甫:《庆元条法事类》,第 364—365 页。
④ [宋]谢深甫:《庆元条法事类》,第 365 页。
⑤ [宋]谢深甫:《庆元条法事类》,第 365 页。
⑥ [清]徐松:《宋会要辑稿》,第 8309 页。

让社会力量参与到防治文书雕印的活动中。"宋代法律允许百姓自愿告发犯罪,但更多的是官府利用奖励手段诱惑百姓揭发犯罪……"①《庆元条法事类》中明文规定:"诸色人,告获雕印时政、边机文书,钱五十贯;御书、本朝会要、国史实录者,钱一百贯。"②从法律条文的规定来看,告获雕印文书的不同而奖励也不同,告发雕印时政边机文书的可以奖励钱五十贯,告发御书、会要、实录等则奖励的额度也上升,从此项条款来看,明显地突出了对皇权的高度维护。

---

①　郭东旭:《宋代法制研究》,第548页。

②　[宋]谢深甫:《庆元条法事类》,第366页。

第七章 宋代防治文书违法的主要措施、影响因素及当代启示

第一节 宋代防治文书违法的主要措施

从以上章节的内容看,宋代针对文书违法问题采取了多重的预防和惩治措施,这些措施概括起来主要有:加强立法、构建多重处罚体系、强化监督、鼓励告赏、发动社会力量参与、畅通信息渠道等。

一、加强立法,将文书工作纳入法律体系

文书作为信息沟通的载体,是古代国家管理的重要工具,其重要性不言而喻。由于文书的重要性,两宋王朝加强了文书各方面的管理,其中较为突出的方面是通过立法全面地将文书档案工作纳入法制体系。

宋代早期法典《宋刑统》中许多条款都与文书工作有密切关系,呈现出以刑罚手段严厉惩戒各种危害文书行为的特点。《宋刑统》"职制律""厩库律""擅兴律""贼盗律""诈伪律"及"杂律"等律目中都有大量此类条款。以"职制律"和"诈伪律"为例,"职制律"是对行政机构和行政职责的规定,其中涉及大量惩处文书犯罪有关的内容,如"制书稽缓错误""奏事及余文书误""驿使稽程"等。从"职制律"的相关律文来看,对文书工作各环节中可能出现的问题都进行了严密的预防,这些规定涉及了文书奏报、保密、传递和稽留等方面。"诈伪律"规定了伪造文书犯罪的量刑标准,如"诸诈为官文书及增减者,杖一百。准所规避,徒罪以上各加本罪二等,未施行各减一等。即主司自有所避,违式造立,及增减文案,杖罪以下杖一百,徒罪以上

各加所避罪一等"。①《宋刑统》相关立法体现了统治者对于文书工作问题的高度关注,将文书工作纳入刑法体系中,对危害文书安全的犯罪行为进行定罪量刑。

从《天圣令》(附唐《开元令》)的相关内容来看,强化国家各项管理中文书程式和规范是其重要内容。《天圣令》中"田令""赋[役]令""仓库令""厩牧令""狱官令""营缮令""丧葬令"相关条文都包含了对于文书程序和规范的诸多要求,体现了从先秦以来,在国家各项活动中"凡事必于书"制度的继承和发展,如"田令"有关簿籍的制作中规定"诸应收授之田,每年起十月十(一)日,里正豫校勘造簿。至十一月一日,县令总集应退应授之人,对共给授……"②律文规定每年十月一日开始里正要事先校对授田的情况并制作簿历,至十一月一日,县令汇总应退授田人数,对共给授。

《永乐大典》残本卷一四五七五《金玉新书》中存有宋代递铺的相关法律总计 115 条,其中涉及宋代递铺的管理、文书邮递的时限、稽程的处罚等内容。《金玉新书》对于宋代文书传递的各项内容都进行了详细的规定,体现了官方对文书传递中安全性的高度重视。如《金玉新书》中多处都提到了有关文书传递时限的规定和处罚内容:"四年闰五月,诏诸道州府逐处使世,多以细碎不急事驿递以闻。自今非机密军马事,不得辄遣驿骑驰奏。"③该条诏令规定了非机密文书,不得以马递进行传送。《金玉新书》中详细规定了文书传递延误的处罚标准,相关内容在第一章中已经较为详细地进行了介绍,此不赘述。

从上论述可以清晰地看到,为了保障文书安全和文书工作的顺利开展,宋代在立法上进行了诸多的建设,这一建设的过程是漫长的,其集大成者则为南宋的《庆元条法事类》。《庆元条法事类》是南宋宁宗时期谢深甫等人编纂的一部法典,在《庆元条法事类》中,几乎每一门都涉及了有关文书工作的条款。《庆元条法事类》中文书工作规范在文书制作、收发、使用、传递、管理及保管等环节都有体现。可以说,宋代保障文书安全工作的立法在《庆元条法事类》中得到了较为充分的反映。

随着以《宋刑统》为基本内容,以不断增益的敕令,宋代有关文书档案的立法几乎已经涵盖了文书档案工作的各个环节,如文书制作环节,强调各种避讳制度,强调各种公文程式、公文用纸,坚决打击各种伪造玺印的行为;在

---

① [宋]窦仪:《宋刑统》,第 390 页。
② 天一阁博物馆,中国社会科学院历史研究所天圣令整理课题组:《天一阁藏明抄本天圣令校证》,第 258 页。
③ [明]解缙:《永乐大典》卷一四五七五,第 2 页。

文书传递环节,针对文书类别的不同强调不同的时限,对不同距离的传递规定明确的时限,并且划分了明确的稽缓等级及处罚制度,这些处罚制度能在前后相互衔接,保持了文书处罚标准的连续性和统一性。

此外,我们在《宋会要》及其他宋代文献中也可以看到大量与文书档案工作密切相关的诏令,这些内容也是宋代文书档案立法的重要组成部分,如有关文书档案的借阅方面的:"(绍圣四年)十一月二十一日,大理寺言:'制书应给借者,具状经郎官书押注籍,限五日还纳,限满应留照用者听量展。若还纳违限,断罪准官文书稽程律加二等。'从之。"①此条为宋代有关制书借用的规定,其中明确制书借用需书面申请经郎官书押注籍,五日之内归还,期限到了如果还需使用可以延长期限,如果违背期限,可参照官文书稽程加二等进行处罚。又如"借取置历抄,监官开库检寻,封付本判官处呈验,十日内还库。其文字,并依部分架阁。每夜轮专知官一人押宿"。②此条规定借用簿历,十日内归还。"(景德)八年二月,诏:'起居注记草及编录到百司文字,自今当职官吏即得就院检阅,候毕,手分画时入柜封锁,不得衷私取借出外。'"③此条则规定起居注记草及编录的官文书,处理完毕,入柜封锁,不得私自外借。"大中祥符三年三月,诏:'宗庙新置帐设什物,令宗正寺提举收掌,不得借出外。'"④此条规定宗庙新增簿帐,不得外借。

从上分析,我们可以看到宋代文书立法从宋初开始就得到了官方的高度重视,通过不断完善法律,将文书活动中各种规范、各种违法犯罪行为纳入法律体系,从刑罚及行政处罚角度严厉惩处,规范文书活动的程序和手续,以专项法律严格约束文书传递,将宋代各朝所形成的有关文书工作的法律进行汇编,这些做法为有效防治文书违法奠定了坚实的法律基础。

二、对文书档案违法进行严厉的处罚

(一)对宋代文书档案违法进行刑事处罚

在宋代,由于违法与犯罪不分,刑事立法与行政立法混合等原因,对于文书档案违法的刑罚多以《宋刑统》为基础,参照当时所行敕令来进行。从宋代法典和留存的判案来看对文书档案违法的刑罚涵盖了宋代法定的死刑、流刑、徒刑、杖刑、笞刑及宋代实行折杖法之后出现的编配刑,以下对此

---

① 〔清〕徐松:《宋会要辑稿》,第 8305 页。
② 〔清〕徐松:《宋会要辑稿》,第 7175 页。
③ 〔清〕徐松:《宋会要辑稿》,第 2992 页。
④ 〔清〕徐松:《宋会要辑稿》,第 3564 页。

进行分析。

1. 文书档案违法处于死刑

从《宋刑统》"名例律"看,宋代的死刑主要有:绞和斩。宋代文书档案违法处以死刑的情况较多,如伪造皇命文书,《宋刑统》记载:"诸诈为制书及增减者绞,口诈传及口增减亦是。未施行者减一等。施行谓中书覆奏,及已入所司者,虽不关由所司,而诈传增减,前人已承受者,亦为施行,余条施行准此。"①上述律文规定了"诈为制书及增减"这种违法行为的量刑标准。绞刑是一种保存全尸的死刑,是《宋刑统》中所规定的法定刑名,这一刑名在宋代文献中又多表述为"弃市"。如从《宋史·白重赞传》有关李玉矫制的案例来看,其伪造皇命文书被判处"弃市"。宋代"弃市"与绞刑之间的关系,至今未见学界进行专门探讨。王云海先生在《宋代司法制度》一书中提及:"'弃市'即是将犯人带到公共场所处死示众。"②至于如何处死,则语焉而不详。唐人司马贞为《史记》作索隐时,提及:"故今律谓绞刑为弃市是也。"③清人沈家本在《历代刑法考》一书也提到"魏、晋以下,弃市为绞刑"。④宋代法律与唐律之间的关系非常密切,所以我们认为"弃市"是法定刑名"绞刑"的另一种表述。在宋代除了伪造皇命文书处于死刑之外,还有其他违法行为也会被判处死刑,如伪造玺印。《宋刑统》记载:"诸伪造皇帝八宝者斩,太皇太后、皇太后、皇后、皇太子宝者,绞。"⑤此条律文区分了伪造对象的不同而处以行刑方式不同的死刑。从史料的记载来看,宋代对伪造官印的行为也要处以死刑。如《宋史·刑法志》载:"咸平间,有三司军将赵永昌者,素凶暴,督运江南,多为奸赃。知饶州韩昌龄廉得其状,乃移转运使冯亮,坐决杖停职。遂挝登闻鼓,讼昌龄与亮讪谤朝政,仍伪刻印,作亮等求解之状。真宗察其诈,于便殿自临讯,永昌屈伏,遂斩之,释亮不问,而昌龄以他事贬郓州团练副使。"⑥此事发生于宋真宗时期,三司将军赵永昌因贪污被韩昌龄所发现,坐决杖停职。赵永昌反挝登闻鼓(宋代一种越诉的方式)讼韩昌龄和冯亮诽谤朝廷,并伪造了官印,伪作了冯亮等向朝廷求解之状,宋真宗发现了赵永昌伪作问题,于是亲自审讯,赵永昌认罪被处于斩刑。又《宋会要》中记载:"以涣等伪造尚书

---

① ［宋］窦仪:《宋刑统》,第388页。
② 王云海:《宋代司法制度》,开封:河南大学出版社,1992,第392页。
③ ［汉］司马迁:《史记》,北京:中华书局,1959,第363页。
④ ［清］沈家本:《历代刑法考》,北京:中华书局,1985,第138页。
⑤ ［宋］窦仪:《宋刑统》,第383页。
⑥ ［元］脱脱:《宋史》,第4987页。

省印、吏部印各一颗,伪印官告、差札等,因臣僚上言,法寺鞠实,薛舜民、杨泽、刘涣并合准条于绞刑私罪上定断,合(契)[决]重杖处死。"①此案例也说明伪造官印行用要处以死刑,只不过此案例中死刑的执行方式为"决重杖处死"。查阅宋代主要文献,宋代文书档案违法处以死刑的主要情况可参见"宋代文书违法处死刑表"。

宋代文书违法处死刑表

刑　　罚	违　法　行　为	史　料　来　源
绞	1. 诈为制书及增减。 2. 伪写宫殿门符、发兵符。 3. 漏泄大事应密者。 4. 盗御宝。 5. 伪造官印,印成伪文书或商税物,已行用者。 6. 伪造太皇太后、皇太后、皇后、皇太子宝。	《宋刑统》《宋史》 《宋刑统》 《宋刑统》 《宋刑统》 《庆元条法事类》 《宋刑统》
斩	诸伪造皇帝八宝者。	《宋刑统》

2. 文书档案违法处以流刑

流刑是次于死刑,将犯人流放至边远地区服役的一种刑罚。《宋刑统》"名律例"记载:"《书》云:'流宥五刑。'谓不忍刑杀,宥之于远也。又曰'五流有宅,五宅三居。'大罪投之四裔,或流之于海外,次九州之外,次中国之外。盖始于唐、虞。今之三流,即其义也。"②流刑实施折杖之后分为四个等级:加役流决脊杖二十,配役三年;流三千里决脊杖二十,配役一年;流二千五百里决脊杖十八,配役一年;流二千里决脊杖十七,配役一年。

从宋代法典来看,对于文书档案违法判处徒刑的记载主要有:伪造官印,如《庆元条法事类》中记载:"诸伪造官印,印成伪文书或商税物者,流三千里,已行用者,绞,仍奏裁……"③《宋刑统》:"诸伪写官文书印者流二千里"④,伪造"皇太子妃宝,流三千里。伪造不录所用,但造即坐。"⑤宋代法律也规定伪造各种门符、发兵符的行为要处于流刑,如"诸伪写宫殿门符、发兵符、传符者,绞;使节及皇城京城门符者,流二千里"。⑥ 宋代文书档案违法处以徒刑的主要情况可参见"宋代文书违法处流刑表"。

---

①　[清]徐松:《宋会要辑稿》,第 8545 页。
②　[宋]窦仪:《宋刑统》,第 3 页。
③　[宋]谢深甫:《庆元条法事类》,第 364 页。
④　[宋]窦仪:《宋刑统》,第 383 页。
⑤　[宋]窦仪:《宋刑统》,第 383 页。
⑥　[宋]窦仪:《宋刑统》,第 384 页。

宋代文书违法处流刑表

刑　罚	违　法　行　为	史料来源
流三千里	1. 伪造官印印成伪文书或商税物者。 2. 伪造皇太子妃宝。	《庆元条法事类》 《宋刑统》
流二千里	1. 弃毁宫殿门符发兵符传符。 2. 矫制无功。 3. 诸伪写官文书印。 4. 伪写使节及皇城京城门符。 5. 今后遇有投进实封文字,辄盗拆窥泄传报,事干(几)〔机〕密重害者。	《宋刑统》 《宋刑统》 《宋刑统》 《宋刑统》 《宋会要辑稿》

3. 文书档案违法处以徒刑

徒刑是强迫犯人从事奴役性劳动的刑罚。《宋刑统》记载:"徒者奴也,盖奴辱之。《周礼》云:'其奴,男子入于罪隶,又任之以事,置之圜土而收教之。上罪三年而舍,中罪二年而舍下罪一年而舍。'此并徒刑也,盖始于周。"① 徒刑划分为五个等级:徒一年、徒一年半、徒二年、徒二年半、徒三年。实行折杖法之后,徒刑又转化为:徒一年折脊杖十三、徒一年半折脊杖十五、徒二年折脊杖十七、徒二年半折脊杖十八、徒三年折脊杖二十。从宋代史料的记载来看,宋代文书档案违法判处徒刑的情况比较多、也较为复杂,为了讨论的方便,择其要者进行分析。

在文书制作中,宋代要求文书据实而书,不得欺弊、隐瞒,对于文书制作中出现的不实问题,依据法律需判处徒刑,如"诸对制及奏事上书,诈不以实者,徒二年。非密而妄言有密者,加一等"。②

宋代人事文书,如告身、付身、批书、印纸原件由官员个人进行保管,除非官员违法犯罪,否则朝廷对这类文书是不会进行收缴的。这就导致大量的官员人事文书留存于民间。如《武义南宋徐谓礼文书》收录了徐谓礼为官以来的告身、敕黄、印纸等原件的录白件。③ 由于这些文书具有特殊的价值,民间将这些文书进行抵当、买卖的现象比较普遍。宋代对此类行为是严加禁止的,违法者将判处徒刑,如"诸以父祖告、敕、宣、札卖与人者,徒一年,不以荫论。买者与同罪,并许人告"。④ 同时宋代也禁止以各种券历进行抵当,如法律所规定:"诸质当上纲兵级券、历者,徒一年,官司知而勘给,杖一

---

① 〔宋〕窦仪:《宋刑统》,第3页。
② 〔宋〕窦仪:《宋刑统》,第389页。
③ 包伟民,郑嘉励:《武义南宋徐谓礼文书》,北京:中华书局,2012。
④ 〔宋〕谢深甫:《庆元条法事类》,第374页。

百,不知情者减二等,并许人告",①"诸急脚马递铺兵级、曹司将所传制书或诸军补授文帖卖与人,赍发并买之者,各徒二年,余文书减三等,并许人告"。② 除上述讨论之外,宋代文书档案违法判处徒刑的情况可参见"宋代文书违法处徒刑表"。

宋代文书违法处徒刑表

刑 罚	违 法 行 为	史 料 来 源
徒三年	1. 诸上书若奏事即为名字触犯者。 2. 盗使节及皇城、京城门符。 3. 漏泄库务所管钱数者。	《宋刑统》 《宋刑统》 《宋会要辑稿》
徒二年	1. 诸对制及奏事上书诈不以实。 2. 不以符从事,或符不合不速以闻。 3. 盗官文书印者。 4. 盗制书。 5. 诸臣僚所赐牌印,若不随葬,过三拾日不纳官者。 6. 诸批书考任印纸,若出给公凭及保明阙报功过而增减不实致误赏、磨勘、差注者,本官殿伺下班祗应同,并知情官吏。 7. 诸帅司及统兵官行移辄用札子者。 8. 诸盗应架阁文书有情弊者。 9. 诸仓库收支历,辄不封锁交受,若收留私家经宿者。 10. 诸官司因被强盗辄毁匿簿籍欺隐官物以自盗论加一等,赃轻者。 11. 诸以他人制书及诸军恩赏付身、印纸、差帖之类质当财物者。 12. 诸以急脚马递铺兵级曹司将所传制或诸军补授文帖卖与人,赍发并买之者。 13. 递铺住滞文字违八时辰半。 14. 内伪造度牒印板以违制论,官司不检察。 15. 度牒号簿付逐路提刑、转运司,逐处公吏敢有邀阻取受。 16. 诸承受御笔处分,无故违限一时者。 17. 诸以应毁纳度牒乞卖与人及受买者,盗诈取同,而欺冒之者。 18. 凡议时政得失、边事军机文字,不得写录传布,本朝会要、实录不得雕印。	《宋刑统》 《宋刑统》 《宋刑统》 《宋刑统》 《庆元条法事类》 《庆元条法事类》 《庆元条法事类》 《庆元条法事类》 《庆元条法事类》 《庆元条法事类》 《庆元条法事类》 《庆元条法事类》 《金玉新书》 《宋会要辑稿》 《宋会要辑稿》 《宋会要辑稿》 《宋会要辑稿》 《庆元条法事类》
徒一年半	诸漏泄非大事应密。	《宋刑统》

---

① [宋]谢深甫:《庆元条法事类》,第374页。
② [宋]谢深甫:《庆元条法事类》,第374页。

（续表）

刑　罚	违　法　行　为	史　料　来　源
徒一年	1. 诸稽缓制书十日。 2. 诸公文有本案事直而代判者。 3. 诸驿使无故以书寄人行之及受寄者。 4. 诸用符节事讫,应输纳而稽留十日。 5. 其违限不即还符者。 6. 盗重害文书。 7. 诸狱囚案款不连粘或不印缝。 8. 盗余符。 9. 诸以父祖告敕宣札卖与人者。 10. 诸质当上纲兵级券历者。 11. 虽应入急递而用以为名,辄附非急文书者。	《宋刑统》 《宋刑统》 《宋刑统》 《宋刑统》 《宋刑统》 《宋刑统》 《庆元条法事类》 《宋刑统》 《庆元条法事类》 《庆元条法事类》 《金玉新书》

4. 文书档案违法处以杖刑

杖刑是以法律规定尺寸的木杖捶打犯人的刑罚。宋代行刑所用木杖及捶打部位具有严格规定,据《续资治通鉴长编》记载:"旧据《狱官令》用杖,至是定折杖格,常行官杖长三尺五寸,大头阔不过二寸,厚及小头径不过九分。小杖不过四尺五寸,大头径六分,小头径五分。徒、流、笞、杖,通用常行杖。流罪决讫,役一年;加役流决讫,役三年。徒罪决而不役。徒流皆背受,笞、杖皆臀受,讯杖如旧制。"①《宋刑统》中记载,杖刑分五等:杖六十、杖七十、杖八十、杖九十、杖一百。② 行折杖法之后,杖刑又转化为杖六十折臀杖十三、杖七十折臀杖十五、杖八十折臀杖十七、杖九十折臀杖十八、杖一百折臀杖二十。

宋代史料中记载了大量文书档案违法处于杖刑的情况,以其中较为常见的伪造官文书为例,《宋刑统》记载:"诸诈为官文书及增减者杖一百。"③这条法律规定了伪造官文书的量刑标准为杖一百,这是针对已经发生的行为。从相关文献来看,宋代为了有效防治文书伪造问题已将预防的环节提到了文书制作环节,如强调文书制作人员及时书写,否则将给予杖一百的处罚,史料记载:"诸典卖田宅,应推收税租,乡书手于人户契书户帖及税租簿内,并亲书推收税租数目并乡书手姓名,税租簿以朱书,令佐书押。又诸典卖田宅,应推收税租,乡书手不于人户契书户帖及税租簿内亲书推收税租数

---

① ［宋］李焘:《续资治通鉴长编》,第88页。
② ［宋］窦仪:《宋刑统》,第2页。
③ ［宋］窦仪:《宋刑统》,第390页。

目、姓名、书押令佐者,杖一百,许人告。"①同时宋代要求在文书制作环节不得草书,否则也将面临杖一百的处罚,如"州县租税簿籍,令转运司降样行下,并真谨书写。如细小草书,从杖一百科罪勒停"。② 而在实践层面对于官文书伪造的处罚也是遵从《宋刑统》的立法原则的。宋代文书档案违法判处杖刑的情况可参见"宋代文书违法处杖刑表"。

宋代文书违法处杖刑表

刑　罚	违　法　行　为	史 料 来 源
杖一百	1. 诸文书应遣驿而不遣驿,及不应遣驿而遣驿者。	《宋刑统》
	2. 盗余印。	《宋刑统》
	3. 诸盗官文书。	《宋刑统》
	4. 盗州镇及仓厨厩库关门等钥。	《宋刑统》
	5. 即事直及避稽而盗用印者。	《宋刑统》
	6. 诸诈为官文书及增减。	《宋刑统》
	7. 诸主守官物而亡失簿书,致数有乖错者,计所错数,以主守不觉盗论。其主典替代者,文案皆立正案,分付后人。	《宋刑统》
	8. 诸奏事应通封而实封者。	《庆元条法事类》
	9. 诸臣僚上殿,若内外官司应进图籍之类,辄用轴及非机密而封者。	《庆元条法事类》
	10. 诸军马粮草数及事干机密应行文书而不实封者。	《庆元条法事类》
	11. 诸盗用官印,朱记、团印长印同。	《庆元条法事类》
	12. 诸被差点对,应磨勘及关升人,录白告敕宣札印纸而漏落不如式者。	《庆元条法事类》
	13. 下班祗应年未及格而本家为供不实者。	《庆元条法事类》
	14. 诸制书若官文书应长留而不别库架阁或因检简移到而不别注于籍者。	《庆元条法事类》
	15. 诸架阁库文书所掌官吏散失者。	《庆元条法事类》
	16. 诸私雕或盗印律、敕、令、格、式、刑统、续降、条制、历日者。	《庆元条法事类》
	17. 诸弃毁亡失付身补授文书谓告敕宣札帖牒之属官司保明不实者。	《庆元条法事类》
	18. 诸以制书官文书钱物交钞、公据非质当财物及质当之者。	《庆元条法事类》
	19. 诸质当上纲兵级券历者,官司知而勘给。	《庆元条法事类》
	20. 州县租税簿籍,令转运司降样行下,并真谨书写。如细小草书。	《宋会要辑稿》
	21. 诸典卖田宅应推收税乡书手,不于人户契书、户帖及税租簿内亲书推收税租数目、姓名、书押令佐者。	《宋会要辑稿》

---

① [清]徐松:《宋会要辑稿》,第 6220 页。
② [清]徐松:《宋会要辑稿》,第 6220 页。

（续表）

刑　罚	违　法　行　为	史料来源
杖一百	22. 应颁朔布政诏书入急脚递,依赦降法。诸路监司、州县依此。应颁朔布政诏书付吏部,差人吏、工匠、纸札,限一日以事分下六曹,限一日下诸路监司。 23. 应承受颁朔布政诏书,监司随事检举下诸州,州下诸县。榜谕讫。具已施行申州,州申所属监司以闻。共不得过十日。 24. 盗拆窥泄传报终事无害者。	《宋会要辑稿》 《宋会要辑稿》 《宋会要辑稿》
杖八十	1. 上书若奏事误犯宗庙讳。 2. 转传大事者。 3. 诸事应奏而不奏,不应奏而奏。 4. 诸公文有本案事直而代官司署者。 5. 诸驿使稽程者一日。 6. 诸私发官文书印封视制书。 7. 诸官司及将校预印空纸填写文书及印之者。 8. 诸雕印御书、本朝会要及言时政边机文书。	《宋刑统》 《宋刑统》 《宋刑统》 《宋刑统》 《宋刑统》 《宋刑统》 《庆元条法事类》 《庆元条法事类》
杖六十	1. 上书若奏事而误。 2. 不应言上而言上,及不由所管而越言上,应行下而不行下,及不应行下而行下者。 3. 诸官物有印封,不请所由官司而主典擅开者。 4. 盗县戍等诸门钥。 5. 误毁失符移、解牒者。 6. 诸私发官文书印封视书者。 7. 诸官文书辄草书者。	《宋刑统》 《宋刑统》 《宋刑统》 《宋刑统》 《宋刑统》 《宋刑统》 《宋会要辑稿》

5. 文书违法处以笞刑

笞刑是以笞杖捶打犯人的刑罚,按《宋刑统》记载,笞刑分为五等:笞一十、笞二十、笞三十、笞四十、笞五十。施行折杖法后,笞刑转化为:笞一十折臀杖七、笞二十折臀杖七、笞三十折臀杖八、笞四十折臀杖八、笞五十折臀杖十。

宋代文书档案违法处于笞刑的情况主要有:文书制作和传递的延误,如法律所规定"诸稽缓制书者,一日笞五十,腾制、敕符移之类皆是,一日加一等,十日徒一年。其官文书稽程者,一日笞十,三日加一等,罪止杖八十",①从法律条文来看,对于文书制作环节中出现的延误行为以延误一日笞五十为基础,根据延误时间的长短依次递增。在文书传递环节,类似的情

---

① ［宋］窦仪:《宋刑统》,第156页。

况同样也存在,如"哲宗元祐六年四月七日,刑部大理寺言:赦降入马递,日行五百里。事干外界,或军机,及非常盗贼文书入急脚递,日行四百里,如无急脚递及要速并贼盗文书入马递,日行三百里。违不满时者,笞五十,一时杖八十,一日杖一百,二日加一等,罪止徒三年。致有废阙事理,重者奏裁。从之"。① 另外,文书错误也要被处于笞刑,如文书"上尚书省误笞四十,余文书误笞三十"。② 符节使用完毕不及时归还也要处于笞刑,如"诸用符节事讫,应输纳而稽留者,一日笞五十,二日加一等,十日徒一年"。③ 在官文书书写中应避讳而不避讳,也要受到笞刑的处罚,"诸上书若奏事误犯宗庙讳者,杖八十,口误及余文书误犯者,笞五十"。④ 宋代文书档案违法处以笞刑的情况可参见"宋代文书违法处笞刑表"。

宋代文书违法处笞刑表

刑　　罚	违 法 行 为	史 料 来 源
笞五十	1. 诸稽缓制书者一日。 2. 诸上书若奏事口误及余文书误犯者。 3. 诸用符节事讫,应输纳而稽留者,一日。 4. 诸盗宝、印、符、节封用,主司不觉。 5. 无急脚递及要速并贼盗文书入马递,日行三百里。违不满时者。	《宋刑统》 《宋刑统》 《宋刑统》 《宋刑统》 《金玉新书》
笞四十	文书上尚书省误。	《宋刑统》
笞三十	诸上书若奏事,余文书误。	《宋刑统》
笞一十	准太平兴国六年五月诏书,诸道刑狱大事限四十日、中事二十日、小事十(一)日,笞十。	《宋会要辑稿》

6. 文书档案违法处以编配刑

编配刑包括编管和配隶两种常见从刑。编管是"宋代主要的附加刑之一,是一种将犯人强制送远地,并将其置于监管状态下,约束其行动的刑罚"。⑤ 配隶是"将犯人遣送指定场所服劳役并隶属于军籍的刑罚"。⑥ 配刑根据情节的不同主要有配五百里、配一千里、配两千里、配三千里等。

编配之刑是在宋代实行折杖法之后针对违法(犯罪)中情节、后果严重

① 〔明〕解缙:《永乐大典》卷一四五七四,第5页。
② 〔宋〕窦仪:《宋刑统》,第161页。
③ 〔宋〕窦仪:《宋刑统》,第170页。
④ 〔宋〕窦仪:《宋刑统》,第159页。
⑤ 戴建国:《宋代刑法史研究》,第215页。
⑥ 戴建国:《宋代刑法史研究》,第203页。

的行为给予的刑罚。如《宋会要》记载:"杖以上情重者,有刺面、不刺面配本州牢城。仍各分地里近远,五百里、千里以上及广南、福建、荆湖之别。京城有配窑务、忠靖六军等。亦有自南配河北屯田者。如免死者配沙门岛、琼、崖、儋、万〔安〕州,又有遇赦不还者。国初有配沙门岛者,妇女亦有配执针者,后皆罢之。"①

从宋代文献记载来看对于文书档案违法中情节较为严重处于编、配之刑的情况主要有以下方面:

文书传递中延误两日以上的要处以"配五百里",延误三日要处以"配千里"的处罚,如"十月五日,尚书省、中书省言检会政和敕马递承传文书,违一时杖八十;二时加一等;一日徒一年;二日加一等,配五百里;罪止徒三年,配千里;并重役处急脚递加二等"。② 所引内容充分反映了宋代对于文书传递延误根据延误时间长短以轻重不同的处罚,情节严重的要配五百里或配千里。

盗用官印及文书情重者也要处配刑。如"诸盗用官印,朱记、团印、长印同。杖一百。有所规求者,减伪造一等坐之。情重者,配本城。即避罪重者,加所避罪二等"。③ 从所引史料看,对于盗用官印情节严重的处以配本城的刑罚。从宋代史料来看,对于人吏盗窃文书的处罚也是配隶刑,如史料所记载:"(景德)四年三月,诏:'三司捉到盗案帐要切文书,不以当职不当职,人吏并决配……"④

宋代对于度牒伪造的处罚常是配隶刑,如"伪造〔度〕牒、紫衣、师号从未有专一法禁,(令)〔今〕后有犯,并依诈伪制书科罪,流罪配五百里,徒罪配邻州"。⑤

隐藏弃毁文书档案,情节严重者处以配刑。"(熙宁七年九月)十九日,检正中书五房公事李承之言:'三司帐案文字焚烧几尽,外方人吏因此折兑隐藏案检。乞下诸路,应熙宁五年后文帐案检,委州县画时监勒吏人检取,封印架阁,具道数申提举帐司。其吏人各据所管生事文帐及案底簿历,开拆收救名件,限三日,判使纽计分数,并具火势先后申中书省,看详收救并烧失若干,量轻重赏罚。如敢隐藏或故毁弃,即令点检申举,许人告,犯人以违制

① 〔清〕徐松:《宋会要辑稿》,第8445页。
② 〔明〕解缙:《永乐大典》卷一四五七四,第9页。
③ 〔宋〕谢深甫:《庆元条法事类》,第364页。
④ 〔清〕徐松:《宋会要辑稿》,第7175页。
⑤ 〔清〕徐松:《宋会要辑稿》,第3384页。

论。情理重者,当刺配。告人给赏钱二百千。'从之。"①所引史料为检正中书五房公事李承之针对熙宁年间发生的大火造成三司帐案文字被毁向朝廷所上奏札,其中特别强调吏人如果隐藏或毁弃文案,情节严重者要刺配。

(二)对宋代文书档案违法进行行政处罚

1. 除名

除名,削除一切官籍,是宋代行政处罚中最严厉的处罚方式。《宋刑统》记载:"诸除名者,官爵悉除,课役从本色。六载之后听叙,依出身法。"②从此条文的记载来看,除名不仅要削夺官员的官位和爵位,官员还要课役服税。此外,除名还伴随着追毁所有人事文书的过程,如"诸除名者,出身补授以来文书皆毁……"③相关史料也印证了宋代除名中的这一规定,如"辛未,诏:'权桂州司理参军徐伯偕、摄廉州石康县尉徐伯准并追毁出身以来告敕,除名勒停,永不收叙。'"④所引史料也说明了宋代除名处罚中伴随着追毁人事文书的史实。

从宋代文书档案违法的相关案例来看,许多文书档案违法者也被处以除名。"诏:'诸州县案帐、抄旁等,委当职官吏上历收锁,无得货鬻、弃毁。仍令转运使察举,犯者,官员重置其罪,吏人决杖配隶。'时卫州判官王象坐鬻案籍文抄,除名为吏,配隶唐州,因著约令。"⑤又史料记载:"辛巳,诏:'诸州县案帐、要切文书、钞榜等,委官吏上籍收锁,无得货鬻毁弃。仍命转运使察举,违者重置其罪。'时魏州判官王象坐鬻案籍文钞,除名为民,配隶唐州,因著约令。"⑥两则史料所记王象案情大体相同,最终的处罚结果的表述方面存在一定差异,前者为"除名为吏",后者为"除名为民",从除名处罚的内涵来看,"除名为民"当符合史实。

宋代为了对官吏的违法和过失行为进行处罚,设置过犯簿记载官员违法及过失的次数,当官员的违法和过失达到规定的次数则要进行处罚,如"给事中胡交修言:'进奏院合赴章奏房投下诸路表奏。在京专法,令本房置过犯簿,籍记差错进奏官姓名。昨缘渡江,散失案牍,指挥不存。欲乞令章奏房依旧置过犯簿,今后差错并失点检,厅司拘收。第一犯籍记姓名,次犯给事中量轻重送所属责罚停降。'从之"⑦。从胡交修上奏看,进奏院有过犯

---

① [清]徐松:《宋会要辑稿》,第 7292 页。
② [宋]窦仪:《宋刑统》,第 36 页。
③ [宋]谢深甫:《庆元条法事类》,第 85 页。
④ [宋]李焘:《续资治通鉴长编》,第 7047 页。
⑤ [清]徐松:《宋会要辑稿》,第 6216 页。
⑥ [宋]李焘:《续资治通鉴长编》,第 1357 页。
⑦ [清]徐松:《宋会要辑稿》,第 3017 页。

簿,专门记载官吏违法及差错,第一次记录在案,第二次则要移交到相关部门对责任人进行责罚停降。又如"大理寺言:'太常寺主簿王子琦、博士黄实互讼,今根究得曲在子琦。'……诏诫一上过犯簿。"①所引史料也反映了宋代官员治罪以过犯簿作为依据。

从上述相关史料的记载来看,官吏违法需记载在过犯簿中,达到次数以后才会进行处罚,但从王象案来看,直接给予了除名的处罚,由于缺乏史料,具体情形无法详考,但是此一处罚确有从重处罚的特点。在宋代文书违法中被处除名的案例还有苏舜钦卖故纸案,史料记载:"甲子,监进奏院右班殿直刘巽、大理评事集贤校理苏舜钦,并除名勒停。"②相关史料记载了苏舜钦卖故纸宴请受除名处罚的缘由,只不过此处的除名还随着勒停的处罚,是两种行政处罚同时使用的情况,下文将对此进行专门分析。

2. 勒停

勒停,"勒令停职,撤销现任官职,只保留阶官",③"勒停就是勒令停职,主要是革除官吏的官职,只有在叙复之后才能重新获得官位和职权"。④ 从宋代史料的记载来看,勒停作为常见行政处罚,既能单独使用,也能与其他处罚甚至是刑事处罚配合使用。在有关文书档案违法行为的处罚方面,也可见如上所述情形。如《庆元条法事类》:"诸书手于税租簿帐为欺弊,及吏人磨勘、覆勘隐漏亏失勒停者,永不收叙。"⑤所引内容是惩处胥吏违法方面的条款,胥吏中的书手在记录税租账簿的时候有作弊情况的,胥吏中的吏人在磨勘、覆勘中有隐、漏、亏失情况的,勒令停职,永不叙用。

勒停与追官、除名等行政处罚同时使用。这种情形下,多种行政处罚同时施加于违法主体。从宋代有关文书违法的处罚情况来看,此情形比较常见,一般而言文书档案违法惩戒是作为其他经济、行政违法的辅助措施而施加的。如"诏秘书监王端追一官,与宫观差遣,坐前知郑州伐园木为薪以自入,及报上不实,法寺当追官勒停,而诏免勒停故也"。⑥ 所引史料中秘书监王端因为砍伐园木又奏报不实,被大理寺判处追官勒停,而皇帝下诏书免其勒停。从此例看,王端违法砍伐园林是其违法的主要方面,而奏报不实是违法的次要方面,最终王端被处追官与勒停。又如史料所载:"复州录事参军

①　[宋] 李焘:《续资治通鉴长编》,第 7947 页。
②　[宋] 李焘:《续资治通鉴长编》,第 3715 页。
③　韩瑞军:《宋代官员经济犯罪及防治研究》,第 157 页。
④　肖建新:《宋代行政责任追究制度研究的基本问题》,河北大学,2007,第 67 页。
⑤　[宋] 谢深甫:《庆元条法事类》,第 653 页。
⑥　[宋] 李焘:《续资治通鉴长编》,第 6357 页。

万延之夺一官,皇城使阎士良夺两官,并勒停。延之坐托监雄州権场官吏买物帛,士良报上不实也。"①阎士良受监雄州権场官吏买物帛事件的牵累,又上报有所隐瞒不实而夺两官,并勒停。再如:"(嘉祐三年)十一月辛未,太常博士、秘阁校理、知滨州王起,著作佐郎、签书判官厅事宋定国,各追一官勒停。初,本州牙前刘玉经转运使李参讼私船侵夺官渡课利。而起等常以私船回易官盐益公用,故主私船户而不直玉。及转运使劾其事,辄上奏论辩。至是,遣职方员外郎李真卿就州置狱,皆以上书诈不实罪坐之。"②从所引史料来看,知滨州王起,著作佐郎、签书判官厅事宋定国因为处置私船侵夺官课利不当,上书诈不实,被追一官勒停。

此外史料中还记载了三种行政处罚同时使用的情况,如"(庆历七年)二月二日,前知宣州、太常丞、集贤校理赵宗道追一任官、落职、勒停。坐立盐钞上客人王安姓名,将卖钞钱买绢,并兑借职田米钱,及奏雪时隐避诈妄、上书不实故也"。③ 此处赵宗道因为违法犯罪追官、落职、勒停三种处罚方式同时使用。

勒停与刑罚同时使用。这种处罚方式是勒停与刑事处罚同时使用,常见的为刑罚中杖刑与勒停并行。如史料所记载:"诏:'州县租税簿籍,令转运司降样行下,并真谨书写。如细小草书,从杖一百,科罪勒停,永不得收叙。其簿限一日改正。当职官吏失点检,杖八十。如有欺弊,自依本法施行。'从转运使李椿年之请。"④此条史料是转运使李椿年针对州县税租簿混乱的情况,上奏要求税租簿规范书写,不得用细小草书,违反者,要处杖一百、勒停,从中也可见宋代对于经济领域各种簿籍管理的规范化程度。宋代为了防范文书泄密的发生,对于文书泄密行为也规定了相关的处罚,相关官员可能被处刑罚和勒停,如史料所记载"诏:'大理寺务要严密,虑有听探语言,漏泄狱情,其本寺许用元丰六年二月右治狱指挥,系公人漏泄狱情,杖一百……同保人失觉察,各杖八十勒停,永不收叙。"⑤所引史料反映的是宋代大理寺为了防治文书泄密的发生,下诏要求大理寺吏人三人为一保,互相监督,如果同保人失察,则判处杖八十勒停的处罚。

3. 展磨勘

磨勘是宋代人事管理机构对官员转秩、改官中所需的资历、课绩等条

---

① [宋]李焘:《续资治通鉴长编》,第6991页。
② [宋]李焘:《续资治通鉴长编》,第4533页。
③ [清]徐松:《宋会要辑稿》,第4797页。
④ [清]徐松:《宋会要辑稿》,第6220页。
⑤ [清]徐松:《宋会要辑稿》,第3665页。

件进行勘验的工作。磨勘主要围绕着审核资历、稽考功过来展开。通常情况下，文官三年一磨勘，武官五年一磨勘。① 展磨勘是指推迟，延期官员磨勘年限，是宋代行政处罚中常见方法。从宋真宗以后逐渐发展和成熟起来的磨勘制度，对于官员违法犯罪展磨勘的时限已经有了较为规范的标准，这一内容集中体现在《吏部条法》的"尚书考功格"，②其中详细列举了官员违法犯罪推迟磨勘的等级和年限。宋代官员违反有关文书的法律制度也常给予此类型的处罚。如"诏：'应命官参部而年甲不实，欲冒注授者，与展名次半年。若磨勘而年甲不实，欲冒转官者，与展磨勘一年。限一月许自首改正。'"③所引史料反映了对命官参部中年甲不实问题给以展磨勘一年处罚的政策。又"诏：'太常、大理、卫尉、司农寺、将作、都水、少府、军器监长贰、主簿，并降一官，正、丞并展磨勘二年，各以去官原。'先是，寺监主簿止是专掌簿书，寺监事自当丞以上通议施行，今取问逐处，不应金书官并金书公事故也。"④所引史料针对的是金书官的责罚，相关人员可以判处展磨勘二年。又如"丁酉，权检正中书五房公事吕嘉问、检正刑房公事张安国、提点五房公事刘衮、刑房堂后官张奕各展磨勘二年，主事黄九皋以下各降罚有差。以吕惠卿言推究弟温卿札子误带出御史中丞等疏内因依，下两浙制勘院故也……"⑤所引史料反映的失误传带文书对官员展磨勘。宋代对于官员拘拦商人买卖行为，不据实上报，对相关责任人也可处以展磨勘一年的处罚。如"庚子，枢密院上景福殿使、武信军留后、入内副都知李宪磨勘，诏：'宪昨作拘栏商人货榷买，报上不以实，虽该德音，可展磨勘一年。'"⑥此外，对于宋代文书传递中延误滞留文书的行为也可以处展磨勘。如"诏江州通判丘传、赵希纯各特（转）［展］二年磨勘，兴国军通判蔡载特降一官，江州兴国军巡辖朱润特降一官放罢"。⑦ 从所引内容看，江州通判丘传、赵希纯展磨勘二年，兴国军通判蔡载降一官，江州兴国军巡辖朱润降一官，原因是四人在根治江州、兴国军文书传递滞留的问题上严重渎职，未能采取有效措施。

4. 降名次

在宋代文献中，名次一词比较常见，如在科举和教学中的名次，"太学

---

① 龚延明：《宋代官制辞典》，第 640 页。
② 杨一凡：《吏部条法》，《中国珍稀法律典籍续编》第二册，哈尔滨，黑龙江人民出版社，2002，第 341—342 页。
③ ［清］徐松：《宋会要辑稿》，第 3253 页。
④ ［清］徐松：《宋会要辑稿》，第 4837 页。
⑤ ［宋］李焘：《续资治通鉴长编》，第 6747 页。
⑥ ［宋］李焘：《续资治通鉴长编》，第 8005 页。
⑦ ［清］徐松：《宋会要辑稿》，第 9509 页。

格,每月私试,取人以十分为率,所取不得过一分。至岁终,外合校定,依条每十人取一人。系将每月私试合格积累分数,从上依分数名次校定。"①又如官吏参选、差遣中的名次,"三次升一名。手分稽迟差错,事理轻者且与上簿罚直,三犯降一名,守当官降两名"。②

　　宋代官吏考核升降中的名次其判定时间主要有:月名次、季名次和年名次。宋代文书违法行政的处罚也常见降名次。如"吏部尚书虞策奏:'检准节文,愿补满前任者,到任三十日内申。又准诏令节文,乞用恩赏注阙而别选缺者,听留后任收使,授告敕五日内自陈。缘外官多不知吏部合用条令,偶出违上件日限,吏部便将合得恩赏又补满前任指挥更不施行。欲自今后出违上件日限,并只降名次,违十日,降一月,违一月已上,降一季。其补满前任及曾用恩赏改任收使指挥,自依旧。'"③所引史料反映的宋代官员补满前任、别选缺者依照程式需要在规定的时间内提交文书,如果违背时限的要求,则被处降名次。

　　对于延误文书处理的时限,也可对相关责任人处降名次。"诏:'诸六曹行遣文书,若已有照验,事理明白,而枉作行遣,拖延月日,经十日已上者,手分杖八十,职级上簿,三经上簿,杖六十。郎官上簿事重者,手分降资或降名,并申取尚书省指挥。仍令左右司及六察检点,其官司遇有上件非理会问,不得回报,具事由直申尚书省。'"④所引史料反映了宋代文书运行中拖延时限,对于手分(宋代吏名)的处罚就可以是降名次。又如,"中书门下言:'勘会诸房文字自生事房承受,分配诸房行遣以至进发,皆有日限条约。自今欲令生事房依限分配文字与诸房手分。内有推托,画时经生事房定夺。依前不伏,亦限当日内赴提点五房公事再定。如不移前定,上过犯簿,欠数多者当行降名。其(主)[生]事房分配不当,亦行上簿。'从之。"⑤这是中书门下省针对各房文书处理时限的要求,吏人欠数多者,当降名次。宋代对于稽延文书传递的行为也可对相关责任人员处降名次,如"五月四日,尚书省言:'发运副使卢宗原奏,依奉御笔,拘收九路钱物,措置籴买斛斗,逐时所行文字不少,并是特报供奉御前。近点检得诸处发来递角文字,例各在路违滞,动经累月,有误本司照应行遣。检承《政和敕》节文:急脚递每岁稽留通满五厘者,巡辖使臣、县尉各笞五十,使臣展磨勘一年,县尉降一季名次。满

---

① 〔清〕徐松:《宋会要辑稿》,第 2751 页。
② 〔清〕徐松:《宋会要辑稿》,第 3042 页。
③ 〔清〕徐松:《宋会要辑稿》,第 5707 页。
④ 〔宋〕李焘:《续资治通鉴长编》,第 9915 页。
⑤ 〔清〕徐松:《宋会要辑稿》,第 3043—3044 页。

七厘各加一等,使臣展磨勘半年,县尉降半年名次。一分,各人加一等,使臣差替,县尉降一年名次。今相度,欲乞据九路州军报应本司钱物文字,并令入急递,别置簿历传送。每旬本州通判驱磨有无住滞,保明申本司。若有住滞,其递铺兵级即送所属依法断罪外,巡辖使臣并本县尉许本司体量,取勘申奏。'"①这是有关宋代递铺稽留文书传递的处罚规定,对于稽留递角的违法行为根据情节的不同,县尉稽留文书通满五厘降一季名次,满七厘者降半年名次,一分降一年名次。

5. 罚俸　罚直

罚俸,责罚官员的官俸;罚直是"朝廷内外各司吏人犯轻罪,可判罚一定数目的铜钱赎罪,称为罚直,所罚钱归官府所有"。②南宋时期的赵升在《朝野类要》中提到罚直:"内外百司吏属,有公罪之轻者,皆罚直入官,每一直即二百文足,如赎铜之例。"③从上所引内容可以看到罚直是针对官吏违法情节较轻的一种行政处罚。宋代为了使罚俸的处罚具有可操作性,专门制定了罚俸例,"罚俸例,一品八贯,二品六贯,三品五贯,四品三贯五百,五品三贯,六品二贯,七品一贯七百五十,八品一贯三百,九品一贯五十"。④从所引内容看,官吏罚俸的标准从一品到九品,逐级递减。就一般层面说,罚俸与罚直都属于经济处罚,二者相近,但是二者又有一定的差别,如"计量单位不同,'诸罚俸者以半月,罚直者以十直为一等,'即前者以每半月的俸禄为一个等级,常云罚多少月、季、年的俸禄,后者则以直为单位、以直为二个等级,每直的具体数量为'二百文足'。更为重要的是,罚直较罚俸的行政责任和严厉程度可能要轻一些,与另一种责罚的方法赎铜相似"。⑤

宋代对于文书违法处于罚俸在法律上也有记载,如《庆元条法事类》提道:"诸批书印纸不圆,致降名次,及违条式致行会问者,吏人杖八十,职级减二等,签书官罚俸一月。"⑥此条法律规定:在磨勘中如果没有仔细检查批书印纸及依法会问,签书官可被罚俸一月。对于违背宋代选人文解递送时限要求的,相关责任人也可处罚直,如"翰林学士窦仪等上新定四时参选条件:'诸州印发春季选人文解,自千里至五千里外,分定日限为五等,各发离本处,及京百司文解,并以正月十五日前到省,余季准此。若州府违限及解状

---

①　[清]徐松:《宋会要辑稿》,第9483页。

②　中国历史大辞典·宋史卷编纂委员会:《中国历史大辞典·宋史卷》,上海:上海辞书出版社,1984,第340页。

③　[宋]赵升:《朝野类要》,第82页。

④　[宋]江少虞:《宋朝事实类苑》,上海:上海古籍出版社,1981,第334页。

⑤　肖建新:《宋代行政责任追究制度研究的基本问题》,第78页。

⑥　[宋]谢深甫:《庆元条法事类》,第80页。

内少欠事件,不依程序,本判官罚直,录事参军、本曹官殿选。诸州员阙,并仰申阙解条样,以木夹重封题号,逐季入递送格式,其百司技术官阙解,亦准此。季内不至及有漏误,诸州本判官以下罚直……'从之。"①所引史料反映的是宋代选人文解的递送时限问题,根据距离远近不同,文解的递送分为五等,对于规定时间内没有送达,判官以下都要处罚直。

从上可以分析,宋代对于违反文书法律的相关行为,如鬻卖文书、文书书写错误,文书处理、文书传递违背时限要求,文书不实等行为常根据违法主体和所造成后果的不同给予除名、勒停、降官、降名次、展磨勘、罚俸罚直等行政处罚。从宋代文书违法惩处的案例看,行政处罚既可以单独使用,也可组合使用,组合使用包括两场常见类型,其一,多种行政处罚同时使用;其二,行政处罚与刑罚同时使用。同时,从以上史料的分析来看,文书档案违法的追责通常是作为经济、行政追责的辅助措施出现的。宋代针对文书档案违法实施的行政处罚中既有针对官职、差遣等方面的,同时也与具体的人身处罚结合的,这些都在一定程度上体现了宋代文书行政处罚的系统性特点。

三、强化监察

宋代为了保障国家法律法规的权威、行政的高效运转、司法的公正,惩戒各种徇私舞弊、贪赃枉法加强了国家监察制度的建设。宋代的监察机构从中央层面来说主要有两个系统,其一是以御史台和谏院为主的第一系统;其二是以给事中和中书舍人为主的第二系统。监察系统中的第一系统可以对国家事务的各方面展开监察,如史料所记载"御史台纠察四方,肃正百辟,台阁之内,无所不监,王公以降,皆得举劾。自今内外臣僚有灼然违犯,刑狱冤滥,并依旧典,纠察弹奏"。② 宋代监察机构的职能非常广,如已有研究者将其划分为:"监察百官、弹劾纠察违犯封建统治秩序的行为;规谏皇帝,参议朝政;维护朝会和朝廷宴会秩序;参预司法工作、监察司法部门;参预文武百官的管理工作,参预荐举官员。"③

"以给事中和中书舍人为主的第二监察系统,又称为封驳系统,是宋代台谏以外的另一中央监察系统。朝廷的命令必定经过中书门下(北宋前期)或中书省、门下省(元丰改制)和枢密院,然后发付尚书省执行。在这一过程中'敕命之未下,则有给、舍封驳;及其既出,则有台谏论列'。给事中和中书

---

① [宋] 李焘:《续资治通鉴长编》,第 121—122 页。
② [清] 徐松:《宋会要辑稿》,第 214 页。
③ 贾玉英:《宋代监察制度》,开封:河南大学出版社,1996,第 41—67 页。

舍人处于监督朝廷制定诏令全过程的第一环节,而台谏官处于第二环节。不过给事中和中书舍人的监督职能仅仅是对朝廷的出令监督,不像台谏官那样除此以外,还要对朝廷内外实行全面监督。"①有关宋代监察机构的主要作用,宋代史料多有记载,"乾道六年五月二十五日,诏:'旧制,两省言路之官所以指陈〔时〕政得失,给舍则正于未然之前,台谏则救于已然之后,故天下事无不理。今任是官者往往于封驳章疏不频,惮于论列,深未尽善。自今后,给舍台谏凡封驳章疏之外,虽事之至微,亦毋致忽。少有未当,可更随时详具(奉)〔奏〕闻,务正天下之事。'"②所引史料充分说明了宋代中央监察机构台谏系统在国家事务管理中的重要作用。

除了中央的两大监察系统外,宋代还在路级地方行政区设立监司、转运司、提点刑狱司、提举常平司、走马承受;在府、州、军、监地方行政区内设立通判,对地方政事进行监察。

综上所述,宋代形成了从中央到地方的系统的监察机构,对文书档案工作领域中出现的各种违法、犯罪问题展开监察也是监察机构重要职能之一。

从宋代相关史料的记载来看,宋代监察机构对于文书泄密、毁失、使用、管理、传递等各环节都展开了有效的监察。

宋代监察机构对加强文书工作的监察。"御史台言:'六察案日逐不住承受诸色论诉,本台除已将海行敕令等检用外,有事干一司条制者,合将逐处一司条法参照施行。缘隶察官司自来各将一司见行条法及续降指挥编类成册,赴台以备检照。比年条册散失,诸处官司亦不复供检。伏望许从本台移文,应隶台察官司将见一司条法及续降指挥重别编类,赴台照用。今后如有续降指挥,亦乞依此关报施行。'从之。"③所引史料反映了监察机构对于法律文书条册散失,诸处官司亦不复供检问题提出监察,望恢复旧制,对现行一司条法及续降指挥重别编类赴台照用,今后如有续降指挥,亦乞依此关报施行。

宋代监察机构对文书处理时限亦有监察和规定。"知谏院王贽言:'臣僚章疏内,有事合更张者,送两制及台谏官等同议,动经半年余,未见结绝。缘官员数多,迁移不定,其间若事或分寸有益,即迟一日有一日之损,盖素无条约,而务在因循。欲乞今后应批状下两制及台谏等官同定

---

① 朱瑞熙:《中国政治制度史(第六卷　宋代)》,北京:人民出版社,1996,第509页。
② [清]徐松:《宋会要辑稿》,第229页。
③ [清]徐松:《宋会要辑稿》,第3459页。

者,乞限五日内聚议,半月内连书奏上。如议论不同,才识特异,稽合礼法,自有建明,即许别状以闻。'从之。仍诏已送下详定文字,亦依此日限详定奏闻"。① 所引史料是知谏院王贽针对文书处理时限长,效率低下问题,提出严格规定文书处理时限,应批状下两制及台谏等官同定者,乞限五日内聚议,半月内连书奏上。

四、鼓励告赏

宋代为了将各种违法犯罪行为立于广泛的社会监督之下,通过立法鼓励民众告发各种违法犯罪并给予相应的奖励。从宋代防治文书档案的违法犯罪实践来看,也广泛地采用这一方法,此一问题在前述相关章节的阐发中已经有所涉及,结合宋代史料的记载,做一些补充。宋代对于文书档案违法的告赏,除了上文已经提到的在惩戒文书伪造、文书泄密等使用外,在其他环节也被频繁提及。

对边事文书不得传报的告赏。宋代由于边事频发,为了保障边事的机密性,严禁边事的传报,鼓励社会对此类违法行为进行告发,告发者给予赏钱三十万。如史料所记载:"诏:'自今鄜延路边事并不得传报。如违,徒二年,情重者决配,各不以赦降原减。告者赏钱三百千。'"②"宋朝是一个与辽、夏、金交叉并立的朝代,所以边防安全始终是宋朝的一个突出问题。为了保障边防的安全,宋朝在这一方面亦推行了告赏法。"③

对传播各种时政、边事军机文字,雕印会要、实录等文书犯罪行为立法严禁,鼓励告赏。"礼部言:'凡议时政得失、边事军机文字,不得写录传布,本朝会要、国史、实录不得雕印,违者徒二年,告者赏缗钱十万。内国史、实录仍不得传写。即其他书籍欲雕印者,选官详定,有益于学者方许镂板,候印讫送秘书省,如详定不当,取勘施行。诸戏亵之文,不得雕印,违者杖一百。委州县、监司、国子监觉察。'从之。以翰林学士苏辙言奉使北界,见本朝民间印行文字多以流传在彼,请立法故也。"④为了严禁传播各种边事、时政,宋代鼓励社会对此类行为进行告发并给予奖励。

对于科举考试中出现的预作保官文书,交通书铺,公立价出卖族坟姓名等违法行为,进行告赏,赏钱五百。"臣僚言:'命官牒试,贡举条法亦既详备,循习旧弊,尚或结托改移乡贯以就远,或迁服属以为近,宛转干求,至预

　① [宋]李焘:《续资治通鉴长编》,第3873—3874页。
　② [宋]李焘:《续资治通鉴长编》,第7954页。
　③ 郭东旭:《立赏告奸:宋代一个广泛的法域》,《宋史研究论丛》,2008(9),第343页。
　④ [清]徐松:《宋会要辑稿》,第8304页。

作保官文书,交通书铺,公立价出卖族坟姓名,冒滥百出,欲乞严行禁止。'诏礼部行下诸路转运司,检坐见条,严行核实。如或违戾,告者赏钱五百千,取受者以赃论。仍并依《贡举条制》,书铺知情受略,重加配流施行。"①

对于宋代僧道死亡之后,度牒涂改、重新填写的违法行为进行严惩,鼓励告赏。"礼部侍郎贺允中言:'近来僧道身死、还俗、避罪逃亡,寺观主首并州军过限并不缴申度牒,及州县人吏卖亡僧度牒,与僧行洗改、重行书填。欲遍下州县遵依现行条限缴申。若州县、寺观主首有违条限,依法断罪,主首仍还俗。许诸色人陈告,比依告获私自披剃或私度人为僧道条格支(偿)〔赏〕。如人吏将亡僧度牒私自披剃,及私度人若伪冒者,告赏依前项格法倍之。其童行告获,已有指挥许给度牒披剃外,缘改易书填唯是一般僧道深知弊幸,如能告获,欲支赏钱一百贯。……"②所引史料为礼部侍郎贺允中针对僧道度牒管理中出现的僧道死亡后涂改度牒改移他用的做法提出要进行严厉的惩戒。

对于文书传递违滞鼓励告赏。"中书省、尚书省言:'检会《政和敕》,马递承传文书,违一时杖八十,二时加一等,一日徒一年,二日加一等,配五百里,罪止徒三年,配千里并重役处,急脚递加二等,其法已严。近来急脚递文书尚多住滞,盖是所(止)〔至〕不肯实时交割,或行用钱物,使令越过,人力不胜,因致违滞。今参酌事立告赏断罪,庶可惩革。检修下条:诸急脚递承传文书,所至无故不实时交割,或行用钱物令越过者徒一年,受财而为越过者减二等,并许人告。诸告获急脚铺无故不即交割文书,或行用钱物令越过及财而(受)〔为〕越过者,钱三十贯。'诏从之。"③

总之,宋代针对文书档案违法广泛实行告赏之法,通过告赏鼓励社会民众和官员对各种文书档案违法犯罪进行揭发,有效地发挥了社会的力量,对于遏制此类违法起到了一定积极作用。

五、畅通政令信息传播渠道

从信息传播的角度来看,信息传播的层级越多,造成信息控制和信息垄断的可能性也就越大,为了实现政令下达和舆情上传的畅通,宋代通过各种有效途径畅通政令信息传播渠道,如宋代广泛使用的粉壁制度,有效地传播了政令信息,民众可以获知相关信息,减少文书工作中可能产生的各种舞弊

---

① 〔清〕徐松:《宋会要辑稿》,第5572页。
② 〔清〕徐松:《宋会要辑稿》,第9992页。
③ 〔清〕徐松:《宋会要辑稿》,第9480页。

问题。

粉壁作为宋代政令公布的重要途径和场所，在宋代信息传播中发挥着重要的作用，"粉壁作为连接朝廷和地方政令畅通的载体，在宋代非常普遍，如《作邑自箴》谓：'通知条法，大字楷书，牓要闹处，晓告民庶，乡村粉壁，如法誊写。'宋徽宗时，为推行新仪，"州郡将新仪指摘出榜、书写墙壁，务为推行之迹"。①

如通过粉壁将有关文书传递的法律法规进行公布，"建康府路安抚大使、兼知池州吕颐浩言：'本司专〔委〕属官一员，往来督责沿路所置斥堠铺，转送应干军期探报文字。窃见斥堠铺缘官司将寻常闲慢文字一例转送，致军期紧急因此稽滞。检照《政和敕》节文，诸急脚递不应发者徒二年，马递减二等。今来用兵之际，乞立法，应官司非急速军期及盗贼探报文字辄入斥堠铺者，官员勒停，吏人决配。仍不分首从。如不应入斥堠铺文字，所至官司承受、不即申举者，与同罪。及专责县尉，每月遍诣斥堠铺点检。其提〔举〕马递铺官吏有失觉察，与擅发斤堠铺官吏同罪。及于市曹出牓，道路粉壁晓示。'从之"。② 这是宋代针对斥堠铺在文书传递中不按规定将各种闲散文字进行传递，导致军事文件、紧急文书滞留，建康府路安抚大使兼知池州吕颐浩上奏乞求严格按照法律规定，对于违反法律者给予严厉处罚，并要求将处罚措施以粉壁方式进行公布，使社会知晓。

通过粉壁公布相关伪造度牒违法惩戒措施，如"嘉定二年五月八日，臣僚言：'国家所以纾用度者，僧牒与鬻爵耳。鬻爵之冗滥臣未暇深考，窃见仪曹案牍有光州、衢州、宁国府申，童行张宗德等买到度牒并系假伪。本部各已勘验，假伪分明，节次行下，逐处根究。今踰半年，未见申到。朝廷近日严伪会之禁，而未知奸民伪造度牒，利害尤大。幸而事发，复悠悠若此，奸民何所惮而不为哉！欲令礼部牒各州立限追捕，具案申朝廷，严与施行。其伪织造文思院绫、伪雕尚书省印、伪为官吏书押者，皆当坐以重辟。官吏士庶能捕获全火者，白身则与补官，选人则与改秩，京官则比附酬赏。凡官吏、僧道能审验举觉者，重赏酬之。其有容隐不举觉而发于他处者，亦重置之罚。仍令吏部与敕令所参定条法，行下诸路州郡书之粉壁，庶几奸人知无所遁，不敢轻犯典宪。'从之。"③由于度牒在宋代经济的重要作用，民间伪造度牒的行为屡禁不止，为了有效打击此类伪造问题，臣僚上奏要求礼部礼部牒各州

---

① 徐燕斌：《唐宋粉壁考》，《华东政法大学学报》，2014（5），第148页。
② 〔清〕徐松：《宋会要辑稿》，第9487页。
③ 〔清〕徐松：《宋会要辑稿》，第3390页。

立限追捕,具案申朝廷严与施行,对于伪造文思院、伪雕尚书省印、伪为官吏书押者,皆严惩不贷,并将此措施粉壁公布。

随着粉壁制度的推行,此一制度也在一定程度上造成了许多弊端,各级官吏以检查粉壁为由,骚扰民众。为了防止此弊端的滋长,宋代的政令信息又通过雕版刻印的方式来进行公布。如"诏:'今后诸路有颁降诏令,并仰监司关报州县,真书文字,镂板印给于民间。仍约束巡尉不得以修葺粉壁为名,差人下乡骚扰。'以臣僚言置立粉壁之弊也"。① 这一点可以从宋代的史料中得到印证,如"诏:'自今朝省及都水监、司农寺等处,凡下条贯,并令进奏院摹印颁降诸路,仍每年给钱一千贯充镂版纸墨之费。'"②从上分析可以看到,有关宋代政务信息传播经历了以粉壁公告为主转向雕版刻印公文为主的转变,这些方式将国家的政令、措施有效传播,减少了各种信息垄断和控制,在一定程度上也起到遏制文书档案违法行为的蔓延。

六、发挥越诉的作用

古代司法诉讼的程序一般来说是逐级而上进行的,但是宋代尤其是南宋以后,为了提高司法诉讼的效率,减少各种冤滞问题,畅通了越诉的渠道,并通过立法的方式确保越诉的权利。在宋代文书工作中,宋代法律也允许官员和百姓通过越诉的方式来申诉各种文书违法的权利侵害问题。如宋代针对户籍等级中存在脱落的情况,允许百姓越诉,相关责任人以违制论罪。"诏:'诸州县岁终攒造丁帐,三年推排物力,除附升降,并令按实销注。州委官、县委主簿,专掌其事,监司、太守常切检点。如有脱落,许人户越诉,当行官吏以违制论。'从户部之请也。"③史料反映了宋代丁帐三年一造,由专人负责,监司太守进行检点和督查,如有户籍脱落,允许百姓越诉。

针对战争中丢失土地契约的情况,允许当事人经所属陈状,官府进行核实,即出帖给予亡失土地契约人,如果县吏百般阻扰,不实时给帖,允许业主越诉。"绍兴二年闰四月三日,右朝奉郎姚沇言:'乞下诸路转运司相度曾被兵失火亡失契书业人,许经所属陈状,本县行下本保邻人依实供证,即出户帖付之。邻人邀阻不为依实勘会,及县吏不即给帖,并许业人越诉,其合干人重置典宪。庶几民间物业,各有照据。'从之。"④所引史料反映的是南宋高宗绍兴年间姚沇针对由于战争而亡失土地契约的情况提出解决的对策,

---

① 〔清〕徐松:《宋会要辑稿》,第8375—8376页。

② 〔清〕徐松:《宋会要辑稿》,第8220页。

③ 〔清〕徐松:《宋会要辑稿》,第6221页。

④ 〔清〕徐松:《宋会要辑稿》,第6755页。

其中也提及如果官吏在处理此类问题中阻挠、违法,允许业主越诉。

对文书活动不及时处理,不按规则办理的问题,鼓励百姓越诉。如"诏:'州县人户已纳常赋,日下销钞,长吏不测抽摘二税官簿点检,如有违慢,具名按劾。若上下相蒙,许令人户越诉。'从臣僚言也"。① 所引史料是针对赋税征收中,不及时销钞,长官不用二税官簿校对,允许百姓越诉。

针对进奏院可能出现的藏匿文书等情况,允许通过尚书省越诉。"绍兴元年十月七日,诏:'今后进奏院应承受文字并仰依限投下,仍置簿抄上日收名件都数及有无违碍文字申明,门下后省严切检察。如敢依前邀阻,乞觅钱物或藏匿文书,许诣尚书省越诉。犯人取旨,监官失觉察重行责黜。'"②

针对度牒不实时书填的问题,允许越诉。"诏:'今后令诸路转运、提刑司遇有合书填度牒等,专委近上职级即时书填给付。如敢非理阻节乞取去处,并许越诉,者官当窜逐岭南,人吏并配海岛。'"③

针对命官曾经论列按劾降官放罢委无绾系之人不与批书,允许冤抑人及家属越诉。"庆元六年五月十四日,诏:'命官曾经论列按(刻)[劾]降官放罢委无绾系之人,日下批书放令离任。如妄作缘故,不与批书,在内委御史台觉察,在外令监司按劾,仍许被冤抑人及家属越诉。'"④

可以说凡是文书工作领域中存在的各种违法犯罪问题,都允许权利人通过特定渠道进行越诉以维护其合法权益。

第二节　宋代文书防治的
主要影响因素

从宋代文献的记载来看,在防治文书档案违法中存在诸多制约因素。这些因素的存在导致了宋王朝无法从根本上消除各种文书档案违法犯罪,其主要因素有以下诸方面。

一、乾纲独断影响了各项文书预防措施发挥效力

在专制主义中央集权下,皇帝具有至高无上的地位,是国家的最高统治者,拥有最大的权力。皇帝通过发号施令实现对国家各项事务的管理和最

---

① [清] 徐松:《宋会要辑稿》,第 8140 页。
② [清] 徐松:《宋会要辑稿》,第 3016 页。
③ [清] 徐松:《宋会要辑稿》,第 3385 页。
④ [清] 徐松:《宋会要辑稿》,第 3422 页。

终的裁决。虽然从制度的建构上,宋代的宰辅集团、台谏系统、封驳系统、史官等都对皇权具有一定的约束作用,却无法改变皇权独揽的局面。以宋代圣旨的形成为例,宋代圣旨的形成要经过三省的严格规范程序才能形成、发布和实行。宋代的圣旨一般而言由中书省取旨、门下省封驳、尚书省实行。如史料所记载:"朝廷命令必由中书、门下省,后付之尚书省,乃谓之敕。命之未下,则有给舍封驳,及其既出,则有台谏论列,其为过举鲜矣。自军兴以来,机务急遽,始有画黄未下,不待舍人承行,给事书读,即以成事付之尚书省,凡所除授,一切报行。其行在职事官便令日下供职。习以为常,恬不知怪。望特降睿旨,应事干军期、有不可缓者依旧报行,其余除授,须俟拜命,方许视职。所有经由去处,自合申严日限,不得留滞。至若画黄未下,敕命未成,即乞检会建炎四年九月指挥施行。'从之。"①所引史料明确说明了宋代圣旨形成的基本程序,这个程序大体是这样的:"中书省长官'面奉宣旨'公事,另外用黄纸书写,由中书令(一般不设)、中书侍郎、中书舍人'宣奉行讫',录送门下省,称为'画黄',承受皇帝批降或复请得旨,以及进呈'熟状',得到皇帝画'可',也另以黄纸书写:宣奉行讫,录送门下省,称为'录黄'。枢密院也依此行事,只另以白纸录送,画得旨者称为'录白',批奏得画'依'者为'画旨'。门下省承受中书省和枢密院移送的录黄和画黄、录白和画旨,皆留为底本,'详校无舛',再'缴奏得画',用黄纸书写,侍中和门下侍郎,给事中'省审读讫',录送门下省施行。"②

　　但是这种规范的圣旨形成制度在宋代不同时期,由于皇权的独揽而受到严峻的挑战,其中较为突出问题是内降问题。所谓内降是"是皇帝或女主绕过中书、门下、尚书机构直接给下属有关部门发出的指令,其内容多为任官、免刑等,内降也可称为内批、御笔"。③ 宋代的内降直接绕过三省,严重破坏了宋代文书制度,影响了国家监督机制的运行,针对这种现象,宋代许多大臣都提出过严禁内降问题,如宋仁宗时期的包拯《上仁宗乞止绝内降》:"臣窃见天圣中,凡有内降,莫测贪缘,尽由请托,盖倾邪之辈,因左右之容,假援中闱,久渎圣化。洎陛下亲揽庶政,首革兹弊,侥荣滥赏,人不能以幸求。顷年以来,此路寖启妨公害政无甚于此。"④

　　从《宋史》的记载来看,有关乞求禁止内降的记载非常丰富,这些丰富的史料说明内降问题在宋代已经产生了诸多负面影响。《宋史·尹洙传》记

---

①　[清] 徐松:《宋会要辑稿》,第 2965—2966 页。

②　朱瑞熙:《中国政治制度史(第六卷　宋代)》,第 161—162 页。

③　杨建宏:《略论宋代"内降"与国家权力的运行》,《求索》,2004(11),第 241 页。

④　[宋] 赵汝愚:《宋名臣奏议》,影印文渊阁四库全书本,台北:商务印书馆,1983,第 259 页。

载,尹洙曾针对朝廷弊病给宋仁宗上奏,其中就明确提出要禁止内降,"夫爵赏,陛下所持之柄也。近时外戚、内臣以及士人,或因缘以求恩泽,从中而下谓之'内降'。臣闻唐氏政衰,或母后专制,或妃主擅朝,树恩私党,名为'斜封'。今陛下威柄自出,外戚、内臣贤而才者,当与大臣公议而进之,何必袭'斜封'之弊哉。且使大臣从之,则坏陛下纲纪;不从,则沮陛下德音。坏纲纪,忠臣所不忍为;沮德音,则威柄轻于上。且尽公不阿,朝廷所以责大臣。今乃自以私昵挠之,而欲责大臣之不私,难矣。此恩宠过滥之弊也。"①《宋史·谢绛传》记载了谢绛请罢内降之论,"又言:'号令数变则亏国体,利害偏听则惑聪明。请者务欲各行,而守者患于不一。请罢内降,凡诏令皆由中书、枢密,然后施行。'"②所引史料充分反映了宋代外戚、内臣、士人绕过各种规定程序,向皇帝乞求恩赐,皇帝以颁内降方式满足各种请求。这种方式败坏了朝廷的纲纪,为忠臣所不忍,请求罢去内降。《宋史·韩琦传》:"历开封府推官、三司度支判官,拜右司谏。时宰相王随、陈尧佐,参知政事韩亿、石中立,在中书罕所建明,琦连疏其过,四人同日罢。又请停内降,抑侥幸。凡事有不便,未尝不言,每以明得失、正纪纲、亲忠直、远邪佞为急,前后七十余疏。"③《宋史·刘珏传》:"除中书舍人。陈十开端之戒曰:'陛下即位罢御笔,止营缮,登俊乂,讪虚诞,戢内侍之权,开言者之路,命令既当,未尝数改,任用既公,率皆称职,赏必视功,政必核实,此天下所以指日而徯太平也。比者内降数出,三省罕有可否,此御笔之开端也。'"④

从《宋史》中大量呼吁朝廷禁止内降的记载来看,这一问题在宋代已经引起朝臣的广泛关注,广泛关注的背后是对破坏宋代文书制度的忧虑,对宋代皇权逾越规则的担忧。

二、庞大的官僚系统阻碍了各项文书预防措施发挥效力

文书的运行离不开宋代的官吏,由于官僚体系庞大,宋代行政系统的层级复杂,每一个层级的管理和沟通都需要大量的监督和指导,各个层级互相推诿、应付的现象频繁出现,导致宋代各项措施的执行效率低下,尤其是官僚系统中的胥吏之害,此一问题前文已经进行了专门的讨论。

宋代冗官及行政效率低下问题,宋人就已经有了充分的认识,如欧阳修曾上奏宋仁宗专论冗官六大弊端,其中就指出冗官导致的行政效率低下问

① [元]脱脱:《宋史》,第 9836 页。
② [元]脱脱:《宋史》,第 9846 页。
③ [元]脱脱:《宋史》,第 10221 页。
④ [元]脱脱:《宋史》,第 11665—11666 页。

题,"内外一体,若外官不澄,则朝廷无由致治。今朝廷虽有号令之善者降出外方,若落此四色冗官之手,则或施设乖方,不如朝廷本意,反为民害。或留滞废失,全不施行,而又无纠举,多作空文。若外边去却冗官,尽得良吏,则朝廷行下之令,虽有乖错,彼亦自能回改,或执奏更易,终不至为大害。是民之得失,不独上赖朝廷,全赖官吏善恶。以此而言,冗官岂可不去?"①欧阳修剖析了冗官在行政活动中的诸多表现,或施设乖方,或留滞废失都有可能导致偏离朝廷本意的问题,因此欧阳修提倡去冗官,得良吏,发挥良吏的治理作用。

从宋代历史来看,欧阳修所论也并非完全恰当,宋代除了冗官问题外,其实冗吏问题也非常突出,且在整个宋代行政系统中,胥吏之害影响甚大,史料中对此也有许多深入的分析,如《宋史·刘一止传》:"时庶事草创,有司以吏所省记为法,吏并缘为奸,一止曰:'法令具在,吏犹得舞文,矧一切听其省记,所欲与则陈与例,欲夺则陈夺例,与夺在其牙颊,患可胜言哉! 请以省记之文刊定颁行,庶几绝奸吏弄法受赇之弊。'从之。逾年而书成。"②《宋史·韩肖胄传》:"迁吏部侍郎,时条例散失,吏因为奸,肖胄立重赏,俾各省记,编为条目,以次行之,舞文之弊始革。阵亡补官,得占射差遣,而在部常调人,守待不能注授,且有短使重难。肖胄请阵亡惟许本家用恩例,异姓候经任收使,遂无不均,且严六部出入之禁,而请托不行。"③"官僚机构庞杂,冗官滥吏增多、权限职责不明,也造成了官吏之间的互相推靠。官吏根本不想积极主动地去多做工作,而是你推他,他推你,有些应该及时处理的事情,也不及时处理,这就造成了'文牒有五七岁不决者'。既一件事情五七年还没有解决,可想而知,工作效率已经低到了什么程度。"④由于官僚机构庞大,人浮于事,各项文书制度的运行也同样面临着这个问题,如前已经提及的文书稽程问题,在制度的建设中宋代规定了许多预防措施,如对违背时限的严厉处罚,但是由于机构臃肿,许多时限要求迟迟无法落实。

三、连年的交战破坏了各项文书制度和预防措施

公元 960 年,后周大将赵匡胤发动陈桥驿兵变,黄袍加身,从此开始了宋朝在中原地区的统治,两宋前后统治时间达 319 年,在其统治期内,

① ［宋］李焘:《续资治通鉴长编》,第 3465—3466 页。
② ［元］脱脱:《宋史》,第 11673 页。
③ ［元］脱脱:《宋史》,第 11691 页。
④ 赵永春:《试论宋代冗官及其社会影响》,《四平师院学报》(哲学社会科学版),1979(6),第 24—25 页。

周边的少数民族政权先后有辽、西夏、金、元,两宋与周边的少数民族政权进行了长期的战争。如宋辽战争长达二十五年。双方"战争的政治目的"在于争夺燕山要区。① 宋辽之战先后经历了幽州之战、高梁河之战、满城之战、涿州之战等大小战役,直到 1004 年的澶州之战,宋辽双方签订"澶渊之盟"而结束。

　　北宋宝元元年(1038)至靖康二年(1127),西夏为割据立国,不断开疆拓土,频频举兵攻宋西北边地;北宋为遏制西夏扩张,维护国家统一,屡屡集兵进击,双方在沿边地带展开一场断断续续近百年的战争。宋与西夏先后经历了三川口之战、好水川之战、定川寨之战,直到宋仁宗庆历四年(1044),北宋与西夏达成协议。此后陆续发生的宋金之战,北宋灭亡,南宋偏安江南,直至宋蒙之战,最终宋朝被灭。在与上述政权的战争中,生灵涂炭,民不聊生,各项制度都被严重践踏和破坏。连年的战争,更是严重破坏了宋代文书传递设施,使得文书传递延误甚至瘫痪。

　　连年的交战,严重破坏了宋代递铺组织,使得递铺废弛,铺兵逃亡,"癸卯,德音降陕西、河东,死罪囚,徒以下释之。两路禁军并因军事役使厢军急脚、马递铺兵,并与特支。因尝入贼界攻讨接战,并尝捕杀庆州叛兵者,虽已经宣抚司支赐,更与特支。两路民因军事被科役者,其议量轻重蠲减将来税赋及科配。其已前欠税倚阁者,并除之。州县不急公事及供申磨勘帐历文字不免追扰者权住,候边事宁息,依旧施行。缘边熟户及弓箭手见欠贷粮皆放,其阙食者安抚司量与赈贷。其德音曰:'朕德不明,听任失当,外勤师旅,内耗黎元。秦、晋之郊,并罹困扰。使人至此,咎在朕躬。其推□隐之恩,以昭悔过之义。'又曰:'劳民构患,非朝廷之本谋,克己施行,冀方隅之少息。'当考草制者姓名增入。时元绛、杨绘、韩维实为学士,朱本云:初进入德音本,上批攻战军士宜与运粮诸军异等,及改定数事皆极当于理,执政皆以为非所及也。新录并削去,今从新录"。②

　　长期的战争也造成了大量簿籍的亡失,产生了诸多弊端。"自军兴以来,或因贼马残破,簿籍不存,或逃亡未归业,或被虏死绝事故之类,往往人吏作弊,侵欺入己;或为形势之家强占起造,更不纳钱。"③类似的记载在宋代史料中非常之多,又如,"臣寮言:'州县经兵火处,版籍残缺,奸吏并缘为私,所存无几,不可钩考,使户口未实,赋役不均,财用莫知所从出。今乞严

---

　　① 漆侠:《宋太宗第一次伐辽——高梁河之战》,《河北大学学报》,1983(3),第 1 页。

　　② [宋]李焘:《续资治通鉴长编》,第 5384—5385 页。

　　③ [清]徐松:《宋会要辑稿》,第 7437 页。

敕诸路监司,应经兵火州县,自来所有丁产、钱谷簿书,皆依法置造。如委无旧本,许以帐状及寔可照验事迹类聚攒成。又无,即从诸司用干证文字,与州县见存案牍互相点勘,以成新书。监司以逐州名数开具申尚书本部,立为定制。所有期限,乞从朝廷处分。户部契勘:‘见行下诸路转运司取索供申外,如内有曾经兵火去处,欲依本官所乞,用干照文字互相照勘成书。’诏依,仍限半年”。①

宋室南渡以后,由于在战争中有关文书制度的记载丧失殆尽,一些有效的文书制度恢复也存在着极大的困难。如史料所记载:“大理寺言:‘本寺昨因渡江散失条制之后,一司专法编录不全,每遇检断犯私茶、盐公事,不免旋于临安府取会专法,非特留滞案牍,兼恐供报漏落,因致引用差误。欲乞下本府将前后茶、盐法并续降指挥责限一月,编录成册,官吏保明委无差漏,送寺收掌,以备检用。所有日后续降指挥,亦乞申严有司依条限誊报,下寺施行。’诏临安府系驻跸州军,事务繁剧,改令严州限一月抄录成册,送本寺收掌。”②所引史料反映的是赵宋政权南渡以后,由于战争的破坏,许多法律文献都散失了,一司的专法又编录不全,每次需要检寻相关法律时,都需要到临安府去检索,导致了案牍处理的滞后,又存在泄密的风险,大理寺请求对相关的法律进行编录以备实际之需。

四、法网繁密,难以遍守

从宋代文书立法的发展来看,《宋刑统》奠定了文书立法的基础,宋代文书立法以敕、令、格、式等形式不断补充和完善,从前述第一章,我们可以清晰地看到有关文书的立法在文书的撰写、颁布、运行、传递、管理及销毁等各环节逐渐增多,繁密的法网也使得各种法律难以遵守,这也是导致宋代文书违法频繁发生的一个重要原因。以宋代的文书避讳为例,从宋代相关法律典籍来看,有关宋代文书避讳的法律充斥在各法典中,这也导致了各种犯讳现象频繁发生。一般来说宋代的避讳主要有官讳和私讳。官讳一般指皇帝之讳或者皇帝亲属的讳。“包括三部分内容。第一,皇帝生前的‘御名’(正名)、曾用名(旧讳),这些名死后成为‘庙讳’。”“第二,有些皇帝的生父和太祖、太宗的几代祖先之名,也列入庙讳。”“第三,皇太子、亲王以及皇后之父等名讳。”③宋代官讳众多,如“本朝尚文之习大盛,故礼

---

① 〔清〕徐松:《宋会要辑稿》,第6218页。
② 〔清〕徐松:《宋会要辑稿》,第6712页。
③ 朱瑞熙:《宋代的避讳习俗》,《上海师范大学学报》,1988(4),第89—90页。

官讨论,每欲其多,庙讳遂有五十字者。举场试卷,小涉疑似,士人辄不敢用,一或犯之,往往暗行黜落。方州科举尤甚,此风殆不可革。然太祖讳下字内有从木从勺者,《广韵》于进字中亦收。张魏共以名其子,而音为进。太宗字内有从耳从火者,又有梗音,今为人姓如故。高宗讳内从勺从口者亦然。真宗讳从小从亘,音胡登切,若缺下下画,则为恒,遂并恒字不敢用,而易为'常'矣"。①

在宋代文书避讳法制化的进程中,有两个法律是宋代文书避讳史上重要的法律。其一为《淳熙重修文书式》,其二为《绍熙重修文书令》。《绍熙重修文书令》内容如下:

> 诸犯圣祖名、庙讳、旧讳(旧讳内二字者连用为犯,若文虽连,而意不相属者非。)。御名,改避。余字(谓式所有者)有他音(谓如角征之类)及经传子史有两音者,许通用(谓如金作赎刑,其赎字一作石欲切之类)。正字皆避之。若书籍及传录旧事者,为字不成。御名易以他字。诸犯濮安懿王讳者,改避;若书籍及传录旧事者,皆为字不成;其在真宗皇帝谥号内者,不避;应奏者,以黄纸覆之。诸文书不得指斥援引黄帝名,经史旧文则不避(如用从车从干,冠以帝字或继以后字,合行回避。自余如轩冕、轩轾、辕辕、车辕之类,即不合回避)。②

由于官讳众多,为了防止犯讳和触讳,宋代采取了诸如改地名、改官名的措施。"诏:'天下官名、地名、人姓名与御名同者,改之。改名部署曰总管。'"③这些措施在宋代史料中多有记载。如,避国讳而改州县名,避宋太宗,赵光义宋太宗时期,义章县改名为宜章县。"真宗时,为避'圣祖'讳,改朗州为鼎州,蔡州郎山县为确山县,梓州玄武县为中江县。仁宗初年,为避刘通讳,还改通利军为'安利军',通州为'崇州',大通监为'交城监'。吴中平田有小土丘,称为'墩',后来避光宗讳,都改为'坡'。"④"三月乙巳,改天下郡县之犯御名、庙讳者。"⑤如,避讳而改名、改姓。"六月十五日是月孝宗即位未改元,诏主管大内公事、知尚书内省事、兼提举十阁分事、崇国柔明淑美元犯御名改作美字。和懿夫人王从恭,知尚书内省事,永嘉郡夫人李从信元

---

① [宋]洪迈:《容斋随笔》,第553页。
② [宋]丁度:《礼部韵略》,影印文渊阁四库全书本,台北:商务印书馆,1983,第265页。
③ [宋]李焘:《续资治通鉴长编》,第4795页。
④ 朱瑞熙:《宋代避讳的习俗》,第90页。
⑤ [元]脱脱:《宋史》,第5页。

犯御名改作信字。并令改正,别出告命。"①"筠州与御名音相近,改为瑞州。"②除了改地名、改官名之外,宋代对于文书犯讳要进行严厉的刑事处罚,《宋刑统》中有具体的规定:"诸上书若奏事误犯宗庙讳者,杖八十,口误及余文书误犯者,笞五十。即为名字触犯者,徒三年。若嫌名及二名偏犯者不坐。嫌名谓若禹与雨,丘与区。二名谓言征不言在,言在不言征之类。【疏】诸上书若奏事误犯宗庙讳者,杖八十口,误及余文书误犯者,笞五十。【议曰】上书若奏事皆须避宗庙讳,有误犯者,杖八十。若奏事口误(犯)及余文书误犯者,各笞五十。又云,即为名字触犯者,徒三年。若嫌名及二名偏犯者不坐。注云,嫌名谓若禹与雨,丘与区。二名谓言征不言在,言在不言征之类。【议曰】普天率土,莫匪王臣,制字立名,辄犯宗庙讳者,合徒三年。若嫌名者,则礼云:'禹与雨谓声嫌而自殊,丘与区意嫌而理别。'及二名偏犯者,谓复名而单犯,并不坐。谓孔子母名征在,孔子云'季孙之忧不在颛臾'即不言征。又云'杞不足征'即不言在。此色既多,故云之类。"③

从上分析可以看到,宋代的避讳内容之多在历代是空前的,并且这些内容大多通过法律的形式不断扩大,渗透到文书工作的方方面面,因此,在文书工作中此类违法防不胜防。

第三节　宋代防治文书违法的
当代启示

一、进一步加强文书档案法制建设

从上章节的分析,我们可以看到,宋代防治文书档案违法的主要措施之一,就是将文书档案工作纳入法制体系,规定了各种违法犯罪的处罚标准。从这一点出发,对我国文书档案的立法进行一定审视,我们也发现强化文书档案立法在当今也具有积极的意义。从1949年至今,我国没有制定有关文书方面的专门法律,在文书工作中各种行政法规发挥重要规范和指引作用。如,1951年4月,中央人民政府政务院召开了全国秘书长会议,通过了《公文处理暂行办法》《保守国家秘密暂行条例》《关于处理人民来信和接见人

---

① ［清］徐松:《宋会要辑稿》,第333页。
② ［元］脱脱:《宋史》,第789页。
③ ［宋］窦仪:《宋刑统》,第159—160页。

民工作的决定》等七个文件。同年 9 月,政务院正式颁布《公文处理暂行办法》,这是我国政府第一次关于文书工作的规定,它成为规范建国初期国家机关文书工作的典章,并为以后发展奠定了初步基础。① 此后我国又陆续出台了有关文书的诸多行政法规。这些行政法规对于规范文书工作起到了良好的作用,但是纵观这些规范的内容,我们会发现,其中缺少了对文书违法惩处规定。从我国的法律体系来看,一些法律中涉及有关文书违法犯罪的条款,如《刑法》第二百八十条规定:"伪造、变造、买卖国家机关公文、证件、印章罪;盗窃、抢夺、毁灭国家机关公文、证件、印章罪;伪造公司、企业、事业单位、人民团体印章罪;伪造、变造居民身份证罪;伪造、变造、买卖或者盗窃、抢夺、毁灭国家机关的公文、证件、印章的,处三年以下有期徒刑、拘役、管制或者剥夺政治权利;情节严重的,处三年以上十年以下有期徒刑。"《刑法》中的此条,对于文书工作来说,又相对狭小,文书工作很多环节出现的问题无法在此找到相应的内容。

　　就我国的档案立法来说,1987 年 9 月 5 日第六届全国人民代表大会常务委员会第二十二次会议审议通过《中华人民共和国档案法》,1996 年 7 月 5 日第八届全国人民代表大会常务委员会第二十次会议通过了《关于修改〈中华人民共和国档案法〉的决定》,2016 年 11 月 7 日,第十二届全国人民代表大会常务委员会第二十四次会议通过了《全国人民代表大会常务委员会关于修改〈中华人民共和国对外贸易法〉等十二部法律的决定》,其中包括了对《档案法》的再次修订。从 80 年代以来,我国的档案法规体系不断完善,这个体系一般包括:档案法律、档案行政法规、地方性档案法规、档案行政规章、档案规范性文件等。

　　档案法律是由全国人民代表大会及其常务委员会制定的各种关于档案和档案工作的法律行为规范。档案法律属于一般法律,效力高于档案行政法规、地方性法规及行政规章,是制定和实施各种档案行政法规、规章的依据和基础。档案法律同国家其他法律一样,都是统治阶级意志的集中体现。我国档案法律是国家和人民意志的集中体现,是整个社会均需遵守的基本行为规范之一。我国档案法律主要包括《中华人民共和国档案法》以及其他法律中有关档案事务方面的规定。

　　(1)《档案法》。《档案法》全文共六章,27 条,内容包括总则、档案机构及其职责、档案的管理、档案的利用和公布、法律责任和附则,从不同角度对

---

① 官盱玲:《建国以来我国公文制度的发展》,《江西教育学院学报》(社会科学),2009(10),第 8 页。

我国档案事业做了明确的规范,是我国档案事业的基本法律。

(2)其他法律中与档案活动有关的条款。档案工作不但受到《档案法》的规范和引导,在我国其他法律中也存在着相关的条款与档案工作密切相关。如《中华人民共和国刑法》(以下简称《刑法》)第一百六十二条:"隐匿或者故意销毁依法应当保存的会计凭证、会计账簿、财务会计报告,情节严重的,处五年以下有期徒刑或者拘役,并处或者单处二万元以上二十万元以下罚金。"第三百二十九条:"盗窃、抢夺国有档案罪;擅自出卖、转让国有档案罪;抢夺、窃取国家所有的档案的,处五年以下有期徒刑或者拘役。违反档案法的规定,擅自出卖、转让国家所有的档案,情节严重的,处三年以下有期徒刑或者拘役。有前两款行为,同时又构成本法规定的其他犯罪的,依照处罚较重的规定定罪处罚。"除此之外,《中华人民共和国会计法》第二十三条、第三十七条、第四十四条,《中华人民共和国统计法》第十九条,《中华人民共和国文物保护法》《中华人民共和国保守国家秘密法》《中华人民共和国著作权法》等都涉及了档案管理活动的相关内容,也属于档案法律的范畴。

此外,《档案管理违法违纪行为处分规定》也为惩处档案违法提供了依据。该《规定》共二十二条,对档案管理中出现的拒不按照国家规定向指定国家档案馆移交档案,利用职务之便,将所保管的档案据为己有等违法行为明确了处罚的标准,为档案行政执法部门发现违法问题,处罚违法问题提供了依据。

为了进一步防治档案伪造问题,中国共产党出台了对于伪造档案的具体党纪处罚规定,这主要是《干部人事档案造假问题处理办法》,该《办法》对干部人事档案中的篡改、伪造考核、考察、任免、鉴定、政审等材料的行为;篡改、伪造评先评优、奖励等材料的行为;擅自抽取、撤换、添加、销毁档案材料的行为;冒用、顶替他人身份等材料,在入学、入伍、招工、招录等方面谋取不正当利益的行为明确了由纪检监察机关依据《中国共产党纪律处分条例》等有关规定处理;涉嫌违法犯罪的,由司法机关依据有关法律规定处理。

从上分析来看,我国目前有关文书档案违法问题的处罚,存在多种依据,以《档案法》《档案管理违法违纪行为处分规定》《干部人事档案造假问题处理办法》等为主,这些内容包含法律、行政规章和党纪处分,这些处罚之间如何保持有机衔接也是需要不断进行完善的内容。

从宋代文书档案违法的情况来看,将文书档案违法与刑事处罚和行政处罚结合起来,尤其是行政处罚使用的范围非常广,如何更好地从古代社会防治文书违法中吸取一些治理经验,实现法律体系之间的有效衔接,已有研究者针对《刑法》和《档案法》的衔接问题,提出的"建议从《档案法》与《刑法》的衔接视域,根据刑法对档案犯罪行为规制的立法价值与目的,将档案犯罪的保护法益调整,不仅是国家对档案的管理制度,而且还包括公私档案的所有权;对档案犯罪定罪进行合理调整,适度扩大档案犯罪圈,将刑法尚未明确的犯罪行为予以刑法规制,重新架构档案犯罪的刑事责任体系,以有效地发挥刑法的保护与保障功能"。[①] 在条件成熟的环境下,制定适应中国国情的《文书法》或文件处理的相关法规,更好地实现《档案法》与其他相关部门法之间的衔接,是今后档案立法中需要关注的内容。

二、不断完善监督

从宋代防治文书档案违法的经验来看,将文书档案违法置于社会之下,不但发挥监督机构的作用,广泛发动社会力量,对文书档案违法进行全方位的监督,是一条有效的经验。从我国的档案工作实践来看,对于文书档案违法问题监督一般都以档案行政机构为主体,我国档案行政部门的行政监督主要有三种方式:

第一,监督检查,是指国家各级档案行政管理部门为了行使档案工作管理职能和完成档案管理工作任务,对机关、团体、企业事业单位和其他组织的档案机构遵守和贯彻执行档案法律、法规情况进行监督检查。监督检查的内容主要有两个部分:一是对抽象行政行为的监督,即对制定除档案法律、行政法规和规章以外的具有普遍约束力的档案规范性文件行为的监督,对档案规范性文件的合法性、现实性、协调性等进行审查。二是对具体行政行为的监督,主要对档案行政执法制度建设情况、档案执法主体资格、执法依据、执法程序及法定职责的履行情况进行监督。

第二,档案行政处罚,是指档案行政管理部门依照法定职权和程序对违反行政法规范,尚未构成犯罪的相对人作出行政制裁的具体行政行为。档案行政处罚的种类包括:警告、罚款、没收违法所得等三种方式。

第三,档案行政许可,是档案行政管理部门根据公民、法人和其他组织的申请,经依法审查,准予其从事其特定的档案事务及有关活动的行为。为了进一步规范档案行政许可,国家档案局于 2005 年颁布了《档案行政许可程序规定》,该规定从"申请与受理""审查与决定""期限与送达"等环节对档案行政许可程序进行了明确规定。为了让档案行政许可更加规范,2017

---

① 全其宪:《〈档案法〉与〈刑法〉衔接视域下档案犯罪刑事责任重构》,《档案学研究》,2015 (5),第 54 页。

年国家档案局颁布了《国家档案局行政许可标准化工作规范》,进一步强化了"规范行政许可事项管理""规范行政许可流程管理""规范行政许可服务""规范监督检查"等内容。随着机构改革以后,档案行政监督职能如何通过各种有效方式得以发挥,使其常态化。

随着我国监察力量的不断发展,监察机构对于各行各业文书档案违法的监督也应进一步加强,根据《中华人民共和国监察法》第十五条:"监察机关对下列公职人员和有关人员进行监察:(一)中国共产党机关、人民代表大会及其常务委员会机关、人民政府、监察委员会、人民法院、人民检察院、中国人民政治协商会议各级委员会机关、民主党派机关和工商业联合会机关的公务员,以及参照《中华人民共和国公务员法》管理的人员;(二)法律、法规授权或者受国家机关依法委托管理公共事务的组织中从事公务的人员;(三)国有企业管理人员;(四)公办的教育、科研、文化、医疗卫生、体育等单位中从事管理的人员;(五)基层群众性自治组织中从事管理的人员;(六)其他依法履行公职的人员。"从《监察法》此项内容来看,其中也包含了各行各业中从事档案管理工作的人员。因此如何完善机构内部监察部门的职能,使得监察全覆盖,对档案工作的各环节全介入。

除了发挥监察机构的监督之外,在监督中还需要完善自我监督和舆论监督的功能。

另外重要的方面就是进一步完善档案行业自律。档案行业作为我国社会主义事业的基础性行业之一,在国民生产和社会生活中发挥着重要作用,如何发挥行业的自律作用,需要档案行业不断完善和发展档案行业职业道德规范,如通过宣誓的方式不断强化档案职业伦理:"作为一名光荣的档案工作者,我庄严宣誓:忠诚档案事业,热爱档案工作,严守档案法规,加强档案管理,精通档案业务,维护档案安全。为充分发挥档案工作记载历史、传承文明、服务未来的作用而不懈努力;为国家的繁荣昌盛贡献全部力量。"[1]在档案行业自律中还要进一步加强档案伦理道德的建设,发挥档案伦理的约束作用,对此内容已有研究者提出:"档案管理伦理的实现需要借助外部控制与内部控制双向协调的管理模式。其中,内部控制是核心和基础,具有专业性,外部控制起到辅助作用,带有社会意义的客观监督性质。管理特有的伦理属性是对群体道德的约束,伦理作为一种特殊的管理方式能够有效地规范个体道德,二者最终目的都是为了协调人际关系,规范档案管理秩序,因此具有相同的价值指向。并且档案管理主体道德存在着向档案管理

① 《中国档案工作者誓词》,《中国档案报》,2014-03-21.

伦理发展的趋势,档案管理伦理与主体的自我管理也具有趋同性,因此,管理与伦理的协调同构是现阶段档案管理伦理实现的最佳方式。"①此一观点对于我们认识、开展档案行业职业道德建设具有积极的价值,在当前环境下如何构筑良好的社会环境,增强档案从业人员的职业素养和道德水平,需要内外兼顾。除此之外,在监督中还要进一步发挥社会监督的作用,尤其是舆论监督的作用。档案部门要充分利用媒体,进一步开放档案工作环境,让档案工作在阳光下开展,主动公开档案信息,设立各种意见收集渠道,尤其是通过信息技术,让舆论更好地宣传、报道档案工作和档案事迹。

三、将社会信用体系成果应用于文书档案管理违法预防

从宋代文书档案违法防治的措施来看,为了对相关责任人进行处罚,设置了过犯簿,并在实践层面推行责任连坐制度。从宋代设置过犯簿对官吏违法行为进行有效管理,并将这些信息与宋代的处罚制度联系起来,从中我们也可结合当前社会信用体系建设的成果来理性思考当前文书档案违法的防治问题。我们认为对于文书档案管理违法失信问题,应积极地吸收社会信用建设中可贵的一些做法,如进一步建立守信激励、违法惩戒和信用信息管理制度。

1. 建立和健全守法激励制度

为了规范档案管理的各项活动,档案管理部门提出了"依法治档"的理念,这一理念已经深入到档案管理的方方面面,"依法治档,是指国家各级档案行政管理机关及其工作人员依据宪法和法律赋予的职责权限,在法律规定的职权范围内,依照法定的程序,对国家各项档案事务依法进行有效管理;同时,对自身行政行为的后果,必须依法承担相应的责任"。② 通过依法治档,档案工作中的各种守信行为得到了激励。如《档案法实施办法》第六条:"有下列事迹之一的,由人民政府、档案行政管理部门或者本单位给予奖励:(一) 对档案的收集、整理、提供利用做出显著成绩的;(二) 对档案的保护和现代化管理做出显著成绩的;(三) 对档案学研究做出重要贡献的;(四) 将重要的或者珍贵的档案捐赠给国家的;(五) 同违反档案法律、法规的行为作斗争、表现突出的。"③在档案工作中,《档案法实施办法》第六条得到了有效执行,如各级档案部门举办的档案管理先进单位评比、档案管理先

---

① 曹玉:《档案管理伦理问题研究》,《档案学通讯》,2016(5),第84页。
② 邓涛:《依法治档的内涵与重点》,《中国档案》,2010(3),第31页。
③ 《中华人民共和国档案法实施办法》http://www.saac.gov.cn/xxgk/2010-02/05/content_1541.htm2017-06-13.

进事迹宣传都是一种重要的守信激励措施。随着社会对信用的重视,在今后档案管理违法的防治中,可以充分考虑从宏观和前端的角度对各种守法行为人进行奖励,建立和健全档案守法的激励制度,在档案管理守法的制度建设中,可以充分考虑吸收目前社会信用守信激励的许多做法,如"首先,加强激励内容开发,主要包括对诚实守信者实行政策享受优先、办事'绿色通道'、减少监管频次、优良信息公示等措施,形成褒扬诚实守信的社会氛围和制度环境;其次,加强激励品牌塑造,打造一批让人们易懂、易记、易用的激励品牌,让守信激励措施方便传播,能够落到实处,让守信者处处受益;再次,加强激励活动策划,举办各种守信激励宣传推荐活动,不断强化诚实守信的社会导向"。① 这些内容如果能被有效地借鉴和吸收,对于档案管理违法问题的防治是具有积极的价值。

2. 建设违法惩戒制度

对档案管理违法进行防治的重要方面是需要建立档案管理违法的惩戒制度,"制度即是由人制定的,为一个共同体所共有的,并且总是依靠某种惩罚而得以贯彻的规则系统,它们抑制着人际交往中可能出现的机会主义行为"。② 当一种失信行为的成本远小于失信收益的时候,失信行为就不能得到有效遏制。档案管理违法失信现象在档案工作中频繁出现也与档案管理违法的成本较低或处罚较轻有密切关系。如今随着我国反腐败斗争的深入,各种文书档案失信的行为被发现,如干部人事档案的造假问题大量得以曝光。治理这些问题最重要的方面就是要建立严厉的失信惩罚制度。《档案法》《档案法实施办法》中列举了几种常见的档案管理违法行为并对这些行为规定了处罚的原则。但是随着形势的变化,新出现的档案管理违法行为如何来进行惩处。针对这些问题,2013 年 2 月 22 日,监察部、人力资源和社会保障部、国家档案局联合报公布了《档案管理违法违纪行为处分规定》(以下简称《规定》),《规定》共 22 条,分门别类地规定了各种违法违纪的常见形式及处罚。"《规定》对不同情况、不同程度的档案管理违法违纪行为作出了详细的处理规定,明确了处分幅度和量纪标准,具有严肃性,便于操作。例如,对有的违法违纪行为做出了从警告至撤职的处分规定,有的做出了从撤职至开除的处分规定,有的做出了从记大过至开除的处分规定,有的做出了从记过至开除的处分规定,等等。"③从上分析可以看到,《规定》中的

---

① 李韶辉:《健全守信激励机制　加快信用体系建设》,《中国改革报》,2015-6-29(001)。

② 陈绪新:《信用伦理及其道德哲学传统研究》,《中国社会科学出版社》,2008,第 251 页。

③ 傅祥:《"依法治档"迈上新台阶——学习〈档案管理违法违纪行为处分规定〉的若干体会》,《浙江档案》,2013(7),第 53 页。

相关内容多是从行政处罚角度来展开的,但是在档案管理违法的处罚中仍然还面临着如何与刑事处罚和民事处罚相衔接的问题,这是档案管理处罚研究中的一个难点问题。

3. 完善档案管理违法记录的形成、公开制度

要有效预防档案管理违法问题,需要多重制度的建设,其中也包括档案管理违法信息的收集、管理、公开、共享,从这一点来看,宋代社会已经开展了一些有益的探索。从目前来看,可以充分借鉴社会信用体系建设中有关信用信息管理的各项制度建设。从档案信用信息所体现的个人信用来讲,不管是档案管理者还是档案利用者,在出现违法的时候,档案行政管理部门应该将这类信息收集到相应的信息系统中,以便于对不同的个体进行信用信息的管理。如今各行各业都在建立信用制度,如金融行业的个人信用、旅游行业的个人信用。甚至在公民日常生活中,电费的缴纳情况也将作为个人信用的重要方面纳入信用管理中。欠电费不交,信贷将“受损”,把拖欠电费的情况纳入银行征信平台,将直接影响到企业信贷等经济活动。据电业部门介绍,逾期 7 天并经催缴、告知后仍未缴付电费的企业客户信息,都将被记入人民银行征信管理系统数据库,并作为企业重要征信记录,影响商业银行对企业的信用评价。而拖欠电费的信用信息将在福建省征信业务网上服务大厅展示,并供金融机构查询使用。而早在 5 月份开始,厦门地区的用电失信行为已经在省、市两级公共征信系统陆续公布。① 随着社会信用体系建设的推进,各种失信记录的共享成为了可能,现在许多行业中也在积极推进失信或违法信息的共享从而实现联合惩戒。如将信用记录与户籍管理进行共享的构想,“一是将信用记录纳入户籍改革的制度体系。10 月 21日,国务院常务会议通过了《居住证暂行条例》,明确积分落户的通道,全面落实居住证制度,助推新型城镇化和农业现代化,促进社会公平正义。希望能够将个人征信记录纳入到积分落户制的考核当中,唤起社会对信用意识的重视”。② 这些信息共享为档案管理违法行为的联合惩戒提供了基础和可能。

---

① 福建用电失信纳入征信管理拖欠电费将影响贷款。http://fj.sina.com.cn/news/m/2015-07-21/detail-ifxfccux2824733.shtml,2017-6-12.

② 袁耀璋:《信用记录可以纳入户籍制度体系》,北京:中国消费金融论坛——新金融:规范发展　持续创新,2015,第 37 页。

结　语

　　文书作为古代社会国家权力运行的重要载体,能渗透到政治、经济、社会、文化、教育等诸多方面。从中国古代社会治理经验基础上逐渐形成和发展的"凡事必于书"的重要制度,进一步凸显了文书,尤其是官文书在国家管理的作用。文书与权力、文书与经济、文书与社会文化有着密切的关系,是认知和阐释某一时代政治制度、经济制度、军事制度的入口,因此对某一时代文书制度、文书立法、文书违法等进行系统梳理和分析具有重要意义。宋代,作为中国古代社会发展的重要时期,为了与拱卫皇权、强化统治阶级的利益相适应,也不断加强了文书的管理,其中突出的表现是通过立法方式不断增强文书工作的规范化程度,打击各种文书违法犯罪的行为。

　　本课题从宋代文书立法的基本情况入手,通过对宋代基本法典——《宋刑统》《天圣令》《金玉新书》《庆元条法事类》中有关文书立法条款的梳理,明确了宋代文书立法的分布、主要内容、特点。在此基础上,采用宏观与微观相结合、整体与个案相结合、传统文献与出土文献相结合的方法,从宋代文书工作常见环节出发,分析了宋代文书违法中常见的类型:文书伪造、文书稽程、文书泄密、文书不实、文书亡失、盗窃、非法买卖及雕印;在分析相关违法问题时既注重对违法问题的宏观和整体的剖析,又关注违法问题产生的主要原因、防治措施的阐释,使得分析和研究具有很强的针对性。在对各种违法行为进行分析之后,站在宏观的角度,总结宋代文书违法防治的主要举措、影响因素,结合当前文书档案违法实践的客观现实,提出于今具有借鉴价值的内容。

　　在本书的研究中,笔者从浩瀚的宋代史料中梳理和提炼了宋代文书违法的主要类型,并将这些违法置于宋代社会发展的框架下来进行剖析。在分析相关问题时既关注宋代的历史史实,又将此问题与汉唐时期相比较,注重阐述文书立法、违法处罚的源、流关系,如文中有关宋代矫制分析,关注了矫制在汉代、唐代的立法情况。在分析文书伪造问题时既关注了宋代与经济活动密切相关的土地契约和度牒的伪造问题,又关注了宋代行政管理中涉及面最广的簿籍的伪造问题。在对文书伪造问题的原因进行追溯时,就具体文书伪造问题从权力、经济利益、思想文化、国家管理、国家信用等角度来进行分析,在相关防治措施的分析中关注诸多微观层面的问题,如一式多套制度、书写制度等。

在对文书稽程问题的分析中突破了传统的研究中较多关注文书制作和文书传递环节稽程问题,将研究的视角扩展到了宋代文书奏报、处理,在分析此问题时重点剖析了文书传递环节的稽程问题,在相关防治措施的剖析中,从宋代史料出发,多角度勾勒了宋代防治文书稽程的对策。

在分析宋代文书违法中既关注立法、制度等方面的内容,又考察了主体的问题,如在文书泄密环节,重点分析了宋代胥吏泄密的诸多表现及朝廷的防治措施中针对主体的重要内容。

在分析宋代文书不实问题方面,既考虑到了一般层面的问题,又能够结合宋代灾荒救济的特殊情景,考察了宋代灾荒救助中文书不实的诸多表现、原因等内容,使得此问题的分析实现了点与面的有机结合。

在分析宋代文书非法雕印问题中将文书雕印管理与宋代军事斗争结合起来,体现了对宋代军事因素影响文书制度、文书活动的重视。

在对宋代文书违法综合防治的总结方面,从立法、惩处、监察、告赏、越诉、畅通信息渠道等不同角度进行了提炼。

总之,本书从主体、客体、制度、权力等角度多维地揭示了宋代文书违法的面相,在分析中既注重对史实的阐述,又注重对问题产生的原因及对策进行分析。

在研究中由于所涉问题较大、资料纷繁及本人能力的限制,也导致了一些问题没有深入展开研究,这主要有以下方面:

第一,在对相关问题进行剖析中,本人遵行问题——原因——对策的思路结合宋代史料开展研究,在分析问题中注重将文书违法与宋代政治、军事、经济、社会文化等进行结合,对于违法主体、主体动机的剖析关注较少,对于不同主体的违法差异性分析也较少,也没有借助现代犯罪心理学的相关成果来开展研究,在运用一些理论时,感觉深入还不够,如在分析宋代土地契约伪造问题时,提及国家信用理论,但是没有深入挖掘。

第二,在对比分析方面还不够深入。本课题从研究的实际出发,揭示了宋代文书伪造、稽程、泄密、不实等主要违法问题,但是在分析中将主要关注点放在宋代特定社会环境,在纵向对比研究方面还深入不够,如与汉唐时代,与元、明、清时代的对比研究没有展开。

从本书的研究过程来说,还有许多问题尚需在日后加以探讨和深入,这主要有以下方面:

第一,对文书违法问题的分类研究。在本书的研究中从文书工作开展的基本环节入手,对此进行了一定的分类,但是这一分类是否能将涵盖所有文书违法行为,是否还有其他更为科学的分类体系,是否可以按照《宋刑统》的基本类目来开展,或者按照刑罚轻重来进行分类,此一问题还具有探讨的必要。

第二,一些内容在今后的研究中可以进行关注。本书选择了宋代文书违法中常见的和史料记载较多的违法进行了一定的梳理,在研究内容的选择上,如宋代伪造玺印、官印,文书犯讳、违制等,由于时间的关系尚未进行梳理。这是今后的研究中可以深入的方面。

第三,对宋代文书立法在宋代立法体系中的地位、评价方面还可深入研究。由于本书对宋代法律体系的基本构成、特点深入不够,在研究中仅对宋代文书立法的基本情况进行了分析,但是此类立法在宋代法律体系中地位如何,如何进行客观的评价,在今后的研究中可进行专项研究。

参 考 文 献

一、基 本 古 籍

[汉] 司马迁:《史记》,中华书局,1982 年版。

[汉] 班　固:《汉书》,中华书局,1962 年版。

[汉] 蔡　邕:《独断》,影印文渊阁四库全书本。

[唐] 陆德明:《经典释文》,中华书局,1983 年版。

[宋] 秦　观:《淮海集》,影印文渊阁四库全书本。

[宋] 李元弼:《作邑自箴》,续修四库全书本。

[宋] 董　煟:《救荒活民书》,丛书集成初编本,商务印书馆,1936 年版。

[宋] 李　焘:《续资治通鉴长编》,中华书局,1979 年版。

[宋] 李心传:《旧闻证误》,中华书局,1981 年版。

[宋] 陆九渊:《陆象山全集》,中国书店,1992 年版。

[宋] 窦　仪:《宋刑统》,中华书局,1984 年版。

[宋] 黎靖德:《朱子语类》,中华书局,1986 年版。

[宋] 佚　名:《名公书判清明集》,中华书局,1987 年版。

[宋] 苏　颂:《苏魏公文集》,中华书局,1988 年版。

[宋] 李心传:《建炎以来系年要录》,中华书局,1988 年版。

[宋] 蔡　襄:《蔡襄全集》,福建人民出版社,1999 年版。

[宋] 李心传:《建炎以来朝野杂记》,中华书局,2000 年版。

[宋] 杨万里:《诚斋先生集》,北京图书馆出版社,2004 年版。

[宋] 洪　迈:《容斋随笔》,中华书局,2005 年版。

[宋] 赵　升:《朝野类要》,中华书局,2007 年版。

[宋] 叶　寘:《爱日斋丛钞》,中华书局,2010 年版。

[宋] 李　觏:《李觏集》,中华书局,2011 年版。

〔宋〕孙光宪,陈尚君再补:《北梦琐言》,上海古籍出版社,2012 年版。

〔宋〕袁　采:《袁氏世范》,商务印书馆,2017 年版。

〔宋〕桂万荣:《棠阴比事》,上海古籍出版社,2018 版。

〔金〕佚　名,金少英校补:《大金吊伐录校补》,中华书局,2001 年版。

〔元〕刘一清:《钱塘遗事》,上海古籍出版社,1985 年版。

〔元〕脱　脱:《宋史》,中华书局,1985 年版。

〔明〕陈邦瞻:《宋史纪事本末》,中华书局,2005 年版。

〔清〕徐松,刘琳、刁忠民等校点:《宋会要辑稿》,上海古籍出版社,2014
年版。

二、今 人 著 作

邓广铭:《辛稼轩年谱》,上海古籍出版社,1979 年版。

朱瑞熙:《宋代社会研究》,中州书画社,1983 年版。

蔡枢衡:《中国刑法史》,广西人民出版社,1983 年版。

梁庚尧:《南宋的农村经济》,联经出版事业公司,1984 年版。

漆　侠:《宋代经济史》(上、下册),上海人民出版社,1987 年版。

王云海:《宋代司法制度》,河南大学出版社,1992 年版。

邓小南:《宋代文官选任制度诸层面》,河北教育出版社,1993 年版。

汪圣铎:《两宋财政史》(上、下册),中华书局,1995 年版。

徐杨杰:《宋明家族制度史论》,中华书局,1995 年版。

王曾瑜:《宋朝阶级结构》,河北教育出版社,1996 年版。

贾玉英:《宋代监察制度》,河南大学出版社,1996 年版。

苗书梅:《宋代官员选任和管理制度》,河南大学出版社,1996 年版。

苏基朗:《唐宋法制史研究》,中文大学出版社,1996 年版。

龚延明:《宋代官制辞典》,中华书局,1997 年版。

魏天安:《宋代行会制度史》,东方出版社,1997 年版。

张希清:《宋朝典制》,吉林文史出版社,1997 年版。

王金玉:《宋代档案管理研究》,中国档案出版社,1997 年版。

朱瑞熙:《辽宋西夏金社会生活史》,中国社会科学出版社,1998 年版。

沈松勤:《北宋文人与党争》,人民出版社,1998 年版。

〔法〕谢和耐:《蒙元入侵前夜的中国日常生活》,江苏人民出版社,1998 年版。

李昌宪:《司马光评传》,南京大学出版社,1998 年版。

李华瑞:《宋夏关系史》,河北人民出版社,1998 年版。

梁太济:《两宋阶级关系的若干问题》,河北大学出版社,1998 年版。

傅宗文:《宋代草市镇研究》,福建人民出版社,1988 年版。

徐　规:《仰素集》,杭州大学出版社,1999 年版。

杨渭生:《两宋文化史研究》,杭州大学出版社,1999 年版。

汪桂海:《汉代官文书制度》,广西教育出版社,1999 年版。

何忠礼,徐吉军:《南宋史稿》,杭州大学出版社,1999 年版。

王善军:《宋代宗族和宗族制度研究》,河北大学出版社,2000 年版。

高聪明:《宋代货币与货币流通研究》,河北大学出版社,2000 年版。

戴建国:《宋代法制初探》,黑龙江人民出版社,2000 年版。

李永先:《宋代添差官制度研究》,天地出版社,2000 年版。

关长龙:《两宋道学命运的历史考察》,学林出版社,2001 年版。

[日]斯波义信:《宋代江南经济史研究》,江苏人民出版社,2001 年版。

包伟民:《宋代地方财政史研究》,上海古籍出版社,2001 年版。

王文成:《宋代白银货币化研究》,云南大学出版社,2001 年版。

虞云国:《宋代台谏制度研究》,上海社会科学院出版社,2001 年版。

张　文:《宋朝社会救济研究》,西南师范大学出版社,2001 年版。

程遂营:《唐宋开封生态环境研究》,中国社会科学出版社,2002 年版。

张其凡:《两宋历史文化概论》,广东人民出版社,2002 年版。

刘子健:《中国转向内在》,江苏人民出版社,2002 年版。

漆　侠:《宋学的发展和演变》,河北人民出版社,2002 年版。

屈超立:《宋代地方政府民事审判职能研究》,巴蜀书社,2003 年版。

田　浩:《宋代思想史论》,社会科学文献出版社,2003 年版。

郑学檬:《中国古代经济重心南移和唐宋江南经济研究》,岳麓书社,2003
　　年版。

曹家齐:《宋代交通管理制度研究》,河南大学出版社,2002 年版。

陈乐素:《宋史艺文志考证》,广东人民出版社,2002 年版。

[日]池田温:《中国古代籍帐研究》,中华书局,2007 年版。

魏殿金:《宋代刑罚制度研究》,齐鲁书社,2009 年版。

那思陆:《中国审判制度史》,上海三联书店,2009 年版。

包伟民,郑嘉励:《武义南宋徐谓礼文书》,中华书局,2012 年版。

孙继民:《俄藏黑水城所出〈宋西北边境军政文书〉整理与研究》,中华书局,
　　2009 年版。

张晋藩:《中国法制史》,商务印书馆,2010 年版。

戴建国:《唐宋变革时期的法律与社会》,上海古籍出版社,2010 年版。

张荣强:《汉唐籍帐制度研究》,商务印书馆,2010 年版。

郭东旭:《宋代民间法律生活研究》,人民出版社,2012 年版。

黄正建:《〈天圣令〉与唐宋制度研究》,中国社会科学出版社,2011 年版。

郭东旭:《宋代民间法律生活研究》,人民出版社,2012 年版。

[日]富谷至:《文书行政的汉帝国》,江苏人民出版社,2013 年版。

杨芹:《宋代制诰文书研究》,上海古籍出版社,2014 年版。

杜建录:《中国藏黑水城汉文文献整理研究》,人民出版社,2016 年版。

[日]寺地遵:《南宋初期政治史研究》,复旦大学出版社,2017 年版。

王晓龙:《宋代地方政府行政成本问题研究》,科学出版社,2018 年版。

胡兴东:《宋朝立法通考》,中国社会科学出版社,2018 年版。

三、期 刊 论 文

王永兴:《论唐代前期行政管理的较高效率与法制的关系》,《北京大学学报(哲学社会科学版)》,1985 年第 3 期。

蒋淑薇:《从〈庆元条法事类〉看宋代的文书制度》,《湘潭大学学报(社会科学版)》,1989 年第 2 期。

理 明:《两件宋代官文书真伪考》,《浙江档案》,1991 年第 3 期。

袁建勇:《唐律规定的官吏失职行为的种类及其惩治的原则与特点》,《中南政法学院学报》,1991 年第 3 期。

郭东旭:《〈宋刑统〉的制定及其变化》,《河北学刊》,1991 年第 4 期。

戴建国:《〈宋刑统〉制定后的变化——兼论北宋中期以后〈宋刑统〉的法律地位》《上海师范大学学报(哲学社会科学版)》,1992 年第 4 期。

薛梅卿:《重新估评〈宋刑统〉》,《南京大学法律评论》,1996 年第 2 期。

章翊中,杨文武:《从〈唐律〉看唐王朝对官吏的严格管理》,《南昌职业技术师范学院学报》,1999 年第 1 期。

童光政:《唐代的勾检官制与行政效率法律化》,《国家行政学院学报》,2000 第 4 期。

王启涛:《敦煌吐鲁番法制文书词语考释》,《四川师范大学学报(社会科学版)》,2001 年第 6 期。

魏殿金:《点校本〈宋刑统〉补正十五则》,《齐鲁学刊》,2002 年第 6 期。

陈瑞青:《黑水城所出宋代统制司相关文书考释》,《敦煌学辑刊》,2006 年第 3 期。

曹家齐:《南宋朝廷与四川地区的文书传递》,《中国社会科学》,2014 年第 5 期。

曹家齐:《两宋朝廷与岭南之间的文书传递》,《中国史研究》,2013 年第

3 期。

曹家齐:《官路、私路与驿路、县路——宋代州(府)县城周围道路格局新探》,《学术研究》,2012 年第 7 期。

王琳:《论唐代司法效率及其现代价值》,《广西政法管理干部学院学报》,2003 年第 3 期。

赵彦龙:《夏、宋公文稽缓制度浅论》,《宁夏大学学报(人文社会科学版)》,2003 年第 1 期。

孙书磊:《明代公文制度述略》,《南京工业大学学报(社会科学版)》,2005 年第 2 期。

朱建贞:《唐太宗与唐朝的档案工作》,《湖北大学学报(哲学社会科学版)》,2005 年第 1 期。

徐绍敏,方敏,胡红霞:《清朝档案立法概述》,《浙江档案》,2006 年第 12 期。

丁春梅:《从公文用纸看宋代官府对文书档案保护的重视》,《档案学通讯》,2006 年第 4 期。

何宝梅:《从〈唐律疏议〉到〈大清律例〉看我国古代文书制度的法制化》,《档案与建设》,2007 年第 10 期。

董劭伟,鹿军:《宋代伪造官文书犯罪透析》,《石家庄经济学院学报》,2006 年第 6 期。

陈瑞青:《关于一件黑水城宋代军政文献的考释》,《文物春秋》,2007 年第 4 期。

戴建国:《宋代籍帐制度探析——以户口统计为中心》,《历史研究》,2007 年第 3 期。

远藤隆俊:《宋代的外国使节与文书传递:以成寻〈参天台五台山记〉为线索》,《历史研究》,2008 年第 3 期。

张春兰:《俄藏黑水城宋代军政文书所见"西军"溃散兵员问题探析》,《边疆考古研究》,2008 年。

王化雨:《国际宋史研讨会暨中国宋史研究会第十三届年会"宋代文书传递与信息沟通"论坛综述》,《中国史研究动态》,2008 年第 10 期。

李全德:《通进银台司与宋代的文书运行》,《中国史研究》,2008 年第 2 期。

高楠,宋燕鹏,吴克燕:《宋初的嫁妆立法——以〈宋刑统〉为中心》《社会科学论坛(学术研究卷)》,2009 年第 4 期。

杨守堂:《浅析宋代的文书鉴定》,《新疆社会科学》,2009 年第 6 期。

孙继民,魏琳:《宋代酒务会计报告文书的确认及其意义——〈宋人佚简〉舒州酒务文书考释之一》,《中国经济史研究》,2009 年第 1 期。

汪圣铎,冯红:《旁:宋代的一种官文书》,《河北学刊》,2010 年第 3 期。

方丽华:《宋代婚仪文书之文体形态研究》,《安徽文学(下半月)》,2010 年第 4 期。

岳纯之:《论〈宋刑统〉的形成、结构和影响》,《兰州学刊》,2013 年第 11 期。

胡坤:《宋代基层文官的初仕履历——以〈武义南宋徐谓礼文书〉为中心》,《史学月刊》,2014 年第 11 期。

胡坤:《宋代荐举改官文书中的照牒和奏检》,《中国史研究》,2014 年第 2 期。

徐聪:《解析宋代文书,探讨政务运行——〈徐谓礼文书〉与宋代政务运行研究学术研讨会综述》,《中国人民大学学报》,2014 年第 1 期。

陈景:《唐宋州县治理的本土经验:从宋代司法职业化的趋向说起》,《法制与社会发展》,2014 年第 1 期。

岳纯之:《通行本〈宋刑统〉校勘拾零》,《兰州学刊》,2015 年第 6 期。

周世江:《〈宋刑统〉目录分类技术探析》,《图书馆研究》,2016 年第 3 期。

谢伟帆:《从〈宋刑统〉剖析我国宋代司法审判制》,《语文建设》,2016 年第 15 期。

梁超:《浅析〈宋刑统〉中的盗窃》,《法制博览》,2016 年第 12 期。

岳纯之:《通行本〈宋刑统〉校勘续拾》,《兰州学刊》,2016 年第 4 期。

张荣:《百年来〈宋刑统〉研究述评》,《法制博览》,2016 年第 2 期。

王立民:《中国古代律中条标演进之论纲——以唐律、宋刑统、大明律和大清律例为例》,《甘肃政法学院学报》,2008 年第 1 期。

龚延明:《宋代真迹官告文书的解读与研究——以首次面世的司马伋吕祖谦真迹官告为中心》,《中华文史论丛》,2016 年第 1 期。

杨军:《宋代榜文文书副本的复制方式》,《档案学通讯》,2015 年第 3 期。

张典友:《宋代文书吏制度考——以令史与书令史为考察核心》,《河南师范大学学报(哲学社会科学版)》,2012 年第 5 期。

刘云:《税役文书与社会控制:宋代户帖制度新探》,《保定学院学报》,2010 年第 2 期。

杨倩描:《黑水城宋代军政文书与宋史研究——以鄜延路为中心》,《河北学刊》,2007 年第 4 期。

孙继民:《俄藏黑水城文献宋代小胡族文书试释》,《中华文史论丛》,2007 年第 2 期。

孙继民:《黑水城宋代文书所见荫补拟官程序》,《历史研究》,2004 年第

2 期。

李晓菊：《洪迈〈容斋随笔〉所论古代文书问题》，《档案学通讯》，2002 年第
　　1 期。

刘国能：《从〈庆元条法事类〉看宋代的文书与文书工作》，《湖南档案》，
　　1985 年第 3 期。

戴建国：《宋代官员告身的收缴——从武义徐谓礼文书谈起》，《浙江学刊》，
　　2016 年第 4 期。

张春兰：《黑水城文献研究的又一力作——〈黑水城宋代军政文书研究〉评
　　介》，《宁夏社会科学》，2016 年第 4 期。

吴玉梅：《小残页中的大历史-——评〈黑水城宋代军政文书研究〉》，《河北
　　学刊》，2015 年第 2 期。

张东光，邵凤琳：《宋代官凭文书告身的管理机构官告院》，《档案管理》，
　　2014 年第 1 期。

魏　峰：《宋代印纸批书试论——以新发现"徐谓礼文书"为例》，《文史》，
　　2013 年第 4 期。

张　祎：《中书、尚书省札子与宋代皇权运作》，《历史研究》，2013 年第
　　5 期。

高艳秋：《从"札子"的盛行探究宋代皇权与相权的消长》，《文史博览（理
　　论）》，2013 年第 8 期。

陈景良：《释"干照"——从"唐宋变革"视野下的宋代田宅诉讼说起》，《河
　　南财经政法大学学报》，2012 年第 6 期。

刘　江：《宋朝公文的"检"与"书检"》，《北京大学学报（哲学社会科学
　　版）》，2012 年第 2 期。

于增尊：《论我国古代刑事审限制度及其启示》，《中国政法大学学报》，2015
　　年第 3 期。

钱大群：《对〈律疏〉中数处律义之解读——管窥法典化律条之间严密的律
　　学联系》，《当代法学》，2012 年第 1 期。

卢超平：《日唐律令条文中的驿传马制度比较》，《首都师范大学学报（社会
　　科学版）》，2011 年 S1 期。

王祖志：《传统中国公文法律制度初论》，《中西法律传统》，2009 年第 1 期。

赵彦昌，吕真真：《宋代公文邮驿制度研究》，《浙江档案》，2009 年第 3 期。

戴建国：《宋代官员告身的收缴——从武义徐谓礼文书谈起》，《浙江学刊》，
　　2016 年第 4 期。

张东光，邵凤琳：《宋代官凭文书告身的管理机构官告院》，《档案管理》，

2014 年第 1 期。

魏　峰:《宋代印纸批书试论——以新发现"徐谓礼文书"为例》,《文史》,
　　　2013 年第 4 期。

汪圣铎,冯　红:《旁:宋代的一种官文书》,《河北学刊》,2010 年第 3 期。

胡旭宁:《宋代基层巡检的考核文书探析》,《和田师范专科学校学报》,2009
　　　年第 5 期。

四、学 位 论 文

赵豪迈:《唐代令史研究》,陕西师范大学,硕士论文,2003。

姜　密:《宋代"系官田产"研究》,厦门大学,博士论文,2003。

牛　杰:《宋代民众法律观念研究》,河北大学,硕士论文,2004。

张　域:《宋代赊买卖制度研究》,吉林大学,硕士论文,2004。

宋　乾:《宋代赔偿制度研究》,河北大学,硕士论文,2005。

江继海:《明代官吏职务犯罪研究》,东北师范大学,博士论文,2005。

杜道运:《中国古代档案管理思想研究》,郑州大学,硕士论文,2006。

李文以:《宋代公文传达与公布制度研究》,郑州大学,硕士论文,2006。

田　璐:《唐宋市场管理政策探析》,陕西师范大学,硕士论文,2007。

韩瑞军:《宋代官员经济犯罪及防治研究》,河北大学,博士论文,2008。

李　芳:《唐律流刑考析》,吉林大学,硕士论文,2008。

刘志刚:《宋代债权担保制度研究》,河北大学,博士论文,2008。

杨卉青:《宋代契约法律制度研究》,河北大学,博士论文,2008。

王永坚:《宋代契约制度研究》,山东大学,硕士论文,2008。

王忠元:《中国古代渎职犯罪源流考》,黑龙江大学,硕士论文,2009。

王　芹:《民国时期档案法规研究》,苏州大学,博士论文,2009。

冯　红:《唐代刑法原则考论——以〈唐律疏议〉为中心》,河北大学,博士论
　　　文,2010。

许　颖:《清代文官行政处分程序研究》,南开大学,博士论文,2010。

彭志才:《宋代涉商经济纠纷与诉讼研究——以涉商案件为中心》,云南大
　　　学,硕士论文,2010。

张文晶:《唐宋时期物法若干问题研究——兼与罗马法比较》,南京师范大
　　　学,硕士论文,2011。

范自青:《宋代租赁业研究》,河南大学,硕士论文,2011。

王瑞蕾:《宋代官吏渎职犯罪与惩治研究》,河北大学,博士论文,2011。

马晨光:《唐代司法研究——以唐代司法管理及教化为观察点》,南京理工

大学,硕士论文,2011。

罗　燕:《从〈大清律例〉看清代职务犯罪》,西南政法大学,2011。

刘子熙:《论宋代赊买卖契约制度》,西南政法大学,2011。

郭　磊:《宋代递铺问题研究》,辽宁大学,硕士论文2011。

李书永:《宋代保密制度研究》,河南大学,硕士论文,2011。

田　青:《宋代西南区域文书通信系统研究》,重庆师范大学,硕士论文,2012。

王国庆:《宋代人口买卖现象浅探》,南京师范大学,硕士论文,2012。

周　云:《宋代买卖契约及其法律规制》,山东大学,硕士论文,2012。

阴春英:《宋代牙人相关问题研究》,南京师范大学,硕士论文,2012。

杨爱净:《清代官文书稽程制度研究》,海南大学,硕士论文,2012。

杨玉明:《明代公罪制度研究》,西南政法大学,博士论文,2012。

栾时春:《宋代证据制度研究》,华东政法大学,博士论文,2013。

徐世龙:《唐代保密制度与泄密问题研究》,陕西师范大学,硕士论文,2013。

宋　雯:《富民阶层与宋代经济法制变革》,山东师范大学,硕士论文,2014。

朱　磊:《宋代民事诉讼书证制度研究》,上海师范大学,硕士论文,2014。

高玉玲:《宋代买卖契约的法律效力问题研究》,安徽师范大学,博士论文,2014。

何雪婧:《宋代奴婢制度研究》,西南政法大学,硕士论文,2014。

李清章:《北宋行政法若干问题研究》,河北大学,博士论文,2014。

张田田:《律典"八字例"研究》,吉林大学,博士论文,2014。

吕　岩:《唐朝政府物资购买研究》,山东大学,博士论文,2014。

田海宾:《宋代进奏院研究》,河北大学,硕士论文,2014。

王　蕊:《宋代递铺制度研究》,山东大学,硕士论文,2014。

俱　凤:《宋仁宗朝军情传递研究》,西北大学,硕士论文,2015。

侯　洁:《清代官吏职务犯罪探析》,甘肃政法学院,硕士论文,2015。

王雪亭:《法律罪名的构式研究》,鲁东大学,硕士论文,2016。

孙国赟:《唐代文书工作制度化研究》,南京师范大学,硕士论文,2016。

后　记

本书是 2017 年国家社科基金后期资助项目《宋代文书违法及防治研究》的最终成果。

2004 年硕士毕业到福建师范大学社会历史学院任职后，我不曾想过今后要继续沿着古代文书档案违法研究的路子走下去，也没有意识到硕士期间播下的种子已经在我的潜意识中成长了。2011 年博士毕业后，为了增加国家社科基金获批的机率，我重新审视自己在硕士和博士期间所留下的各种痕迹，发现宋代文书违法问题在宋史研究中还是一块尚待开垦的荒地，于是埋头陆续写了 18 万字，2017 年以此申报了国家社科基金后期项目，幸运获得资助。

我要感谢全国哲学社会科学规划办公室及本项目的各位匿名评审专家。感谢全国哲学社会科学规划办公室对本项目的支持和信任；感谢各位匿名评审专家，在本书还不是很成熟的情况下，是你们的宽容、鼓励和提携激励着我继续前行，此份奖掖之情，我将深藏心中，感恩前行。

我要感谢福建师范大学社会历史学院的各位领导、同仁。在课题的申报中，各位领导和同仁给予了诸多的帮助和提点，他们分别是：叶青院长、陈尚旺书记、孙建党副院长、钟兴言副书记及档案教研室的各位同仁。

我要感谢我的两位导师，分别是我的硕士生导师，吉林大学文学院中国史系孙瑞教授；博士生导师，福建师范大学社会历史学院梁韦弦教授。两位导师在不同阶段为我的人生指明了方向，感谢你们将我引入学术的殿堂，并鞭策和鼓励我不断努力前行。

我要感谢同门的兄弟姐妹们，在那些艰苦的日子里，大家一起鼓劲，相互问候，互相提携，共渡难关。

我要感谢辽宁大学历史学院的赵彦昌教授，感谢在课题申报中赵教授所给予的诸多帮助和建议。

我要感谢上海古籍出版社的王赫编辑。从第一次接到电话、签订出版合同、寄送样稿、修改文稿,每一个环节,王编辑都如此耐心、细致、专业和温暖。

最后我要感谢家人。感谢父母、岳父母、妻子、女儿及远在内蒙古通辽市的亲友,是你们的理解和支持,使我能够安守清贫,不问世事,在学术的道路上坚持下去。

由于时间仓促,加上本人能力所限,书中一定还有许多疏漏和不足,恳请大家批评指正。

钟文荣

2021 年 1 月 18 日于榕城

图书在版编目(CIP)数据

宋代文书违法及防治研究／钟文荣著. —上海：
上海古籍出版社，2021.3
ISBN 978-7-5325-9867-0

Ⅰ.①宋… Ⅱ.①钟… Ⅲ.①文书—研究—中国—宋
代 Ⅳ.①K244.065

中国版本图书馆 CIP 数据核字(2021)第 034372 号

国家社科基金后期资助项目
宋代文书违法及防治研究
钟文荣 著
上海古籍出版社出版发行
(上海瑞金二路 272 号 邮政编码 200020)
(1) 网址：www.guji.com.cn
(2) E-mail：guji1@guji.com.cn
(3) 易文网网址：www.ewen.co
商务印书馆上海印刷有限公司印刷
开本 700×1000 1/16 印张 14 插页 2 字数 270,000
2021 年 3 月第 1 版 2021 年 3 月第 1 次印刷
ISBN 978-7-5325-9867-0
K·2955 定价：68.00 元
如有质量问题，请与承印公司联系